dtv

Island ist bekannt für sein raues Klima, die karge Landschaft und die langen, dunklen Winter. Diese Mischung setzt offenbar kreative Kräfte frei: Die dynamische Literaturszene des Landes sucht ihresgleichen in Europa. Die vorliegende Anthologie eröffnet einen Blick auf das Schaffen von sechzehn Autorinnen und Autoren, die in ihrer Heimat zum Teil schon etabliert, hierzulande aber noch weitgehend unbekannt sind.
Die Texte wurden von Skandinavistik-Studenten der Universitäten Basel, Freiburg im Breisgau und Zürich unter Anleitung der beiden Herausgeber ins Deutsche übertragen.

Ursula Giger, geboren 1974, studierte Skandinavistik in Basel, Zürich und Freiburg im Breisgau sowie in Island und Übersetzungswissenschaft in Reykjavík und Freiburg. Seit 2003 ist sie als Lehrbeauftragte für Isländisch an den Universitäten in Zürich, Basel und Freiburg im Breisgau tätig.

Jürg Glauser, geboren 1951, machte sein Abitur in Island, bevor er Skandinavistik und Germanistik in Zürich, Uppsala, Oslo und Kopenhagen studierte und sich 1991 in Zürich habilitierte. Er ist seit 1994 Professor für Nordische Philologie an den Universitäten Basel und Zürich. Die Schwerpunkte seiner Forschung und Lehre bilden die skandinavischen Literaturen des Mittelalters und der Frühen Neuzeit sowie die isländische Literatur.

Niemandstal

Junge Literatur aus Island

Herausgegeben von
Ursula Giger und Jürg Glauser

Mit einem Geleitwort von
Hallgrímur Helgason

Deutscher Taschenbuch Verlag

Ausführliche Informationen über
unsere Autoren und Bücher
finden Sie auf unserer Website
www.dtv.de

MIX
Papier aus verantwortungsvollen Quellen
FSC® C019821

Originalausgabe 2011

Umschlagkonzept: Balk & Brumshagen
Umschlagbild: Fíton/Sagenhaftes Island
Gesetzt aus der Bembo 10/13˙
Satz: Greiner & Reichel, Köln
Druck und Bindung: Druckerei C.H. Beck, Nördlingen
Gedruckt auf säurefreiem, chlorfrei gebleichtem Papier
Printed in Germany · ISBN 978-3-423-14041-6

Inhalt

Hallgrímur Helgason

Der isländische Schriftsteller – eine seltene Art, aber nicht vom Aussterben bedroht

Als ich jung war, wurde so gut wie keine zeitgenössische Literatur aus dem Isländischen in fremde Sprachen übersetzt. Seit den Zeiten Gunnar Gunnarssons und Halldór Laxness' hatten es nur ganz wenige Autoren geschafft, im Ausland Interesse an unserer Kultur zu wecken. Unsere Geschichten waren für Isländer, aber sie waren keine Isländersagas. Gegen Ende des zwanzigsten Jahrhunderts bewegte sich jedoch etwas; auf einmal wurde eine ganze Generation isländischer Schriftsteller ins Dänische, Schwedische und Norwegische, ins Deutsche, Französische und sogar Italienische übertragen. Im englischen Sprachraum tat sich man schwerer, aber der eine oder andere Roman wurde auch dort angenommen.

Die deutschsprachigen Länder sind und bleiben unser Haupteinfallstor zum Kontinent, ein Riesenmarkt, der offen ist für den Norden. Das Interesse, das Deutsche, Schweizer und Österreicher uns isländischen Autoren entgegenbringen, ist manchmal schier unbegreiflich. Da steht man nichts ahnend in einer Bar im Zentrum von Reykjavík und unterhält sich mit Kollegen, und nach noch einem Bierchen bekommt man langsam mit, dass die neugierige Deutsche neben uns eine Journalistin der *FAZ* aus Frankfurt und ihre Freundin von der *taz* aus Berlin ist, ihr gemeinsamer Freund vom österreichischen Fernsehen *ORF*. Sie belauern uns beim Biertrinken mit dem gleichen Interesse, mit dem ein englischer Naturfilmer in Afrika eine seltene Tierart in der Savanne beobachtet:

»Der isländische Schriftsteller mischt sich in der Regel erst spät in das nächtliche Leben. Umgeben von seinen Lesern, die sehr klare Meinungen über seine Werke vertreten, beginnt er zu trinken. In dieser Nacht ist die Atmosphäre an der Tränke mit Spannung geladen, denn es haben sich auch bekannte Künstler eingefunden, die ebenfalls Aufmerksamkeit fordern.«

Man kann sagen, dass sich die isländische Literatur am Ende des zwanzigsten Jahrhunderts kräftig erneuert hat. Freche junge Autoren einer humorvoll-witzigen Schule pusteten in die alte Glut klassischer Erzählkunst, und in der Folge zeigten sich recht spezielle neue Talente, die das Spektrum unserer Literatur deutlich erweitert haben. Mit dem neuen Jahrhundert wuchs gleich die nächste Generation heran, deren Werke schon weitere Verbreitung fanden, sie bekamen den Literaturpreis des Nordischen Rats und positive Kritiken in großen amerikanischen Zeitungen, und sie brachten es zur Gründung von Fanklubs in Lyon und Leipzig.

Darauf folgte die »späte Welle« mit einer *Nýhil*-gemischten Generation, die wie junge Menschen zu allen Zeiten zunächst mit Gedichten begann, dann aber auch den Schritt in die Welt des Romans vollzog, eine Welt, die, wie in anderen Ländern auch, immer noch den Hauptschauplatz der isländischen Literatur darstellt.

Neben diesem Aufblühen einer jungen Generation entstand eine Parallelwelt: die des isländischen Krimis. Dieses Genre wurde bei uns in erstaunlich kurzer Zeit aus dem Boden gestampft und überholte die übrige Belletristik sehr schnell, sowohl was die Verkaufszahlen im Heimatland als auch was die Aufmerksamkeit und Verbreitung im Ausland angeht. Innerhalb weniger Jahre kamen ihre Vertreter weiter in der Welt herum als je ein isländischer Autor seit den Zeiten Gunnarssons und Laxness'. Der Erfolg des isländischen Krimis war ein kräftiger Tritt in den Hintern der schönen Literatur, und auch wenn einige aus der älteren Generation darüber klagen und anderes behaupten, so hat er die Autoren, die Kriminalgeschichten schreiben, zu größerem Ehrgeiz und diszipliniertem Schreiben angespornt und ihnen noch mehr Aufmerksamkeit von Lesern in vielen Ländern beschert. Einige Autoren ernster Literatur ließen sich anstecken und übernahmen mittelbar oder unmittelbar Züge des Genres in ihre Bücher. Es entstand eine Literatur, die Gattungsgrenzen überschritt.

Unter jedem Autor von heute brodelt es in hundert Töpfen, aus denen wir alle schöpfen möchten, und keiner weiß, wo sich das Geniale von morgen zusammenbraut. Aber es gibt allen Grund zu Optimismus. Das Gefühl sagt einem, dass es weiterhin Hoffnung auf kreative Unterhaltung aus Island gibt. Vor allem ist damit zu rechnen, dass sich noch eine Menge junger Autorinnen zu Wort melden wird.

Der isländische Schriftsteller ist weit davon entfernt,

eine vom Aussterben bedrohte Art zu sein. Im Gegenteil zeigen neueste Dokumentaraufnahmen, dass sich Abend für Abend größere Rudel an den Wasserstellen einfinden.

Diese Sätze schreibe ich in einem Pariser Hotel an dem Sonntagmorgen, an dem die Westmächte ihre ersten nächtlichen Bombeneinsätze über Gaddafis Libyen beenden. Auf dem Bildschirm an der Wand erscheinen Landkarten und Bilder von französischen Fregatten auf der Reede vor Toulon. Es wird auch das Kriegsmaterial aufgezählt, das die verschiedenen teilnehmenden Nationen zur Operation *Odyssey Dawn* beisteuern. Die Dänen stellen sechs F-16 Kampfflugzeuge, die Norweger ebenso viele, die Niederländer und Belgier ebenfalls …

Gehe ich dagegen ins Internet, kann ich zwischen Dutzenden von Nachrichten darüber wählen, welche Schäden isländische Banker, isländische Anwälte, isländische Politiker und isländische Geschäftsleute in Island und der Welt angerichtet haben.

Blicke ich aber aus dem Fenster, dann sehe ich rechts auf der anderen Seite des Platzes: *Salon du livre*. Da sitzen acht isländische Schriftsteller auf dem Podium und am Signiertisch, beantworten die Fragen französischer Neunmalkluger und signieren Bücher für weit gereiste Fans. Selten hat sich so deutlich sehen lassen, dass Island der Welt nichts zu geben hat als Gedichte und Geschichten.

Gott sei Dank für ein so kleines Volk.

Übersetzt von Karl-Ludwig Wetzig

Guðmundur Óskarsson

Bald ein Niemandstal

Er ist seit Langem allein im Tal. Beim Nachbarhof, der zuletzt verlassen wurde, ist der Vorplatz fast ganz überwachsen. Manchmal steht er vor seinem Hof und meint, sich nicht bewegen zu können – für einen kurzen Moment. Vor einer Weile gestand er sich ein, es sei vielleicht nicht ganz wohlüberlegt, allein hier zu sein. Er ist alt und immer noch voller Tatendrang. Es ist nur eine Frage der Zeit, bis etwas geschieht. Vielleicht wird er sterbend unter dem Traktor im Graben liegen, vielleicht trifft ihn der Schlag im Schafstall, und er kann nichts machen, außer zu rufen – nach niemandem.

Früher hörte er sie manchmal vom Winterschmerz sprechen. Angeblich war es ein lähmendes Gefühl, und er hatte nie geglaubt, dass er je darunter leiden könnte. Trifft er aber jetzt im Frühjahr die Zugvögel und Landstreicher, heißt er sie willkommen und trauert ihnen dabei schon nach. Das ist ein so aufwühlendes und lähmendes Gefühl, dass er es Winterschmerz nennt; es hat ihn eigentlich nie lange losgelassen.

Früher besuchte er die Höfe regelmäßig zu Pferd und traf Leute. Sie hatten ihn gesellig genannt. Nun sucht er die Höfe manchmal mit dem Traktor auf und trifft Erinnerungen. Sie scheinen dort in der Luft zu wohnen, und er kann sie einsaugen wie Tabakrauch.

Vielleicht steht er hinter dem Pferdestall, und es wiederholt sich ein lustiger Pferdehandel, oder er sitzt auf der Hoftreppe – mit dem Bauern im Sonnenschein der Erinnerung, und ein Mädchen kommt zur Tür und sagt etwas Kostbares zu ihnen – zu ihrem Vater und zu ihm, der nie Kinder bekam.

Manchmal geht er in die Höfe hinein – lange schon hat er sie alle vorsichtig aufgebrochen –, setzt sich in Stube oder Küche und lässt einen fröhlichen Spieleabend oder einen ernsthaften Schwatz über die Wetterlage aufleben. Dann wird alles, wie es war; die Erinnerung breitet sich aus, und der Hof hört auf, ein verwitterndes Hausgerippe zu sein. Manchmal fragt er sich, ob es normal ist, sich an so vieles zu erinnern; er braucht nämlich nur die Augen im Lichte einer niedergebrannten Kerze halb zu schließen, und schon kaut er bei der Wärme von verglühter Kohle einen längst verdauten Pfannkuchen mit Rahm.

Es wird nicht mehr lange dauern, bis auch er geht. Er weiß es. Etwas an dem Ausblick, der sich ihm vom Vorplatz her bietet, hält ihn im Zaum und erinnert ihn daran. So wie jetzt, wenn er dasteht und meint, sich nicht bewegen zu können. Er kann sich nicht vorstellen, das Tal senkrecht zu verlassen, trotz Winterschmerz und obwohl er sich davor fürchtet, allein zu sterben. Das Tal ist beinahe ein Niemandstal – es hat seine Blütezeit gehabt, und die ist wieder vergangen –, aber es ist randvoll mit etwas, das ihn zurückhält. Und es sind nicht nur der Frühling oder all die Vögel auf dem Teich draußen, die er nicht benennen kann, weil sie so farbenfroh und majestätisch sind, dass sie bestimmt nur lateinische Namen tragen, oder die Höfe rundherum und die Erinnerungen, die ihn zurückhalten. Es ist das ganze Tal – dieses Bühnenbild selbst. Er hat immer noch den Glauben, dass etwas Neues von dort ausgehen könnte; dieser Glaube ist seine Atemmaschine; er verhindert, dass das Tal ein Niemandstal wird.

Natürlich weiß er nicht, dass ich bald sein Herz umfassen und es zum Stillstand bringen werde. Er wird unter dem Schmerz zucken, unter der Kälte meiner Hand. Dann wird er entzückt sein über die Stille in ihm – entzückt über diese absolute Stille, bis sie zur Dunkelheit vor seinen Augen wird. Dann wird nichts mehr im Tal umgehen außer den Vögeln und dunklen Wolkenfetzen, die unter dem klaren Himmel um die Hügel und die erbärmlich vernachlässigten Wiesen gleiten.

Übersetzt von Florence Croizier

Steinar Bragi

Die Geschichte vom Dienstag

1. Kapitel

Der Dienstag ist der ödeste Tag von allen. Ich kenne niemanden, der Dienstage wirklich mag. An einem Dienstag zu sterben ist das ödeste Schicksal, das ich mir vorstellen kann. Und doch ist es sicher, dass mehr oder weniger ein Siebtel der Menschheit an einem Dienstag stirbt. Vielleicht auch du? Wirst du an einem Dienstag sterben, lieber Leser? Vielleicht, wenn du gerade wie ein Mäuschen hinter einem Buch verkrochen bist, fest überzeugt davon, dass der Tod einen unschuldigen Bücherwurm wie dich übersehen wird!

Aber sprechen wir nicht länger darüber. Nun möchte ich dir eine Geschichte von einem Wesen erzählen, das sich an Dienstagen in Kneipen aufzuhalten pflegte, davon überzeugt, dann auf einen Menschen jenes Schlages zu treffen, der sich in einer Spelunke zubechert, auf jemanden, der an diesem Tag der Woche offener ist als sonst für äußere Einflüsse, stärker nach Mitgefühl und Verständnis hungert, auf jeden Fall *empfindlicher* als an anderen Tagen, an denen man gerade den Absturz des vergangenen Wochenendes überstanden hat und noch nicht in den Einflussbereich des nächsten geraten ist.

Aber diese Geschichte handelt auch von einer anderen, trotz allem sympathischeren Person. Dem Menschen nämlich – ja, *dem Menschen selbst*. Zwar handelt die Geschichte nur von einem einzelnen Individuum. Und doch behaupte ich, dass die Ähnlichkeiten mit einem Großteil der Menschen für jeden, der genauer hinsieht, so offensichtlich sind, dass man ihn als einen guten Vertreter von allen sehen kann, zumindest von jenen stärksten Zwängen, die einen antreiben, und das nicht selten bis zur Verdammnis. Ich überlasse euch die Aufgabe, liebe Leser, ein Wort für die erwähnten Zwänge zu finden und sie nach Belieben zu verurteilen, denn jeder von euch ist vermutlich dazu imstande, sich über diesen Menschen zu stellen und zu sagen: »Ts, wie kann er bloß« oder »Schwachsinn! Wieso macht er es nicht so, er muss bloß ...« Doch ich versichere, dass keiner von euch, vorausgesetzt, eure Umstände wären dieselben wie die seinen, sich besser als er aus der Affäre ziehen würde. Im Gegenteil: Im Innersten eures Herzens seid ihr genau wie dieser Mensch.

Dies ist also auch die Geschichte von einem Mann, der sein Leben an einem Dienstag verloren hat. Es wäre zu verwegen zu behaupten, dass er direkt gestorben sei, aber im Nachhinein ließe sich festhalten, dass an diesem Unglückstag *seine Seele* gestorben ist und sein Körper einige Jahre später folgte, ebenfalls an einem Dienstag. Doch jetzt bin ich mir selbst vorausgeeilt und habe jene Erzählregeln gebrochen, die mir um vieles überlegene Menschen in ihrer jahrelangen Mühsal und ihrem aufopfernden und aufreibenden Idealismus im Dienst der Menschheit perfektioniert haben – einer Menschheit, die ja schon immer eine Befriedigung, ja sogar eine Erhabenheit in der Kunst empfunden hat, welche darin besteht, zu lesen oder eine gute Geschichte zu erzählen. Ich selbst mache nichts anderes, als sie darin nachzuahmen. Bitte sehr!

Zu Beginn der Geschichte sitzt unser Unglückskerl, ein Mann mit Namen *Jóakim*, in einer von jenen zwielichtigen Kneipen, von denen es in den Seitengassen nur so wimmelt, die wie Dornen aus jenem Stängel ragen, den der Laugavegur bildet, die größte Einkaufsstraße einer Stadt, die wir Reykjavík nennen wollen. Wenn man etwas über die Stadt Reykjavík sagen kann, dann am ehesten, dass sie hässlich, dunkel und böse ist, ja eine regelrechte Blüte des menschlichen Elends, bereit, das Schlechteste in jenen Unglücksraben hervorzuheben, die sich in ihrem Netz verheddert haben. Aber die Schuld dafür liegt nicht allein bei der Stadt selbst, sondern auch bei den Wintern, welche sich auf sie stürzen, als ob sie sich aus der eiskalten Magengrube des Himmels ergössen: nach Eisen riechend, mattgrau und von Zeit zu Zeit geschmückt mit jenen Ungeheuerlichkeiten, die Nordlichter genannt werden und gleichwohl nichts anderes sind als der Tod – blinde Spasmen der Gedärme, ein lila Leuchten im toten Himmelsband.

Jóakim, der Held unserer Geschichte, hat sein ganzes Leben in Reykjavík verbracht und ist daher vielleicht anfälliger als andere für die Unerträglichkeit der Winter in dieser Stadt, aber aus irgendwelchen Gründen empfindet er sie am stärksten an Dienstagen. Und als wir ihm nun an besagtem Dienstag der Menschheitsgeschichte begegneten, war er gerade von zu Hause losgegangen, wo er nach der Arbeit ein Sixpack Bier in sich hineingekippt hatte, um sich anschließend in seine

Lieblingsbar in der Ingólfsstræti zu setzen – *Næsta Bar*, die Bar um die Ecke, die einzige übrigens, in der er noch kein Hausverbot wegen ungehörigen Benehmens erhalten hatte.

Jóakim ist nicht immer ein Unglückskerl gewesen, aber aus Gründen, die zu kompliziert sind, um sie in einer kurzen Geschichte zusammenzufassen, sind die vergangenen Jahre für ihn schwierig gewesen; seine Trinkerei hat sich nach und nach verschlimmert, sodass wenig übrig geblieben ist von dem, was er so gerne als *sein* Leben bezeichnen würde, und das Einzige, was ihm noch geblieben war – die Arbeit –, ist ihm an diesem Morgen noch etwas mehr aus den Händen geglitten, als sein Chef ihn zu einer Besprechung rief und ihm mitteilte, dass er »eine allerletzte Chance« bekomme.

Armer Jóakim. Jetzt hatte er Angst. Wenn er seinen Job verlieren würde, stünde nur noch wenig zwischen ihm und jener vollkommenen Unordnung, welche der Alkohol – dieses eigentlich süße Getränk – so gerne ins Leben der Menschen bringt; nach der Arbeit wäre es aus mit dem Auto, dann mit der Wohnung, und er würde auf der Straße enden, wenn er seine Schulden nicht sogar im Gefängnis würde absitzen müssen. Da war er sich sicher. Es sah nicht zum Besten aus. Und deshalb begann Jóakim nun den Verdacht zu hegen – nicht so wie zuvor, nicht ganz so *träge* –, dass es am besten wäre, wenn er die Verantwortung für sein Leben selbst übernehmen würde: den Rausch ausschlafen, sich in Behandlung begeben und all jene Probleme ausrotten, die seine zerstörerische Lebensweise verursachten. Er wollte zum Beispiel nicht sterben. Und deswegen hatte er nun also beschlossen, in den nächsten Tagen, zum Abschluss dieses letzten »Gerümpels«, das Telefon in die Hand zu nehmen, ein Bett zu reservieren, sich in den *Schlafrock* zu kleiden, in eine Raucherzelle zu setzen und sich mit den anderen Patienten in Vogur zu Tränen rühren zu lassen. Und somit zu retten, was zu retten war. Der Nullpunkt war erreicht. Und außerdem war Dienstag.

Als Jóakim die Bar betrat, war sie leer. Er setzte sich, bestellte ein großes Bier und einen Shot Whisky. Kurz darauf blickte er zur Seite und bemerkte, dass er nicht länger allein war und es vermutlich auch nie gewesen war. Eine seltsame Vorstellung, aber vielleicht nicht seltsamer, als dass der Mann die Bar betreten, sich auf den Stuhl neben ihn gesetzt – und zwar dicht neben ihn – und sich ein Bier und einen Whisky bestellt hatte, ohne dass Jóakim ihn bemerkt hätte.

Der Mann würdigte ihn keines Blickes und spähte über den Bartresen, ließ die Augen langsam über die Regale gleiten, in denen Flaschen aufgereiht waren, und Jóakim beschloss, sich nicht um ihn zu kümmern. Etwas in seinem Inneren, subjektiv und stumm, gab zu erkennen, dass das unratsam wäre.

Er richtete seine Augen nach vorn. Auf dem Tresen stand das leere Bierglas, welches er mit seiner Hand festhielt, aber nicht zum Mund hob. Er drehte es im Kreis und betrachtete seine Hände. Es war, als ob sie nicht ihm selbst gehörten, sondern komplizierte, unverständliche Maschinen wären, die trotz allem irgendwie ihre Aufgabe erledigten. In der anderen Hand, die ebenfalls auf dem Tresen ruhte, hielt er eine Zigarette, die er allerdings noch nicht angezündet hatte; seit das Rauchen in den Bars der Stadt verboten war, hatte Jóakim sich das angewöhnt. Zuerst, um seinem Protest gegen das Verbot Ausdruck zu verleihen und den Leuten zu zeigen, dass er nicht einverstanden war – das war sein Protest als Bürger, oder etwas in der Art …

»Dann aber dient es auch dem Zweck, nicht wahr, das ständige Verlangen zu unterdrücken, das nicht selten in den *Fingern* zu wohnen scheint, so eigenartig es klingen mag. Das Verlangen zu rauchen, weißt du, stärkt sich daran, dass fremde Kräfte – Kreuzfahrer des Lichts und der Mittelmäßigkeit – es zu zähmen versuchen.« Jóakim brauchte eine Weile, bis er bemerkte, dass der Mann an seiner Seite zu sprechen begonnen hatte; das war nicht er selbst, Jóakim, der da dachte, sondern das war dieser Mann, diese Knalltüte hatte sich eingemischt …

Er blickte ihm direkt in die Augen und fragte ihn, was er wolle, so unhöflich wie nur möglich, um den Widerwillen zu überdecken, den die Worte des Mannes in ihm ausgelöst hatten, aber auch, weil er sich über sich selbst ärgerte, dass er so rasch, so früh am Abend, den Halt in der Wirklichkeit verloren hatte.

»Mit der Zeit«, fuhr der Mann fort, als ob nichts wäre, »wurde die Zigarette, solange du sie hier drinnen unangezündet in der Hand hieltst, eine Art Gesprächszünder, ein *conversation piece*, so wie es beim mittelalterlichen Adel üblich war; eine Quelle für Unterhaltungen über den Zustand der Welt, wie komisch und schlecht diese und jene seien, und das *sind* sie – das kann ich dir versichern! –, und schließlich hast du auch einfach Gefallen daran gefunden, als du entdeckt hast, wie es dem Barkeeper Bragi hier auf die Nerven geht. Und da kann ich dir zustimmen: Bragi ist ein mies gelaunter, entfremdeter Dummkopf von der Uni, der nicht weiß, wie das Leben wirklich ist. Im Gegensatz zu dir!«

Bragi, der tatsächlich ein Betriebswirtschaftstrottel von der Uni *war*, kam in diesem Augenblick aus dem Hinterzimmer, in dem das Geschirr gespült und die Ausrüstung für Kotzpfützen aufbewahrt wurde – kam nach vorne, als ob er darauf gewartet hätte, dass der Mann *ihn auf die Bühne bitten würde*, und schenkte dem Mann und Jóakim eine weitere Runde ein. Der andere machte eine rasche Handbewegung in der Luft, und Bragi war verschwunden, als hätte der Mann ihn gleichsam aus dem Raum gewischt.

»Aber vielleicht sind das nur meine eigenen Vermutungen«, sagte der Mann, als Bragi verschwand. »Vielleicht ist das gar keine Zigarette, sondern ein Stift, mit dem du deine Lebensgeschichte niederschreiben möchtest, wozu du aber einfach noch nicht gekommen bist.«

Er hob das Schnapsglas, sie stießen miteinander an, kippten den Whisky in sich hinein, und Jóakim schielte zur Zigarette zwischen seinen Fingern und sah, dass sie nichts anderes war als eben das: eine Zigarette. Das wirkte auf ihn irgendwie beruhigend. Und obwohl er noch kurz zuvor beschlossen hatte, sich an einen Tisch zu setzen, weg von dem Mann, begnügte er sich nun damit, seinen Stuhl ein wenig nach hinten zu rücken. Dieser Kerl war – trotz seines nervenden Geschwafels – nur ein kleines, verlorenes Schaf, genau wie Jóakim selbst, ein verirrtes Schaf auf der Suche nach ein wenig Ablenkung an einem öden Dienstag.

»Und vielleicht weißt du gar nichts«, sagte Jóakim und hörte, dass er mehr lallte als erwartet. »Vielleicht ist das hier weder eine Zigarette noch ein Stift, sondern eine Rakete auf dem Weg zum Himmel!«

»Zum Himmel?«, fragte der Mann und schien amüsiert. »Was will denn eine so kleine Rakete am großen, klaren Himmel tun?«

»Einen Planeten finden, vielleicht«, sagte Jóakim, erfüllt von einer fast wilden Heiterkeit, »auf dem sich ein kleines Feuerzeug befindet! Und eine kleine Stadt und eine kleine Bar, in der man tun und lassen kann, was einem gefällt!«

Sie lachten, stießen mit dem Bier an, und während der andere vor sich hin blickte und sich streckte, betrachtete Jóakim ihn sich genauer: Der Mann war in einem unbestimmbaren Alter, jedoch eher an der oberen Grenze; sein Haar war kurz geschnitten, gräulich oder ins Weiße gehend und umgab das knochige, spitze Gesicht, welches fast weiß vor Blässe war, mit Ausnahme einiger dunkler Falten, Schatten, die scheinbar tiefer wurden und sich bewegten, sobald man sie ansah. Die Kleider, die er trug, wirkten irgendwie unnatürlich, als ob er darin keinen Platz fände, oder vielmehr, als ob er plötzlich mitten in den Kleidern aufgetaucht wäre, ganz zu ihrem Erstaunen – ein Gefühl, das Jóakim sich nur mit Mühe vorstellen konnte. Zu alledem waren die Kleider grün! Oder gelb? Plötzlich fiel es ihm auf. Welch wundersame Erscheinung!

Jóakim lachte laut auf. »Du siehst aus wie ein Büschel Gras!«, rief er. »Wie ein kleiner Fleck in einem entlegenen Moorgebiet im äußersten Norden Sibiriens! Wo das Licht nur alle paar Jahre einmal hinscheint, nur für einen einzigen Augenblick, wenn die Sonne über den Horizont kriecht und kein Wolkenfetzen am Himmel ist.« Oder wie die endlosen, blumenreichen Jagdgebiete im Kaukasus oder in Kasachstan, lange bevor der Mensch seinen Fuß dorthin gesetzt hat – eine ununterbrochene, ewige Decke aus Gras, dunkelgrün und geschwollen vor Feuchtigkeit, und das Gras wiegte sich nicht im Wind, sondern bohrte sich hart und spitz in den Himmel.

Plötzlich wusste Jóakim nicht mehr, was er für sich dachte und was er laut sagte. Alles in seinem Kopf war in Bewegung, es war, als ob der Mann flackerte und diese ununterbrochene Bewegung Aufmerksamkeit verlangte, eine rasende Observation, welche Jóakim trotz seiner mehr als zehnjährigen vollkommenen Unaufmerksamkeit nicht zu ermüden schien – er versank regelrecht in jedem Detail und lud seine Energie an jedem neuen Sinneseindruck auf, den er aus diesem vergänglichen Flackern herauszog – das lose, nicht in die Hose gesteckte Hemd, das der Mann trug, war weiß mit einem fahlen, bläulichen Karomuster, *Pixelgröße*: zwei bis drei Millimeter, ein loser Faden am Kragen – ein Hemd von Hagkaup. Jóakim erschauerte vor Mitgefühl mit diesem alterslosen, verlassenen Junggesellen. Das Hemd war ihm zu groß, es schien, als hätte er es direkt aus der Packung heraus angezogen und sich nicht die Zeit genommen, die Falten auszubügeln, genauso wenig wie aus den Hosen, die ebenfalls zu groß waren. Überhaupt schienen alle seine Kleider viel zu groß zu sein – nicht nur eine oder zwei Nummern, sondern *viele*, sie hingen an ihm herab und schienen an Umfang zuzunehmen, sich auszubreiten, je länger Jóakim den Mann betrachtete, und nahmen die Größe eines Zirkuszelts an, das ihn vollständig einhüllte, er verschwand.

Jóakim schloss die Augen. Als er sie wieder öffnete, war der Mann zurück auf seinem Platz in den Kleidern, schaute immer noch vor sich hin und schwieg. Jóakim wusste nicht, wie viel Zeit vergangen war – vielleicht nur eine winzige Sekunde. Um das Schweigen auszufüllen, beschloss er etwas zu sagen.

»Und was treibt dich so an einem Tag wie heute aus dem Haus?«, fragte er und wurde ernst, beinahe überwältigt von der plötzlichen Nähe zu diesem Mann und davon, dass er an einem solchen Tag in einer Bar saß und sich volllaufen ließ, gekleidet in ein übergroßes Hagkaup-Hemd. Sofort verfluchte er sich selbst für seine Sentimentalität. Seitdem er am Morgen aufgewacht war, hatten seine Gefühlte ihm nur Probleme bereitet – sprangen schreiend und heulend um ihn herum, wie eine unbändige Kinderschar, die was zum Teufel auch immer von ihm wollte.

»Ich hatte einfach Lust auf ein Bier«, sagte der Mann und schien in seinen Gedanken woanders zu sein. »Was denn sonst.«

»Hatte *einfach* Lust …«, murmelte Jóakim. Dann riss er sich zusammen und sagte laut: »Wenn das Leben mich eines gelehrt hat, dann, dass es nichts gibt, was *einfach* ist! Die Einflüsse, denen man ausgesetzt ist, sind nie einfach, sie sind viel komplizierter und haben tiefere Ursachen, als man denkt. Und dass du an einem Tag wie diesem hier an meiner Seite sitzt, daran ist nichts *einfach* so, das kannst du mir glauben.« Der Mann nickte mit dem Kopf, als ob er ihn zum Weitererzählen auffordern wollte. Jóakim glaubte plötzlich, sein wahres Gesicht zu erkennen: den Schmerz, die stille Wohnung, die unerträglichen Erinnerungen, die sich an gewissen

Tagen mehr aufdrängten als an anderen. Alle geplatzten Träume, die Verluste – was man getan hat oder auch nicht. »Im Haus der Einsamkeit«, fuhr Jóakim fort und äffte den Künstler nach, der dort manchmal bei ihm saß, »gibt es viele Türen. Und hinter den meisten davon ist eine Bar. Und wenn man sich an den Tresen einer dieser Bars sitzt, eine Flasche und einen Kaffee bestellt, dann findet man irgendwo tief in der Flasche üblicherweise *eine Frau*, nicht wahr? Aber ist es eine Frau?«, fragte Jóakim und gab sich gleich selbst eine Antwort: »Natürlich ist es eine Frau. Es ist immer *eine Frau* …«

Der Mann stieß etwas aus, was zunächst an einen Schrei erinnerte, einen heftigen, fast tierischen Schrei, der sich alsdann in ein Lachen verwandelte – ein herzliches, grelles Lachen, das um Jóakims Kopf dröhnte. Er wollte sich die Ohren zuhalten und den Schrei aussperren, aber er vermochte es nicht. Er begann sich zu schämen für das, was er gesagt hatte; er wusste, dass er eine Rolle gespielt, einen müden Text aus einem mittelmäßigen Kinofilm gesprochen hatte und dass das übrigens auf das meiste zutraf, was er sagte – und doch hatte er sich nie richtig in diesen Rollen zurechtgefunden. Wie bemitleidenswert! Aber dieses Lachen des Mannes bezog sich nicht auf Jóakims Leistung, sondern eher auf seinen Zwang, sich wie ein Mann zu benehmen und auf die Bühne zu klettern – dass er, der *nichts* war und dies auch wusste, trotz allem an den letzten Überresten seiner Selbstachtung festhalten wollte, auch wenn ihm dies nur in den unwahrscheinlichsten Gestalten gelang, abgebrüht, räuberisch, bitter, bescheiden und selbstanklagend, und doch immer stilisiert, wie die Karikatur eines Mannes, alle Gesichtszüge entweder zu lang oder zu kurz, und wenn das nicht lächerlich war, was denn dann?

Ein Schwarm von Bildern stürzte in Jóakims Kopf. Das unerträglichste davon zeigte eine lachende, nein: brüllende Menge auf dem Weg zum Begräbnis einer Karikatur, eines Trunkenbolds mit einer roten Nase! – Alle, die er liebte und schätzte, doch vor lauter Erinnerungen an sein karikaturhaftes Leben und seine grotesken Aussagen vermochte ihn niemand zu betrauern, und sie brüllten jedes Mal vor Lachen, wenn sein Name genannt wurde.

Dieser Gedanke überkam ihn wie eine Erleuchtung, schnell und einfach. Dann war er auch schon wieder vergessen, und übrig blieb die Unruhe, die er von vorhin kannte und die von dem Mann an seiner Seite herrührte, der *nicht ganz das war, was er zu sein schien.*

Als er zur Seite blickte, sah er, dass der Mann ihn anschaute und offensichtlich etwas gesagt hatte, denn der Mann blickte fragend zu Jóakim. »Was?«, entgegnete er, wie er es oft tat.

»Mit seinen Gedanken woanders sein«, wiederholte der Mann. »Ein bemerkenswerter Ausdruck. Mit seinen Gedanken woanders, *wo* denn? Das ist die Frage. Mit seinen Gedanken woanders sein als bei sich selber? Bei denen eines anderen Menschen? Oder wohnen in uns drinnen etwa mehrere Personen – eine neue Person für jeden einzelnen Gedanken? Unser eigentliches Selbst ist folglich nichts anderes als eine *Bühne*, im besten Fall das Theater selbst, welches also allen offen steht: Ob Reize, Sinnes- oder Gedankeneindrücke, alles kann hineinstapfen, die Bühne stürmen und das Wort verlangen. Die Regie übernehmen! Eine bedrohliche Vorstellung, nicht wahr? Und dann kann man sich fragen, wo unsere persönliche Verantwortung liegt. In unserem Umfeld – dort draußen? Oder bei uns selbst, hier *drinnen*?«

»Eine Frage, mit der die Philosophen herumringen können, oder nicht?«, erwiderte Jóakim und schüttelte die Trägheit von sich. »Die Trinker trinken, die anderen sprechen.« Er wusste, wie albern er klang, aber ihm war, als ob er etwas sagen, sich Zeit zum Nachdenken erkaufen müsse.

2. Kapitel

Jóakim rief den Barkeeper zu sich und bestellte für sich und den Mann eine weitere Runde. Die beiden wechselten zu einem leichteren Thema, und ihr Gespräch wurde irgendwie natürlicher. Wie sich herausstellte, hatte der Mann in den USA als Onkologe gearbeitet, damit aber aufgehört und sich zudem von seiner Frau, einer brasilianischen Krankenschwester, scheiden lassen und in der Folge beschlossen, nach Island zurückzukehren, war gerade erst angekommen, kannte niemanden und fing an, seine Entscheidung zu bereuen.

»Aber wieso sollte ich es bereuen?«, sagte er. »Es ist sowieso zu Ende. Mein Leben ist zu Ende. Ausgelebt. Nichts von dem, was jetzt noch kommen mag, kann mich überraschen oder in mir ein tieferes Gefühl auslösen. Ich habe alles ausprobiert und möchte nichts wiederholen!«

»Klingt nicht gut«, erwiderte Jóakim. Er hatte Mitleid mit dem Mann, war aber einem derartigen Gespräch nicht unbedingt abgeneigt, sondern fand im Gegenteil eine gewisse Beruhigung in der Vorstellung, dass ein anderer seine Niedergeschlagenheit erklärte und seine Gedankenwelt vor aller Augen entblößte.

»Jetzt erzähle ich einfach Geschichten«, fuhr der Mann geistesabwesend fort. »Geschichten von Tod, Rückzug und Resignation. Geschichten über mich selbst! Als Arzt – egal welcher Fachrichtung, aber besonders als Krebsspezialist – musst du dir einer Sache bewusst sein: Der Kampf mit dem Tod ist hoffnungslos. Alle sterben, zum Schluss. Und sein Leben damit zu verbringen, das Leben anderer zu verlängern – das erschien mir eines Tages und erscheint mir bis heute absurd. Das interessiert mich nicht länger. Was denn verlängern? Also habe ich damit aufgehört.«

Jóakim lenkte das Gespräch auf das Thema Selbstmord, auf seinen Freund, der sich das Leben genommen hatte; schließlich gelang es ihm, sein Lieblingsthema zur Sprache zu bringen, was natürlich nichts anderes war als *die eigenen Schwierigkeiten*, nicht zuletzt in Bezug auf den Alkohol, und dass er an diesem Tag seinen Job verloren hatte:

»Das Letzte, was mich mit der Wirklichkeit verbunden hat.«

»Ist das nicht etwas hoffnungslos? Kannst du nicht eine andere Arbeit finden und weitermachen?«

»Weitermachen?«, murmelte Jóakim und verspürte dieses lauwarme, weiche Gefühl, in welches zu versinken so wohltuend schmerzhaft war. »Weitermachen und mein Leben versauen? Tagtäglich in einer Bar sitzen und sich langsam zertrinken? Zuerst trinke ich alle von mir weg, die ich liebe, und dann mich selbst? Ist es nicht das, was du meinst? Nein, mein Freund. Die Arbeit spielt keine Rolle. Selbstverständlich könnte ich einen anderen Job kriegen, aber ich würde ihn gleich wieder verlieren. So sehr ist mein Leben außer Kontrolle geraten.«

»Dann hör doch einfach mit dem Trinken auf!«, rief der Arzt wie verwandelt. Seine Stimme war zutraulich, erstaunt und vollkommen unschuldig, sodass Jóakim das Gefühl hatte, dass man ihn zum Narren hielt, aber er beschloss, nicht zu misstrauisch zu sein – nicht zu empfindlich in Bezug auf die eigene Person, wie es sonst für Trinker üblich ist. Stattdessen gab er dem Arzt recht und bekräftigte, dass er genau dieselben Gedanken auch schon gehegt habe, nicht zum ersten Mal, aber jetzt sei es ihm ernst damit. – Wie sehr er es satthabe, an nichts anderes als den Alkohol zu denken, Geld für die nächste Flasche zur Seite zu legen, immer einen neuen Schnapsladen zu suchen, wo ihn das Verkaufspersonal noch nicht kannte, er wolle aufhören, das Tageslicht zu fürchten, aufhören, die Erscheinungen zu fürchten, die vor dem inneren Auge auftauchen, wenn man nicht ausreichend getrunken hat, Erscheinungen wie Atompilze, die sich in tote Kinder verwandelten, in Menschen, die unangenehm vertraut und doch auf eine Weise unkenntlich waren, als ob man sie aus einem früheren Leben kennen würde, in dem man ihnen etwas zuleide getan hatte, aufhören, sich verkatert oder empfindungslos von einem Tag zum nächsten zu schleppen und auf die Abende zu warten, auf die nächsten Drinks zu warten, auf eine stärkere Betäubung zu warten, im tiefsten Inneren immer auf jene vollkommene, endgültige Betäubung zu warten.

»Aber ich habe aufgehört zu warten«, sagte Jóakim und hatte sich in Höhen hinaufgeredet, er war erstaunlich klar im Kopf, strahlte wie ein kleines Streichholz im Nebel. »Ich werde nicht noch zugedröhnter. Trinken heißt, eine Luke in das Dunkel des eigenen Selbst zu öffnen, wo alles unverständlich und schlecht ist und alles mit allem zusammenfließt, und diese Luke immer weiter zu öffnen, und am Schluss weiß man nicht mehr, wo man selber anfängt und der Albtraum aufhört! Auf jeden Fall ist alles so zugedröhnt, du bist der Zuschauer deines eigenen Lebens, und obwohl du siehst, dass es dir schlecht geht, redest du dir selbst ein – nur um einen Grund zu haben –, dass das Leben, welches du aufgegeben hast, noch viel schlimmer gewesen ist! Aber das kann gar nicht sein, es muss irgendwann einmal enden.«

»Und welches ist denn der richtige Weg?«

»Aus dem Dunkel hinauszusteigen«, sagte Jóakim und klang ein wenig bitter. »Die Verantwortung für sich selbst zu übernehmen. Für die Tage zu leben, nicht für die Nächte. Natürlich zu werden, aus dieser Hölle aufzuwachen ... Ich wünschte, ich hätte nie mit dem Trinken angefangen, wüsste nicht einmal, dass es Alkohol gibt, oder kaum – auf jeden Fall, dass er mir egal wäre ... Ich wünschte, das alles wäre nur ein schlechter Traum, aus dem ich eines Tages aufwache.«

»Bravo«, sagte der Mann plötzlich mit tiefer Stimme. »Schön gesagt. Aus einem Traum aufwachen und hinein ins wirkliche Leben. In der Realität aufwachen!« Er lachte auf. »Du willst damit sagen, dass du dir gerade wie in einem Traum vorkommst, nicht wahr?«

Jóakim nickte nur, ohne wirklich von der Idee überzeugt zu sein, wollte aber die gegenseitige Übereinstimmung bewahren.

»Und du möchtest also aus diesem Traum aufwachen. Dem Traum des Trinkens. Und verstehe ich dich recht: Solange der Traum andauert, ist er weder-noch, nur Betäubung, und wird erst bös, wenn du aus ihm aufwachst? Sobald du in der Wirklichkeit aufwachst, wie du sagtest?«

»Hmm, ich weiß es nicht«, antwortete Jóakim und verlor seine Konzentration, ließ sich in sich selbst versinken. »Ich möchte einfach irgendwie rauskommen aus all dem. Frieden finden. Und ich will aufhören, die Wirklichkeit zu fürchten. Es ist nicht natürlich, sie zu fürchten.«

Der Mann nahm einen Schluck Whisky, stierte vor sich hin und schien in Gedanken versunken. Seit sie ihr Gespräch begonnen hatten, waren Jóakim die ständigen Veränderungen in seinen Augen aufgefallen. In einem Augenblick waren sie blitzend und rund, in einem anderen matt und glupschig wie bei einem Dorsch, dann wieder scharf wie eine Messerklinge, die im Mondlicht glitzert, oder leer wie Löcher im Gesicht, bodenlos klaffende Löcher, die nach unten führten, tiefer hinab in Dunkelheit und Nichts.

»Ich kannte einmal einen Mann«, fing der Mann an zu erzählen, »einen Mann, der sich nichts sehnlicher wünschte, als in Frieden gelassen zu werden. Doch er war zu berühmt. Ständig wollte sich jemand mit ihm treffen, sich mit ihm unterhalten. Zu viele *liebten* ihn sogar. Pausenlos fühlte er sich von Leuten umgeben, die etwas von ihm verlangten, die ihn brauchten und etwas von ihm erwarteten, doch ihm selbst blieb nie Zeit, um zu verstehen, was *er* wollte, wen *er* zu treffen wünschte, was *er* benötigte oder liebte. Und als er sich dessen eines Tages bewusst wurde, da war es zu spät. Sein Wunsch war in Erfüllung gegangen. Er war allein. Doch was er eigentlich wollte, war genau so ein Leben, wie er es immer gehabt hatte. Die Menschen, die er benötigte, liebte und um sich haben wollte – das waren genau jene Menschen, die er mit seinem Wunsch weggejagt hatte. Aber wie ich schon sagte: Als er sich dessen bewusst wurde, war es zu spät. Du siehst also, wie gefährlich es werden kann, wenn man sich etwas wünscht.«

Der Mann verstummte und nahm einen Schluck von seinem Glas. Jóakim beobachtete ihn eine Weile und wurde von berechtigter Empörung gepackt, die Wut staute sich in ihm an, er schnaubte, und seine Antwort ergoss sich über den Mann:

»Eine schöne Geschichte hast du da, aber was soll *ich* damit!«, rief er. »Das ist nicht das Gleiche! Es ist, als ob du immer über etwas *anderes* reden willst. Ich habe nicht über irgendeinen Wunsch gesprochen oder das Wünschen an sich! Ich habe gesagt, dass ich einfach aufhören möchte zu trinken, und ich sehe nicht ein, was daran schlimm sein soll!«

»*Einfach* aufhören?«, fragte der Arzt und schüttelte sich vor Lachen, lehnte sich zurück in den Stuhl und schlug sich auf den Oberschenkel. »Und was ist mit allem, was das Leben dich über ›einfach‹ gelehrt hat? Ich sage dir, dass es gefährlich ist, sich etwas zu wünschen! Gefährlich deswegen, weil der Wunsch vielleicht in Erfüllung geht! Alles, was du für schlecht erachtest und was durch den Wunsch bereinigt werden soll, ist möglicherweise gar nicht so schlecht und schon gar nicht das Schlimmste, sondern vielleicht sogar *gut* im Vergleich zu den noch viel schlimmeren Dingen, welche die Welt vorgesehen hat ...«

»Was zum Teufel versuchst du zu sagen?«, rief Jóakim und sprang auf die Füße. Er ballte die Faust an seiner Seite, ohne zu wissen, was er damit machen wollte. »Willst du etwa sagen, dass ich es jetzt gut habe, du verdammter Idiot? Mein Leben war noch nie so beschissen wie jetzt!«

Der Mann zischte leise, kniff die Augen zusammen und bewegte seine Hand vor Jóakim auf und ab, als ob er ihn besänftigen wollte.

Jóakim setzte sich wieder hin, sein Herz raste in der Brust, aber dann breitete sich eine sonderbare Ruhe in ihm aus.

»Ich bitte um Entschuldigung«, sagte der Mann, »wenn ich mich unvorsichtig ausgedrückt habe. Ich wollte dich nicht durcheinanderbringen. Und in keiner Weise würde ich behaupten, dass es dir jetzt gut geht. Ich wollte nur sagen, dass dein Leben sich von jetzt an sowohl zum Guten wie zum Schlechten entwickeln kann. Wie immer eigentlich. Und deswegen wollte ich dich daran erinnern, wie viel schlimmer es dir gehen könnte und wie bodenlos der Ausdruck ›schlimmer‹ sein kann, wie unendlich viel tiefer es gehen kann als ›gut‹, denn das ist meistens begrenzt und seicht. Zumindest in meiner Erfahrung.«

Beide schwiegen und nahmen einen Schluck aus ihren Gläsern. In Jóakims Herz herrschte eine Ruhe, die nur hie und da unterbrochen wurde von einer kräftigen Irritation über den wirren Gang, den ihr Gespräch genommen hatte. Am Ende jedoch lösten sich diese

Spasmen in einem Gefühl der Zufriedenheit über die Tiefe des Selbstverständnisses auf, dem sie sich zu nähern schienen.

»Ich denke, ich verstehe, worauf du hinauswillst«, sagte Jóakim schließlich. »Entschuldige, dass ich so wütend geworden bin. Mir schien, dass du etwas anderes sagen wolltest. Ich werde vorsichtiger sein …«

»Natürlich sollst du einfach das machen, was du möchtest«, unterbrach der Mann Jóakim. »Ich wollte nur sagen, dass allem Guten normalerweise etwas weniger Gutes folgt. Und das erwischt einen meistens unerwartet, außer man hat sich darauf vorbereitet! So wie ich hoffe, dass du es tun wirst. Und alles, was nicht gut ist, kann noch viel schlimmer werden … Ich werde dir ein anschauliches Beispiel geben, ein Phänomen, von dem du vielleicht gehört hast, denn es ist innerhalb der tiefsinnigen Wissenschaftskreise, in denen sich die Trinker bewegen, allgemein bekannt. Also: Du hörst mit dem Saufen auf. Die Jahre vergehen. Aber je länger du damit aufgehört hast, desto wahrscheinlicher ist es, dass du – wenn du wieder damit anfängst –, nie mehr davon loskommst. Niemals. Du trinkst dich auf direktem Weg ins Grab. Das ist schlecht, und genau das meinte ich, als ich gesagt habe, dass allem Guten etwas Schlechtes folgt. So einfach ist das.«

»Aber nur, wenn man wieder *anfängt*«, sagte Jóakim, leerte sein Glas und spähte hinüber zum Barkeeper Bragi, der nie dort zu sein schien, wo er sein sollte, nämlich hinter der Bar. Der verdammte Depp! »Das darf man nicht vergessen. *Wenn* man wieder anfängt.«

»Selbstverständlich, aber genau darum geht es doch: wieder anzufangen – nicht wahr? Wird nicht mit den

Jahren der Gedanke daran immer reizvoller? Nach all der Zeit, die vergangen ist, seit man den Geschmack zum letzten Mal auf der Zunge gespürt hat? – Genauso wie es jemandem geht, der am Rand eines Abgrunds steht. Ein Abgrund, der immer tiefer wird, tiefer und tiefer und dunkler, bis sich schließlich alles zu drehen anfängt und man seine Knie nicht mehr spürt. – Denkst du wirklich, dass das Verlangen nicht größer wird? Das Verlangen, nachzugeben, sich nur *ein winziges Stück* nach vorne zu lehnen und sich fallen zu lassen? Glaubst du, dass dieses Verlangen nicht einfach größer wird? Ich will das nicht noch komplizierter machen. Aber jetzt siehst du vielleicht ein bisschen klarer, wie es um dich steht. Was auf dem Spiel steht ... Und kannst vielleicht besser verstehen, wie begehrenswert das ist, was ich dir anbieten möchte ...«

Sie sahen einander in die Augen.

»Mir anbieten?«, fragte Jóakim, verwundert über die Richtung, die das Gespräch genommen hatte, und doch spürte er, dass er die ganze Zeit gewusst hatte, worauf es hinauslief. »Was möchtest du mir anbieten?«

»Ich möchte mit dir eine Vereinbarung treffen«, sagte der Mann. Seine Augen waren tiefblau, wie zwei ruhige Teiche, in denen sich der Himmel spiegelte. »Und was bei dieser Vereinbarung herausspringt, ist Folgendes: Du hörst auf zu trinken, mit allen Konsequenzen. Für den Rest deines Lebens weckt der Alkohol in dir nicht das geringste Interesse, du schenkst ihm keine Bedeutung, sondern nimmst seine Existenz nur undeutlich und wie aus der Entfernung wahr, und es ist dir gleichgültig, ob andere Leute trinken oder nicht. Du hast nicht das geringste Interesse, dich volllaufen zu lassen, erinnerst dich nicht, es jemals gehabt zu haben, und alle, die du mit deiner Trinkerei gekränkt oder verletzt hast, vergessen, was du getan hast, und selber vergisst du alles über den Alkohol und dass du ihn jemals gebraucht, missbraucht hast, all die Jahre, nein, *Jahrzehnte*, in einem Tagtraum gelebt hast, vergisst alles, wachst auf aus diesem Traum, der der Alkohol war, aus der Betäubung, die der Alkohol war, steigst hinaus aus dem Dunkel und hinein ins Licht.«

»Klingt gut«, sagte Jóakim und kicherte. Er nickte mit dem Kopf, schlug mit der Faust auf den Tresen und wusste nicht richtig, wie er reagieren sollte. »Und wie soll das geschehen? Wie höre ich mit dem Trinken auf?«

»Du schnippst mit den Fingern!«, rief der Mann.

»Schnippe mit den Fingern?«

»Ja, schnippst mit den Fingern!« Da begannen sie beide zu lachen, das Gesicht des Mannes rot vor Heiterkeit, aber Jóakim war verwirrt und wusste noch nicht richtig, wie er reagieren sollte. »Kinderleicht, nicht wahr? Das alles wirst du bekommen, indem du mit den Fingern schnippst.«

»Kinderleicht?« Jóakim lachte laut und riss die Augen auf. »Das ist geradezu lächerlich! Mit den Fingern schnippen!«

»Und nie wieder Alkohol!« Der Mann wechselte einmal mehr seine Miene und wurde ernst, als wäre dies alles nur ein großes Theaterstück. »Es gibt dabei bloß eine Bedingung zu erfüllen …«

»Das dachte ich mir schon«, sagte Jóakim, riss sich zusammen, spähte nach seinem Bierglas und sah, dass es inzwischen leer war, furchtbar leer.

»Keine komplizierte Sache. Die Bedingung ist folgende: Du verpflichtest dich, den Rest des Abends hier an meiner Seite zu verbringen, mit mir zusammen zu trinken und mir zuzuhören. Wir sitzen zusammen wie alte Freunde, Seite an Seite, und plaudern miteinander, bis ich aufstehe, hinausgehe und hinter mir die Tür schließe. Sobald die Tür ins Schloss fällt, bist du ein freier Mann und kannst tun und lassen, was dir gefällt: Du kannst weiterträumen, betäubt und im Dunkel gefangen, oder aufwachen. Mit den Fingern schnippen und aufwachen.«

»Klingt gut«, fing Jóakim an. Er hatte beschlossen mitzumachen, was immer es auch war. Es klang unterhaltsam. »Eine Vereinbarung, sagst du. Und das alles bekomme ich, indem ich mit den Fingern schnippe. Alles, was ich mir gewünscht habe, geht in Erfüllung. Dann fehlt nur noch eines, nicht wahr?«

»Haha! Du lässt dich nicht so einfach übertölpeln«, sagte der Mann grinsend, und Jóakim grinste zurück, grinste eine ganze Weile lang weiter, als ob er sein Gesicht nicht mehr unter Kontrolle hätte.

»Was genau«, fragte Jóakim, »springt dabei für *dich* heraus?«

»Was für mich herausspringt«, wiederholte der Mann. »Nun, angenommen, du sitzt den Abend lang hier bei mir, und nachdem ich fort bin, beschließt du, dass du nicht länger mit dem Trinken aufhören möchtest – beschließt, *nicht* mit den Fingern zu schnippen … Dann passiert nichts, nicht direkt, außer, dass ich etwas bekomme, was mir fehlt.«

»Und das wäre?«, fragte Jóakim, obwohl er bereits wusste, wie der Mann antworten würde; ihm war, als befände er sich in einem alten, schwarz-weißen Stummfilm, als begleitete ein ununterbrochenes, schneidendes Geigengeheul alle Szenen und als bögen lange Schatten ständig um eine Ecke, stiegen aus dem Nichts hervor, um ein Verbrechen zu begehen.

»Deine *Seele* natürlich«, sagte der Mann und rief rasch nach Bragi, dem Barkeeper.

»Meine Seele natürlich«, wiederholte Jóakim und kaute diese Worte in seinem Mund, während Bragi den beiden eine weitere Runde ausschenkte. Sie kippten den Inhalt der Schnapsgläser in sich hinein, und Jóakim beeilte sich, eine weitere Runde zu bestellen. Er schaute den Mann von der Seite an und beschloss, die Sache ernst zu nehmen.

»Meine Seele«, sagte er und streckte sich. »Natürlich. Das versteht sich von selbst.«

»Aber nur, wenn du betrunken stirbst. Falls *nicht*, kannst du sie selbst behalten.«

»Und um nicht betrunken zu sterben, damit es sicher ist, dass ich nicht betrunken sterbe, schnippe ich mit den Fingern, sobald du zur Tür hinaus bist, später am Abend. Und was sollte mich daran hindern, mit den Fingern zu schnippen?«

»Nichts«, sagte der Mann. »Nichts hindert dich daran. Man versaut sein Leben nicht – jedenfalls nicht so leicht. Es sei denn, man will es selbst. Das ist ein allgemeingültiges Gesetz –«

»Und wenn man es *nicht* will …«, begann Jóakim und grinste von einem Ohr zum anderen, wobei sein Gesicht entzweizureißen schien. »Das ist ein erfrischendes Spiel! Ich bin dabei. Wer würde nicht mitmachen?«

»Genau! Wer?«

»Zumindest *nicht ich*. Und damit wir einen Beweis haben, will ich diese Vereinbarung für dich aufschreiben. Gib mir ein Stück Papier, und ich schreibe.« Ein weißer Papierfetzen tauchte in der Hand des Mannes auf und dann ein Stift. Er legte beides auf den Tresen und wies Jóakim an, seinen Namen auf das Papier zu schreiben, das wäre alles.

»Oder ein einfaches X, das reicht auch.«

»Ich schreibe den Namen«, sagte Jóakim und grinste. »Natürlich schreibe ich den *Namen*. Seinen Namen zu schreiben ist zwar schwieriger als mit den Fingern zu schnippen, aber ich kann natürlich meinen Namen schreiben.« Er nahm den Stift.

»Und da wäre dann noch eine Sache«, sagte der Mann. »Der Gerechtigkeit wegen.«

»Was denn?« Jóakim zögerte, hielt den Stift in der Luft über dem Papier und sah den Mann an.

»Du kannst es natürlich auch selbst tun. Selbst aufhören. Du kannst morgen aufwachen, das Telefon in die Hand nehmen und ein Zimmer in irgendeiner Entzugsklinik buchen. Eine Therapie machen, kleine Fortschritte jeden Tag, kannst dir selbst vergeben, versuchen, die anderen dazu zu bringen, dir zu vergeben. Das bedeutet zwar mehr Aufwand als mit den Fingern zu schnippen, aber es würde …«

»Hör auf mit dem Geschwätz!«, rief Jóakim und war wieder irritiert. Er klemmte den Zettel mit Zeigefinger und Daumen am Tresen fest und schrieb seinen Namen auf das dicke, weiße Papier. Dann gab er den Stift zurück, lehnte sich im Stuhl zurück, kicherte und fühlte sich wie ein kleiner Junge, der etwas verbrochen hatte, was den Erwachsenen missfallen würde, ihm aber großen Spaß bereitete.

Der Mann hob das Papier vor sein Gesicht, musterte die Unterschrift und steckte es ein.

»Darauf stoßen wir an.«

»Und später am Abend«, sagte Jóakim, »schnippen wir mit den Fingern.«

»Nicht bevor ich fort bin. Und selbst mache ich nichts.«

»Nicht bevor du fort bist, klar«, antwortete Jóakim, und wieder kam ihm in den Sinn, wie grotesk dies alles war. Mit den Fingern schnippen! Ein guter Zeitvertreib an einem öden Dienstagabend, immerhin.

Sie prosteten einander zu.

3. Kapitel

Von da an entwickelte sich eine entspannte Atmosphäre, die beiden Kameraden unterhielten sich über Politik, das Rauchverbot, Reisen, Frauen und die Liebe – zwischen den beiden entstand eine tiefe Vertrautheit, fast so, als wären sie zwei Freunde, die einander nach langer Trennung wieder begegnet waren. Der Mann gab unzählige Geschichten zum Besten, eine reihte sich an die andere, und Jóakim hatte größtes Vergnügen daran, auch wenn die Erzählungen irgendwie befremdlich waren, ohne dass ihm jedoch genau bewusst war, worin dieses Befremdliche bestand.

Hin und wieder kam es vor, dass die Gedanken um diesen unwahrscheinlichen Vertrag kreisten, unter den er seinen Namen gesetzt hatte – sofern es sich dabei nicht um eine schlichte Einbildung gehandelt hatte –, und der Vorschlag des Mannes, zweifellos ein abgenutzter Party-Gag, weckte in Jóakim abwechselnd Abscheu und Neugier. Er dachte daran, mit den Fingern zu schnippen und wie einfach das doch wäre, und er konnte es kaum erwarten, jetzt schon zu schnippen, aber es missfiel ihm, dies in Gegenwart des Kerls zu tun, da er doch Angst hatte, die Regeln des Vertrags infrage zu stellen. Je länger er nun über die Schnippbewegung nachdachte, desto schwieriger schien sie ihm. Es war fast unerträglich, etwas so Einfaches nur zu *denken*, es aber nicht zu tun – man legt zwei Finger aneinander, Mittelfinger und Daumen, sie berühren sich und gleiten übereinander hinweg, blitzschnell und *schnipp!* Wieso schnippen? Irgendwie geheimnisvoll, wenn man darüber nachdachte – beinahe unwahrscheinlich.

Aber *möglich, durchaus möglich*, dachte Jóakim schließlich, riss sich zusammen und beendete seine Überlegungen über das Schnippen, er verschwand hinunter in die Luke, tiefer hinein ins Dunkel und den Nebel, und forderte mehr Geschichten – Geschichten von Resignation und Tod.

»Du bist unersättlich, wie mir scheint«, konstatierte der Mann und schüttelte leicht den Kopf, aber ein Lächeln spielte um seine Lippen. »Du verlangst immer mehr! Bist du dir sicher, dass du es ertragen kannst?«

Jóakim nickte.

»Dann werde ich dir also noch eine weitere Geschichte erzählen, aber es wird auch die letzte sein. Anschließend bin ich weg. Es ist die Geschichte, wie ich als Arzt aufgehört habe, wie ich selbst aufgegeben habe. Die Geschichte von meinem letzten Patienten …«

»Spannend«, sagte Jóakim und war sich nicht sicher, ob er ironisch klingen wollte oder nicht. »Sehr spannend.«

»Es war einmal vor langer, langer Zeit – nein, nein, ich scherze bloß. Es war vor ein paar Monaten, an einem schönen, klaren Frühlingstag, als ich zu einem Patienten aufs Zimmer ging, der ernsthaft krank war und eigentlich bereits im Sterben lag. Dieser Mann war ins Krankenhaus eingeliefert worden wie ein ganz normaler Beinbruch: Auf dem Weg zum Einkaufen war er gestolpert und die Treppe in seinem Haus hinuntergestürzt. Als man ihn untersuchte, stellte sich jedoch heraus, dass den Mann noch etwas anderes, Ernsteres bedrückte als ein Beinbruch – eine Blutprobe zeigte Hunderttausende von Tumorzellen, und nach dem Röntgen war klar, dass seine Knochen vollständig vom Krebs zerfressen waren.

Es war meine Aufgabe, dem Patienten die Nachricht zu überbringen – was immer schwierig ist, aber dieses Mal war die Situation besonders ungewöhnlich. Als er die Nachricht vernahm, zeigte er kaum eine Reaktion. Es war, als ob ihn etwas erleichterte, als ob er sich darauf freute, vor dem Tor des Todes zu stehen, und aus unseren Gesprächen wurde mir rasch klar, dass er kein Interesse an einer Behandlung hatte, er wollte nur nach Hause gehen und in Frieden gelassen werden. Als ich mit ihm über eine Operation sprach, über Chemo- und Strahlungstherapie – ohne große Chance auf Heilung zwar, aber zumindest würde sein Leben damit um einige Monate verlängert werden können –, als ich ihm nahelegte, die ihm angebotene Hilfe anzunehmen, sträubte er sich weiter dagegen, bis ich schließlich genug von diesem Geschwätz hatte. Ich sagte, ich würde mich weigern, seine Entlassungspapiere zu unterzeichnen, solange er mir nicht gestand, weshalb er dem Tod so selbstgefällig die Hand reichte und aufgeben wollte. Irgendetwas war lange in mir herangereift, und das war vielleicht der Grund dafür, warum ich die Kontrolle über mich verlor.

So viel dazu. Als der Mann mir daraufhin seine Geschichte erzählte, empfand ich nicht nur Mitgefühl, sondern eine tiefe und düstere Trauer um das Dasein des Menschen auf Erden. Wie klein und verlassen er in dieser riesengroßen Weite des Universums ist! Ob es nun die Geschichte des Mannes war oder etwas anderes, das mich an diesem demütigen, klaren Frühlingstag endgültig mit der Gewissheit füllte, dass das Leben es nicht wert ist, darum zu kämpfen – auf jeden Fall entschloss ich mich an jenem Tag, aufzugeben, den Bettel hinzuschmeißen.«

»Das klingt düster«, sagte Jóakim, ängstlich und angespannt. Seine Stimme zirpte wie ein kleines Eichhörnchen, das plötzlich vor dem Sommerhaus im Wald auftaucht.

»Ja, ziemlich düster. Die Geschichte des Mannes war folgende: Einige Jahre zuvor hatte er sich verliebt. Doch das spielt eigentlich keine Rolle. Auf einem Spaziergang mit der Frau, die er liebte, beschloss er aus einer übermütigen Laune heraus, auf einen Felsen zu klettern, einen Schrei auszustoßen und einen dummen Scherz zu machen, um sie zu beeindrucken. Als er wieder vom Felsen heruntersprang, verspürte er einen dumpfen Schlag auf seine Fußsohle, und später stellte sich heraus, dass ein kleiner Knochen unter dem Rist gebrochen war, und dort, wo das Schienbein in den Fuß ragt, war ein Knorpel zerrieben worden, der nun bei jeder Bewegung im Gelenk kratzte.

Der Arzt erklärte ihm, dass eine Operation unumgänglich sei, nichts Großes, aber er müsse narkotisiert werden und eine Nacht im Krankenhaus verbringen. Dort würde man den gebrochenen Knochen zusammenflicken und den Knorpel abschaben, damit der Splitter keine weiteren Schwierigkeiten machen würde. Der Mann dachte, dass dies viel gefährlicher klang, als es in Wirklichkeit sein würde, und einige Tage später wurde ihm ein Zimmer zugeteilt, wo er sich ins Bett legte, die Schlaftablette schluckte, duselig wurde und von zwei Krankenschwestern in den hellen Operationssaal gerollt wurde. Als er den Operationstisch erblickte, auf dem er liegen würde, ahnte er sofort und ungeachtet der Tablette eine drohende Gefahr, als ob er spürte, dass etwas nicht in Ordnung war. Er wollte fragen, wo der Arzt sei, aber seine Zunge hing wie Baumwolle in seinem Mund und war nur noch hinderlich. Er konnte sich nicht verständlich machen und wurde vom Bett auf den Operationstisch gehoben, wo jemand mit Mundschutz und Haarnetz sich an seinem Arm zu schaffen machte. Dann wurde sein Kopf in ein grelles Weiß gedreht, ein Schatten tauchte mitten im Licht auf, und auf sein Gesicht legte sich ein kalter Schauer. Er dachte an den Geruch von brennendem Gummi und unbändiger Heiterkeit, und dann wurde alles schwarz.«

4. Kapitel

»Er wusste nicht, wie lange er sich im Dunkel befunden hatte, aber irgendwann vernahm er ein leises Plätschern, und ihm war, als schwebe er über einem düsteren Ozean. Der Mann dachte, dass er träume, und dann wurde alles hell.

Er ging einen Strand entlang. Der Himmel über der spiegelnden, ruhigen See war blau und der Strand unter den Füßen golden und fein. Mit Ausnahme des leisen Flüsterns des Sandes unter seinen Schritten war es still. Einige Palmen wuchsen über den Strand verstreut, dazwischen standen leere Sonnenliegen und ausgebreitete Sonnenschirme, aber nirgends war eine Menschenseele zu sehen.

Der Mann hatte das Gefühl, dass etwas nicht in Ordnung war, spähte über den Sand auf der Suche nach dem, was sein Unbehagen verursachte, und bemerkte, dass weder Sonnenschirme noch Liegen noch die Palmen einen Schatten warfen. Von da an vermied er es, sich umzuschauen, versuchte die Augen zu schließen, was jedoch nicht gelang, richtete den Blick hinab zu seinen Füßen, die sich in den Sand gruben und wieder hinausstiegen, seinen Körper von einem Ort zum nächsten bewegten und an Maschinen erinnerten, an kleine Löffelbagger, die ihn von A nach B schaufelten.

Als er das nächste Mal aufsah, stand er bei einer länglichen Strohhütte; vor der Hütte waren Plastiktische und -stühle, und hinter einer Theke, die sich über die Länge der Hütte erstreckte, standen Flaschen in Reihen. Ein dunkel gekleidetes Wesen drehte ihm den Rücken zu und pfiff ein Liedchen, aber sonst war alles still.

Der Mann setzte sich auf einen der Stühle an der Bar, ließ seine Augen über die Flaschen gleiten und überlegte, was er bestellen sollte. Das Pfeifen des Hüttenmanns erinnerte entfernt an ein Lied; ein Lied, welches er nie zuvor gehört hatte und auch nie hätte hören wollen, das Lied wäre besser nie komponiert worden, dachte der Mann – es tat in den Ohren weh, war unharmonisch, salopp dahergepfiffen, erinnerte an das Quietschen einer Tür, die der Wind auf und zu weht und die *geschlossen* sein müsste.

Der Hüttenmann drehte sich um, wobei er mit einem Geschirrtuch die Innenseite eines Glases trocknete. Als sein Blick auf den Gast fiel, hielt er in seinem Pfeifen inne, und sein Gesicht erhellte sich. Er hängte das Glas in ein Gitter, das von der Decke herabhing, und wünschte einen Guten Tag.

›Guten Tag‹, antwortete der Mann.

›Ja, ist er das nicht? Er *ist* gut‹, sagte der Barkeeper, dessen Gesicht kalkweiß war – Sonnenschutzmittel vielleicht, dachte der Mann, bevor er die schwarze Melone auf dem Kopf bemerkte, die enge, zugeknöpfte Jacke und den gepflegten Zweifingerbart, was alles in allem an den Tramp von Chaplin erinnerte. ›Er ist nicht *immer* so gut‹, fuhr der Hüttenmann fort. ›Aber er ist es *jetzt*, und das ist alles, was zählt, nicht wahr?‹

›Sagt der Tramp‹, antwortete der Mann und hörte, dass er lallte, was ihn überraschte, denn er hatte noch nichts getrunken.

Der Tramp lachte und sagte, dass gewisse Leute den Tag früh beginnen würden. ›Aber *von schönen Dingen kann man nie genug bekommen*, wie man so sagt. Ich denke, du kannst all die Betäubung brauchen, die du kriegen kannst. Was darf ich dir anbieten?‹

Der Mann spähte über die Regale und konnte sich nicht erinnern, jemals Flaschen von dieser Form gesehen zu haben; sie standen auf einer Art Fuß, und ihr Hals war lang, schlank und gegen oben zugespitzt, wie eine Nadel.

›Versetze mich in Erstaunen‹, entgegnete er und versuchte, seine Verwunderung zu verbergen.

›Ich sehe, dass du bereits erstaunt bist‹, sagte der Tramp und lächelte. ›Das ist ein neues, experimentelles Flaschendesign. Nichts ist natürlich gegeben beim Design von Flaschen oder dem Phänomen als solchen. Weißt du, woher die Flasche, wie wir sie kennen, ursprünglich kommt? Nein? Ich auch nicht. Aber dafür ist der Hoteldirektor zuständig. Für das Flaschenexperiment, meine ich.‹

›Experiment?‹

›Oder *Operation*, wenn du es lieber so nennen möchtest.‹ Der Tramp nahm eine Flasche, hielt sie kopfüber über einen Cocktailshaker, drückte einmal fest auf eine Art Zylinder im Flaschenfuß, und ein Schuss Alkohol spritzte aus der Flasche. Er wiederholte das Spiel mit drei anderen Flaschen, goss einen klumpigen, roten Brei aus einer Packung hinein, fügte ein wenig Eis dazu und schloss den Deckel. Dann nahm er den Shaker in beide Hände, überkreuzte seine Beine, lehnte sich ein wenig über den Shaker und begann den Inhalt mit einer Ungestümheit zu schütteln, die an Lächerlichkeit grenzte. Die Farbe in seinem Gesicht zerlief langsam, die Augen standen mit angestrengtem, konzentriertem Blick vor.

›Was versuchst du denn da?‹, fragte der Mann und stieß einen Lacher aus, den er aber in ein Räuspern wendete. Der Tramp antwortete nicht, fuhr fort zu schütteln, und das Geräusch des Shakers weckte plötzlich das Interesse des Mannes. Anstelle des erwarteten Plätscherns der Flüssigkeit und des Klimpern des Eises vernahm er Stimmen – ein halb ersticktes Gemurmel, als ob jemand etwas mit dem Mund voller Baumwolle oder hinter einer Maske sagte. Er konzentrierte sich, den Stimmen zu lauschen, und hörte etwas über eine Schere.

›Schere …‹, sagte er nachdenklich und spürte, wie seine Angst größer wurde, wusste sofort, dass er die ganze Zeit Angst gehabt hatte, seitdem er sich dort hingesetzt hatte, auch wenn er es erst jetzt verstand. ›Was sagen die da über eine Schere?‹, fragte er laut und fuhr den Tramp schroff an. Doch dieser schüttelte einfach weiter und starrte an ihm vorbei. ›Mir gefällt das überhaupt nicht. Ich glaube, dass ich besser … Ich glaube, ich müsste jetzt irgendwo anders sein als hier … Vielleicht schreibst du mir den Drink einfach auf meine Rechnung.‹

Gerade als der Mann aufstehen wollte, unterbrach der Tramp sein Schütteln, nahm ein großes Glas aus dem Gitter über dem Tresen und kippte den Inhalt des Shakers hinein, steckte einen Strohhalm und einen Papierregenschirm hinein und knallte das Glas auf den Tresen.

›So‹, sagte der Tramp und lächelte. ›Schon fertig. Und jetzt wirst du mir sagen, wie es dir schmeckt.‹

Der Mann blieb sitzen und betrachtete die Flüssigkeit im Glas. Sie war rot glühend, dachte er und wunderte sich, weshalb dieses Wort in seinen Gedanken aufgetaucht war.

›Er glüht rot‹, sagte er leise. ›Von der Farbe her, meine ich. Wieso glüht der Drink rot? Ich habe noch nie einen Drink gesehen, der rot glühte.‹

›Hast du schon Menschen gesehen, die von einem Drink rot glühende Wangen bekommen?‹, fragte der Tramp ironisch.

›Selbstverständlich‹, antwortete der Mann. ›Das ist natürlich. Aber ein glühendes Rot ohne Menschen ...‹ Er verstummte. Der Tramp drängte ihn zu probieren, und er hob das Glas an seine Lippen. Der Geschmack des Drinks war fad und scharf zugleich und erinnerte an etwas, das er vergessen hatte.

›Ein Drink, der rot glüht‹, sagte der Mann und leckte den Schaum von seinen Lippen, ›und schmeckt wie das Vergessen. Ein wirklich eigenartiger Cocktail!‹

›Bravo!‹, rief der Tramp, klatschte in die Hände und amüsierte sich königlich ob der Reaktion des Mannes. ›Ich wusste, dass du ein gelehriger Mensch bist. Du hast vollkommen recht, aber du vergisst eines: Zuerst – bevor du trinkst – erinnerst du dich an nichts, und wenn du dann trinkst, erinnerst du dich, dass du dich nicht erinnerst. Und am Tag danach hast du vergessen, woran du dich erinnert hast. Was vergisst du dann also?‹

›Vergessen?‹, fragte der Mann und hatte Mühe zu verstehen.

›Du sagtest, dass der Drink wie Vergessen schmecke, und ich sagte dir, dass du recht hast, dabei aber eines vergisst. Was genau hast du vergessen?‹

›Sag es mir!‹, rief der Mann laut und war völlig durcheinander.

›Vielleicht, dass das Vergessen wie ein Drink schmeckt!‹ Der Tramp lachte unbändig und ging dem Mann auf die Nerven. Sein Lachen war wie ein Brummen in der Ventilation.

›Unsinn! Quatsch! Spielt keine Rolle! Du verdrehst mir die Worte im Mund, gebrauchst sie, als ob sie selbst wichtig seien und nicht das, wofür sie stehen! Es gibt nichts, das den Geschmack des Vergessens hat. Das Vergessen existiert nicht, außer etwas ist vergessen. Geht es nicht vor allem um das, was vergessen ist, und nicht um das Vergessen selbst?‹

›Das denken viele‹, antwortete der Tramp und hatte sich wieder beruhigt, ohne dass er jedoch diese ironische Miene abgelegt hätte oder der Zweifingerbart nicht mehr so unerträglich gepflegt gewesen wäre. ›Aber jetzt lass uns über etwas Einfacheres sprechen, etwas, wovor du nicht so große Angst hast und was dich nicht so aufregt.‹

›Werd bloß nicht langweilig‹, sagte der Mann, doch der Tramp tat, als höre er nichts, nahm ein Geschirrtuch und begann, den Tresen abzuwischen. Dabei entstand ein Flüstern, das an die Stimmen erinnerte, die im Shaker gemurmelt hatten.

Der Mann nippte an seinem Cocktail und sah sich um. Sein Blick glitt hinüber zum Hotel, das ein wenig vom Strand entfernt lag und hinter der Ecke der Bar schimmerte. Bei allen Fenstern waren die Gardinen zugezogen, und die Balkone wie der Swimmingpoolbereich vor dem Hotel waren menschenleer.

›Du hast den Hoteldirektor erwähnt‹, sagte er dann. ›Und die Flaschen. Ich meine, dass der Direktor sich besser darauf konzentrieren sollte, Gäste in sein Hotel zu bekommen, bevor er sich für die Lage der Flaschen in der Bar interessiert.‹

›Findest du?‹

›Natürlich. Wenn das Hotel leer ist, ist auch niemand da, um aus den Flaschen zu trinken oder es auch nicht zu tun!‹

›Warum behauptest du, das Hotel sei leer?‹

›Ist das nicht offensichtlich? Niemand ist im Schwimmbecken, niemand an der Bar, alle Gardinen sind zugezogen. Dabei ist es mitten am Tag, die Sonne scheint …‹

›Beurteile die Welt nicht nach dem, was du siehst, mein Lieber. Wir sind mehr, als unsere Sinne uns glauben lassen. Das musst du doch von allen am besten wissen!‹

Der Mann dachte über die Worte des Tramps nach und wusste, dass er vollkommen recht hatte. Ich zum Beispiel, dachte er, bin alles, was meine Sinne nicht sind, obwohl sie mir etwas zu sagen scheinen, sie sind irgendwo *um mich herum*, aber sie sind kein Teil von mir.

›Und übrigens war das Hotel noch nie so voll. Es ist überbelegt.‹

›Und wo sind dann all die Leute?‹

›Auf ihren Zimmern.‹ Der Tramp schien sich vor etwas zu sträuben, verstummte mitten im Satz und schüttelte sich, wobei seine Augen ironisch glänzten. ›Sie liegen in ihren Betten und warten.‹

›Mit zugezogenen Gardinen?‹, fragte der Mann in Gedanken versunken. ›Bei so schönem Wetter, und in ihren Ferien? Sonderbar …‹ Er nahm einen Schluck von seinem Cocktail und bemerkte, dass er zur Neige ging. ›Worauf warten sie denn? Wird etwas geschehen?‹

Der Tramp nickte.

›Etwas Schlimmes?‹

›Ja.‹ Der Tramp setzte eine nachdenkliche Miene auf, als ob er eine Entscheidung treffen müsse. Dann schüttelte er sich wieder wie jemand, der gerade aus dem Wasser gestiegen ist, und sagte: ›Ich kann dich nicht weiter anlügen. Ich habe dir etwas vorgemacht: Das hier ist kein Hotel.‹

›Ach ja?‹, sagte der Mann verwundert. ›Was ist es dann?‹

›Eine Klinik‹, antwortete der Tramp. ›Eine Klinik, in welche die Leute kommen, um ihr Befinden abzustreifen.‹

›Abzustreifen? Was soll das heißen?‹

›Ja. Aufzuwachen, das Dunkel abzustreifen, hinein ins Licht zu steigen. Hier ist niemand in den Ferien.‹

Sie blickten einander in die Augen. Der Mann wunderte sich plötzlich, wie sehr sich der Tramp nach dem Cocktailschütteln verändert hatte: Das Weiß auf seinem Gesicht war vor Anstrengung zerlaufen und hatte sich auf der Nase und um Bart und Mund herum verdickt. Rund um die Augen und auf der Stirn hingegen war er hautfarben.

›Das wusste ich‹, sagte der Mann. ›Ich habe vorhin den Geruch wahrgenommen ... Nicht als ob ich an einem Strand wäre, sondern in einem Krankenhaus. Und die Geräusche ...‹ Bei diesen letzten Worten hörte er plötzlich einen Laut unter sich, nahe den Beinen. Doch dann schien ihm plötzlich, als sei das Geräusch hinter ihm, als ziehe sich das Meer mit einem lärmenden

Sauggeräusch vom Strand zurück. Er blickte über seine Schulter und sah, dass sich nichts verändert hatte – das Meer war immer noch da, flach und spiegelnd.

Er drehte sich wieder zum Tramp um.

›Hast du das gehört?‹, fragte er, mit den Augen aufs Meer hinausblinzelnd, und verspürte auf einmal eine Bewegung unter sich. Der Tramp alberte an der Bar herum; also war es nicht der Tramp, sondern etwas ganz anderes. Da war jemand, der sich vornüberbeugte und an etwas herumschabte. Dieser Jemand ähnelte einem Arzt, trug ein mattgrünes Haarnetz und einen weißen Mundschutz.

›Das ist nicht gut‹, murmelte der Mann wie zu sich selbst, begann zu schwitzen und bewegte sich unruhig auf seinem Stuhl hin und her, dachte, er würde vielleicht bald aufwachen. ›Es ist zu hell hier‹, murmelte er und suchte nach einem Schatten, in dem er tiefer schlafen könnte, aber er fand keinen. ›Nicht aufwachen …‹

Das Licht wurde immer greller und war schließlich so stark, dass er glaubte, davon erblinden zu müssen. ›Erblinden‹, sagte er leise für sich. Der Gedanke daran lenkte seine Aufmerksamkeit auf die Knochen und den Knorpel und auf etwas Weißes. Wenn etwas blind war, dann waren es die Knochen und der Knorpel, weiß, vollkommen blind und im Dunkeln tief im Fleisch vergraben. Er spürte Knochen und Knorpel in sich drinnen, spürte, was in seinem Fuß war, schwer und schmerzend, und eine Blindheit, in der jemand mit einer kleinen, scharfen Säge mit blinden Zähnen sägte.

Er sprang auf seine Füße, stieß das Glas um und hörte es mit einem Sägegeräusch auf dem Boden hinter der Bar zersplittern.

›Was war in diesem Drink, den du gemacht hast?‹, schrie er. ›Das war das Vergessen, sagst du? Aber vielleicht war es nicht stark genug! Vielleicht erinnere ich mich jetzt! Ich bin im Krankenhaus!‹

Der Tramp war um den Tresen herumgegangen und stand direkt neben ihm, hielt ihn fest und bat ihn, ruhig zu sein.

›Mir geht es nicht gut‹, heulte er und ließ sich nicht beruhigen. ›Das ist schlimm, ich stecke hier fest und kann es ihnen nicht mitteilen!‹

›Wem ‚ihnen'?‹ fragte der Tramp, als ob er mit einem Kind spräche. ›Sprichst du immer noch vom Hoteldirektor? Ich habe dir doch gesagt, dass …‹

›Sie! Ich schlafe nicht! Ich spüre, was mit mir gemacht wird, sie schneiden an mir herum, und ich spüre es!‹ Als er dies gesagt hatte, wusste er, dass es stimmte, wusste, was geschah und von Anfang an geschehen war, aber erst jetzt verstand er es.

Nun packte ihn die Furcht, das Zittern, das ihn ans *Aufwachen* erinnerte, wurde stärker, bis es eine Art Rhythmus erreichte, einen raschen Puls, wie ein Schmerz, der zum Himmel loderte und ihn abwechselnd rot und weiß färbte; das Meer hatte angefangen zu toben und schäumte auf, tote Fische trieben an der Oberfläche, der Magen war weiß und aufgebläht von einem Schmerz, den nur er allein wahrnehmen konnte, und drinnen in den Entzugszimmern brüllten die Leute, doch niemand hörte sie, sie waren eingesperrt und wurden mit einem lauten und schneidenden Geräusch in den Abfluss hinuntergezogen, der sie in Stücke riss.

Der Mann versuchte, seine Augen vom Schmerz wegzulenken, doch er war überall und nirgendwo, erfüllte die Welt, wollte sie sprengen, und nirgends gab es einen Schutz – nichts außer Schmerz, ein weißer, klirrender Schmerz, der die Welt erfüllte, und dann konnte er nicht mehr, etwas in ihm zersprang.

Als er wieder die Augen öffnete, lag er in seinem Bett im Krankenhaus. Er erkannte das Zimmer. Es war dasselbe Zimmer, in welchem er zuvor betäubt worden war, aber er war nicht mehr jener Mensch: Die Erinnerung an jenen anderen Menschen war so undeutlich und fremd, dass sie eher einer Einbildung ähnelte. Alles war Schmerz und war es immer schon, aber er war sich dessen bis jetzt nicht bewusst gewesen.

Nach der Operation kam der Arzt, um mit ihm zu sprechen, sagte, dass alles gut gegangen sei, und fragte, wie es ihm ginge. Der Mann antwortete, dass er das Messer zwischen den Knochen gespürt habe und auch, als man ihm den Knorpel herausgeschnitten habe – er habe mehr Schmerz verspürt, als er zu ertragen für möglich gehalten hätte, doch der Arzt zog dies in Zweifel und sagte, es käme wohl vor, dass Patienten von ähnlichen Erlebnissen berichteten, aber das seien bloß Einbildungen. Der Narkosearzt habe sich zwar gewundert, wie rot sein Gesicht während der Operation geglüht habe, aber ansonsten sei alles plangemäß verlaufen.«

5. Kapitel

Die Geschichte war zu Ende, aber Jóakim war nicht zufrieden, noch nicht.

»Und was«, hörte er sich sagen, die Stimme zerbrechlich und entfernt, wie das Weinen eines verloren gegangenen Kindes im hellen Eis einer Gletscherspalte, in die es hinuntergestürzt war, »was passierte dann?«

»Ist das nicht offensichtlich? Der Mann erholte sich nicht mehr von dieser Erfahrung, ob sie jetzt eine ›Einbildung‹ war oder nicht; zuvor war er fröhlich und gesellig gewesen, hatte sich damit begnügt, sich in der Welt zu vergessen, hatte Ambitionen, wollte dieses und jenes, aber von da an wurde er menschenscheu, zog sich in eine Muschel aus Leiden zurück, die ihn immer dichter einschloss. Und nachdem er die Behandlung – Operation mit anschließender Chemo- und Bestrahlungstherapie – abgelehnt hatte, fuhr er nach Hause und schoss sich eine Kugel in den Kopf. Denn, wie er selbst wusste, der Tod war nicht das Schlimmste.

Das Furchtbarste bei alledem ist, dass irgendwo auf der Welt, genau in diesem Augenblick, in dem wir beide hier sitzen, du und ich, so ruhig, als ob uns nichts beirren könnte – dass sich genau *jetzt* exakt dieselbe Geschichte in irgendeinem Operationssaal in irgendeinem Spital wiederholt, mitten im Flutlicht und vor aller Augen, auf einem Tisch in irgendeinem Operationssaal: die schrecklichste und ödeste Einsamkeit, die es auf der ganzen Welt gibt, ein größerer Schmerz, als ein lebendes Wesen jemals fähig sein wird zu ertragen – größer, als die Natur selbst sich vorstellen kann, und doch kleiner als der, welchen der *Mensch* aus dem Ärmel zu schütteln vermochte, dieses aufgeklärteste und grausamste Tier, das je unsere Erde bevölkert hat und diesen Schmerz kraft seiner Intelligenz und seiner guten Absicht selbst verursacht hat. Nein, mein Freund! Was begrenzt ist, ist gut. Nichts zu spüren ist gut. Und das *Dunkel* ist gut.«

Der Mann verstummte, leerte sein Glas und knallte es auf den Tisch, warf dann einen Blick zur Tür. Jóakim sah, dass er an ihm oder ihrem Gespräch nicht mehr interessiert war – er war bereits dazu übergegangen, an seinen nächsten Sieg zu denken. *Seinen nächsten Sieg?*

Jóakim spürte, dass sich seine innere Unruhe verstärkte, er fürchtete, dass die Bar schließen würde, fürchtete sich davor, allein in die Stille seines Zuhauses zurückzukehren, und fürchtete sich davor, weiter an die Geschichte des Mannes zu denken, egal ob bewusst oder unbewusst.

»Das ist nicht so …?«, sagte er leise, starrte auf sein Glas, und was als Behauptung gedacht war, nahm auf dem Weg aus seinem Mund einen fremdartigen Ton an, verwandelte sich in eine kraftlose, unterwürfige Frage, deren Antwort er bereits kannte, und die Antwort drehte sich spöttisch um seinen Kopf: Doch, es *war* so, natürlich war es genau so und nicht anders!

Die Tür der Bar schlug zu und riss ihn aus seinen Gedanken. Er drehte seinen Kopf in der Suche nach dem Mann, aber er wusste, dass er verschwunden war – falls er überhaupt jemals da gewesen war.

Jóakim musterte seine Hände, seine Finger. Ihn überkam ein undeutliches Gefühl, dass sie nicht ihm selbst, sondern einem anderen gehörten; auf der einen Seite umschlossen die Finger eine Zigarette, auf der anderen Seite das Glas, und sie drehten es langsam, so wie die Erde sich um sich selbst und um die Sonne dreht, langsam und träge, um den blinden Schmerz des Lichts, eine Drehung nach der anderen und zu nichts.

Er leerte sein Glas, legte Mittelfinger und Daumen

aneinander und betrachtete sie. Eine einzige Bewegung. Er drückte die Finger zusammen, starrte sie an, drückte sie fester zusammen und spürte, wie der Schmerz der Welt zu wachsen begann, wie er durch seine Finger in ihn hineinströmte, die Arme hoch in seine Brust und in seinen Kopf.

Dann gingen die Lichter an. Er blinzelte mit den Augen gegen die Helligkeit und spürte, dass jemand ihn schüttelte und ihm etwas ins Ohr schrie. Er stand auf und ging rasch hinaus in die Dunkelheit.

So endet die Geschichte von jenem Mann, der seine Seele an einem Dienstag verlor. Für jene unter euch, die nun hoffen, dass der Trinker Jóakim vielleicht eines Tages seine Empfindlichkeit – eine regelrechte Allergie – auf den Schmerz besiegen konnte, für euch will ich unterstreichen, dass es nicht so war. Was tragisch ist, aber dies ist nun einmal die Aufgabe der Menschen hier auf Erden: es zu versuchen, es ein weiteres Mal zu versuchen und am Ende komplett zu scheitern.

Jóakim hat nie mit den Fingern geschnippt, so einfach das klingen mag, sondern trank weiter, immer mehr, auf einer ewigen Flucht vor sich selbst und jenen gewaltigen Katastrophen, die, davon war er überzeugt, ihn erwarten würden – sowohl die bekannten als auch jene, die außerhalb seines Gesichtsfelds lauerten.

Und vielleicht war es eine kluge Entscheidung von ihm, doch darüber weiß ich nichts. Aber eines weiß ich: Seine Seele brennt fortan und für alle Ewigkeit in der Hölle und hilft mit, den Teufel zu immer weiteren Taten anzutreiben. Vielleicht kommt der Teufel als Nächstes zu dir, lieber Leser? Vielleicht musst *du* eines

Tages schnippen? Und wäre es da nicht lustig, eine kleine Fliege an der Wand zu sein?

Aber nun höre ich auf damit. Nur noch eine kleine Aufgabe, damit du dir besser bewusst wirst, welche Möglichkeiten du hast. Ich möchte dich bitten: Wenn diese Geschichte zu Ende ist, dann schließ das Buch, leg es an einen sicheren Platz, wo es nicht gestohlen wird, während du versuchst, für dich selbst eine Lösung zu finden, und dann schnippe mit den Fingern! – Nicht nur so ein bisschen mit den Fingerspitzen schnippen oder dich ins Kino schnippen oder zu einer List greifen, die die Leute verwenden, um sich vor sich selbst zu verstecken. Nein! So richtig mit den *Fingern* schnippen! Jene von euch, denen das Schnippen gelingt, können sich glücklich preisen, und ihr könnt tun und lassen, was ihr wollt, weiterlesen zum Beispiel und die nächste Geschichte anfangen. Ihr anderen aber, was kann ich euch anderen sagen? – Seid so gut und geht vor die Hunde. Welkt vor euch hin, das macht mir überhaupt keine Sorgen, begebt euch in Behandlung, lasst euch entgiften und seht das Licht, das alles geht mich überhaupt nichts an, oder aber macht, was euch am besten gefällt – macht *was auch immer*, und dann sehen wir uns einfach an einem von diesen Dienstagen.

Übersetzt von Samuel Spycher

Hermann Stefánsson

Am Vegamótastígur

Der Alte begann den Tag damit, an die Tür zu klopfen und zwei-, dreimal auf den Boden zu stampfen, bevor er den absolut menschenleeren Raum betrat.

So schlurfte er über den Boden zur anderen Tür, fuhr im Hinterzimmer aus den Stiefeln und ließ sie dort zurück. Danach saßen wir eine Stunde lang da und schwiegen.

Jeden Morgen um Viertel vor sechs nahm er mich in die Stadt mit, und um sechs herum waren wir am Vegamót unten angekommen. Das Haus – oder eher die Baracke – war nach sozialen Klassen und Schichten aufgeteilt. Oben im Obergeschoss saßen die Vorgesetzten, aber unten waren Telefonistin, Sekretärin und Kaffeebeauftragte in einer Frau mittleren Alters vereint, die dadurch unter einer dreifachen Belastung stand. Draußen im Nebengebäude saßen dann also wir Müllmänner, und das Betreten des Hauptgebäudes war verboten, ohne dass ein solches Verbot je ausgesprochen worden wäre.

Die anderen Jungs tröpfelten einer nach dem anderen zwischen sechs und halb sieben herein, drei weitere und wir zwei. Guðmundur »der Gute« Hlíðberg, Þórmundur »der kleine Mann«, Skarpi »der Starke«, alle mit Beinamen versehen, die aus einem Mafiafilm oder aus irgendeiner Isländersaga hätten stammen können. Das waren irreführende Namen. Skapi war nicht stark, Þórmundur nicht klein und Guðmundur Hlíðberg so leicht erregbar, dass ich sofort beschloss, ihn zu meiden. Das Beste war, sich an den Alten zu halten.

Wir begannen nicht vor sieben mit der Arbeit und erhielten keinen Lohn vor halb acht. Der Alte holte mich spätestens um Viertel vor sechs mit dem Auto ab, käme ich nicht, würde er vorbeifahren. Wenn wir eintrafen, war manchmal das Wellblechtor am Vegamótastígur noch nicht geöffnet, dort, wo später ein Café und eine Bar gebaut wurden ... Ich hatte noch nie hinter dieses Tor gesehen, bevor ich dort zu arbeiten begonnen hatte, aber dort befand sich also die Reinigungsabteilung, zusammen mit der Schädlingsvernichtung der Stadt Reykjavík.

Der Alte war stolzer Besitzer eines Lada Sport, in den ich mich täglich in aller Herrgottsfrühe setzte. Wir waren Nachbarn, beide nicht ahnend, dass in meiner vierten Arbeitswoche der Tod in diesem Viertel umherschleichen würde. An meinem zweiten oder dritten Arbeitstag fragte ich ihn, warum er eine Stunde vor Arbeitsbeginn erschien. Er finde das irgendwie angebracht, erwiderte er. Die Vorgesetzten kamen früh, er wollte nicht, dass sie ihn spät kommen sahen. Mit anderen Worten: die pure Furcht des Untergebenen, missverstandener Respekt den Vorgesetzten gegenüber, denen es wahrscheinlich egal war, ob wir eine Stunde regungslos dasaßen oder nicht. Aber die Stadtbusse fuhren morgens nicht so früh, und es hätte mich genauso viel Zeit gekostet, zu Fuß zu gehen. Der Alte, der Ólafur J. Pétursson hieß, hatte im Gegensatz zu seinen

Arbeitskollegen keinen Beinamen und wurde nicht davon gesteuert. Er erschien pünktlich, komme, was wolle.

Jeden Morgen saßen wir also eine ganze Stunde da, schwiegen und warteten, als ob Beckett und Kafka zusammen uns das Drehbuch geschrieben hätten. Zuerst zwei, dann kamen weitere Jungs hinzu, zum Schluss waren wir zu fünft. Aber am längsten war die Schweigestunde mit Ólafur. Jede Bemerkung ging ins Leere:

»Wird es regnen?«

Schweigen.

»Was?«

Schweigen.

Ich fragte: »Wird es regnen?«

Langes Schweigen.

»Also, das wurde so nicht vorausgesagt.«

Sehr langes Schweigen.

»Nein.«

Schweigen.

»Nein.«

Schweigen.

»Vielleicht bleibt es trocken?«

Schweigen.

Und warum klopfte Ólafur J. immer, und warum stampfte er stets auf den Fußboden, bevor er eintrat? Das war spannend, mysteriös – handelte es sich um eine geheimnisvolle Volksweisheit? Es weckte mein Interesse.

»Warum klopfst du immer?«

Schweigen.

»Was?«

»Warum klopfst du immer und stampfst auf den Boden, bevor du reinkommst?«

Schweigen.

»Die Silberfische.«

Schweigen.

Dort drinnen roch es schlecht.

»Sie laufen in die Ritzen an der Wand und im Boden, sobald sie mich hören.«

Die Hütte war heruntergekommen, und wenn ich morgens genau horchte, wenn der Alte stampfte, konnte ich das Gewusel der Silberfische hören, wie sie zum Versteck liefen. Oder waren es Ratten? Im anderen Nebengebäude war die Schädlingsbekämpfung. Vielleicht liefen die Biester dorthin.

Jeden Morgen erwartete uns Kaffee in einer alten Kanne, den die Telefonistin/Sekretärin/Kaffeedame uns im Eingangsbereich bereitstellte. Die letztgenannte Rolle lag ihr sicher am wenigsten, wobei ich nicht weiß, wie sie Anrufe entgegennahm oder womit sie im Büro beschäftigt war. Aber ich habe noch nie so schlechten Kaffee getrunken. Man musste mit der guten Frau Nachsicht haben, da die Kaffeemaschine zu den prähistorischen Exemplaren gehörte, sie nahm nicht weniger als zehn Liter auf einmal auf und ließ sie durchs Plastiksieb blubbern.

In der Kaffeepause um 10 Uhr wurde es dann noch schlimmer: derselbe schlechte Kaffee in derselben Kanne, nur kalt. Es gab keine Milch, sodass ich an meinem zweiten Arbeitstag mit Kaffeesahne kam und mir überlegte, sie im einzigen Schrank im Aufenthaltsraum von uns Müllmännern aufzubewahren: Unter dem schmutzigen Spülbecken befand sich eine Schublade mit vier Tassen, einem Teelöffel, zwei Messern und einer Gabel. Der Schrank war nicht dicht, und mir verging die Lust auf Kaffeesahne, als das mit den Silberfischen rauskam. Vielleicht ließen sie sich nachts die Sahne schmecken.

Die Kaffeepause war von ähnlicher Natur wie das frühmorgendliche Marathonschweigen. Wir saßen zu zweit in der Hütte, ich und Ólafur J. Pétursson, die anderen Männer wohnten in der Nähe und gingen zum Kaffee nach Hause. Ólafur blühte ein wenig auf. Er erzählte Geschichten von damals, als er noch auf dem Flughafen arbeitete. Er stieß jedoch auf taube Ohren. Als die Kaffeepause an meinem ersten Arbeitstag beinahe um war, sagte er, dass der Friede bald zu Ende sei.

Ich fragte: »Wirklich?«

Er antwortete: »Bald kommen Sponni und Sparði.«

Ich fragte: »Wer ist das?«, und schon drängte sich ein kleiner, fetter Kerl in den Raum, der kichernd aus dem Nichts heraus fragte, ob ich Kalli Kugel sei. Ein zweiter folgte hinter ihm. Sie waren begriffsstutzig, aber nicht behindert. Sie waren die Straßenfeger der Innenstadt. Gelobt seien die Einfältigen.

Ich musste bei Sponni und Sparði durchgreifen. Sie gaben keine Ruhe, schrien und lachten und kreischten wie ein ganzer umgekippter Vogelfelsen. Ich versuchte mit ihnen zu sprechen, und der eine von ihnen entpuppte sich als ein Verwandter von mir aus dem Blöndudalur. Auðkúluheiði ist meine Heide.

Das Schlimmste war, dass Sponni oder Sparði – ich erinnere mich nicht mehr genau, welcher von beiden – ein großer Musikfan war und seiner Leidenschaft frönte, indem er dem Ghettoblaster, den er dort besaß, das Letzte abverlangte und Weihnachtslieder in voller Lautstärke spielte. Das war Ende November. Weihnachten rückte naher, dieses Ungetüm, das eine Spur von Abfall hinter sich zurücklässt und das Leben eines Müllmanns zum Albtraum werden lässt. Zwischen Weihnachten und Neujahr müssen viele Überstunden geleistet werden. Wenn viel Schnee liegt, dauert es mehrere Wochen, bis der Arbeitsrhythmus nach Weihnachten wiederhergestellt ist. Als ob jemand eine Abfallbombe in die Stadt geworfen hätte, alles quillt über von Müll. Warum muss man die Sachen auch so gründlich einpacken? Die Verpackungen überfordern den Inhalt. Und alle Verpackungen gehen durch unsere Hände. Alles Weggeworfene kommt zu uns.

Das, was ich am Beruf des Müllmanns am meisten schätze, ist die Routine: die gleiche Tonne eine Woche später auf die genau gleiche Art zu leeren. Und die Inhaltslosigkeit. Wir setzten uns nicht mit dem Inhalt der Gesellschaft auseinander, sondern mit ihrer Verpackung. Man kann alles auf irgendeine Art mit Inhalt füllen, wenn man so will.

Wir wühlten. Es war verboten, aber wir wühlten in den Tonnen. Wenn in einer nur ganz wenige Abfallsäcke waren, dann nahm man diese und steckte sie in die nächste, die halb voll war, und ersparte sich somit die zusätzlichen Schritte. Auch wenn eine Tonne beinahe voll war, war es verlockend, den Abfall in eine andere zu stopfen. Manchmal stieß man in den Tonnen zufälligerweise auf etwas, das zu schade war, um weggeworfen zu werden.

So kam ich in den Besitz einer Plattensammlung, die einem Musiker gehört hatte. Darin war unter anderem das Gesamtwerk von Dmitri Schostakowitsch enthalten. Bei einem stattlichen Haus in Þingholt ergatterte ich eine unbeschädigte und signierte Ausgabe von *Das*

Mädchen im Wald von Vigdís Grímsdóttir. Aristoteles' *Über die Seele* fiel mir bei einem Haus, das – wie ich glaube – einem Philosophen gehörte, in den Schoß. *Das Rätsel des Philosophen,* ein hervorragender Roman von José Carlos Somoza, guckte in der Hverfisgata aus einer Mülltonne heraus. Dylan Thomas und Jorge Luis Borges tauchten in derselben Tonne auf. Aus einer anderen kam *Das sind Esel, Guðjón* von Einar Kárason. Der Ministerpräsident Davíð Oddsson scheint eine fehlerhafte Ausgabe von *Vom Verfasser des Alphabets gestohlen* in die Mülltonne geworfen zu haben. Zudem wurde ich quasi Abonnent verschiedener ausländischer Literaturzeitschriften, die ein angesehener Schriftsteller nach der Lektüre jeweils wegwarf.

Die Tonne beim Haus des Autors Ólafur Jóhann Ólafsson barg sogar das Manuskript eines unveröffentlichten Werkes in sich. Auf der Titelseite stand in großen Lettern:

NICHT BENUTZEN

Das Manuskript war mit Korrekturen versehen, die nicht in derselben Handschrift notiert waren. Ich erinnere mich, dass das Buch so begann:

Den Grund ihres Wesens macht ihre Einzigartigkeit aus.

Ich konnte nicht anders, als die Blätter wieder in die Tonne zu legen.

*

Last Christmas
I gave you my heart.
But the very next day
You gave it away.

Der Ghettoblaster dröhnte. Die Gesegneten und Einfältigen mussten schreien, um die Witze des jeweils anderen zu hören. Am Ende stand ich auf, nahm das Gerät vom Strom und bat Sponni und Sparði, von nun an die Klappe zu halten.

Und das taten sie. Die Kaffeepause wurde peinlicher als je zuvor. Sie saßen beschämt und äußerst verängstigt neben mir. Kafka und Beckett verloren die Kontrolle über das Schweigen. Der letzte Teil der Kaffeepause endete damit, Verstopfungen der Toilette mit einer Klobürste oder einem Wassereimer zu bekämpfen, während die Halbschlauen drinnen flüsterten, dass ich Herr Kacke hieße.

Aus irgendeinem Grund musste ich in der Kaffeepause immer kacken. Das konnte ich nicht steuern. Das Klo war am Ende des Flurs, ein antikes Stück wie die Kaffeemaschine, eines von diesen großen, alten, die viel Wasser fassten. Deshalb ist es schwierig, seine Bedürfnisse auf solchen Klos zu verrichten, ohne dass Wasser an die Pobacken hochspritzt oder einem sogar mit einem Schmatzgeräusch in Richtung Gesicht fliegt. Die Lösung bestand darin, Klopapier in die Schüssel zu legen und den Aufprall der Kacke damit abzufangen, um jegliches Gespritze zu verhindern. Der Nachteil dieser Idee war, dass man eine Unmenge an Klopapier verbrauchte, weil das Papier jeweils sank, wenn nicht mit jedem Stück Kacke, dann einfach mit der Zeit.

Mit dieser Menge Papier und dem anderen verstopfte das Klo. Das würde die Telefonistin ungeheuerlich verärgern; sie war schon verärgert gewesen, als ich es einmal geschafft hatte, den Schrankschlüssel im Kleiderschrank einzuschließen, der mir im Hinterzimmer zugeteilt worden war. Dort gab es fünfzehn Schränke, aber nur dieser eine war in Gebrauch, und man konnte ihn nur zumachen, wenn man ihn mit einem Schlüssel abschloss. Ich hatte den Schlüssel oben auf dem Schrank aufbewahrt, und natürlich fiel er durch einen Schlitz, der sich dort befand, in den Schrank hinein. *Das ist der größte Idiot, der je hier gearbeitet hat,* sagte der Blick der Telefonistin. Sie kam mit einem riesengroßen Schlüsselbund mit über hundert Schlüsseln, den sie einen nach dem anderen ausprobierte, ohne eine Methode zu haben, um zu verhindern, dass sie den gleichen Schlüssel zweimal probierte. Daraus konnte allen Wahrscheinlichkeitsrechnungen gemäß ein ewiges Unterfangen werden. An den Schlüsseln war kein Unterschied zu erkennen, sie waren alle gleich. Es war eine furchtbarere Bestrafung, als sie irgendeinem Teufel in irgendeiner Hölle hätte einfallen können. Am Ende brach ich den Schrank auf.

Sie war nicht erfreut. Deswegen fand ich es sicherer, die zweite Hälfte der Kaffeepause mit dem Entstopfen des Klos zu verbringen.

*

Die Weihnachtsbeleuchtung ist inzwischen an, und im Schaufenster eines Kleidergeschäfts am Klapparstígur steht eine Schaufensterpuppe mit einer rotbraunen

Perücke, in die ich verliebt bin. Jeden Tag warte ich darauf, dass wir den Klapparstígur vom Müll befreien. Die Jungs waren einigermaßen in Ordnung. Einer von ihnen fischte Strumpfhosen aus Tonnen, sodass es kaum auffiel. Trennte sie auf und nähte sie wieder zusammen, vertraute er mir an. Er wollte mir nicht sagen, was er genau daraus machen wollte. Schade, so was wegzuwerfen, sagte er. Vielleicht war er dabei, eine Universalstrumpfhose aus allen Strumpfhosen der Stadt zu nähen, Strumpfhosen für die Beine des Universums. »Endlich gibt es Strumpfhosen, die wie die Beinform geschnitten sind«, verkündete die Werbung, so als ob Strumpfhosen bislang nicht in Beinform geschnitten gewesen wären, sondern wie etwas ganz anderes, und nun hätten die Fabrikanten erkannt, dass es gut wäre, zwei längliche Teile an den Strumpfhosen zu haben, eben für die Form der Beine. Aber im Falle meines Arbeitskollegen würde die Strumpfhose in der Form der Beine sämtlicher Frauen der ganzen Welt geschnitten sein. Vereinte Beine, vereinte Strumpfhosen. Oder was war es, das Skapi »der Starke« aus zerrissenen Strumpfhosen zusammennähte? Das ging mich nichts an. Ich war in die Puppe aus dem Schaufenster am Klapparstígur verliebt. Irgendwann einmal werden wir zusammenleben, sie und ich.

Aber so konnte es nicht weitergehen mit diesen Kaffeepausen. Ich begann sie im Café Prikið in der Bankastræti zu verbringen. Das Prikið bot mir Zugang zu modernen Sanitäranlagen und gutem Kaffee zu einem fairen Preis. Außerdem war es das einzige Café der Stadt, das wie ein amerikanisches Diner eingerichtet war. Künstler und Intellektuelle sahen das Café in einem romantischen Licht: das Café an der Ecke, dort, wo Penner frühstücken, alte Männer und sonderbare Kreaturen zusammenkommen, um über ihre Lieblingsthemen zu diskutieren, und die Frau, der das Café gehört, bedient die Gäste höchstpersönlich.

Am Morgen früh im Prikið zu sitzen war, als würde man in eine Zeitmaschine steigen und mitten in der amerikanischen Arbeiterklasse der 30er oder 40er Jahre in einem typischen Diner landen. Das eigentliche Island war dagegen am Vegamótastígur zu finden – umgeben von Silberfischen – und verhielt sich unauffällig. Die Bedienung im Prikið verfügte auf eine angenehme Art kaum über Kenntnisse im Servieren; der Postmann saß bei ihr an der Theke und beklagte sich über seine Arbeitsbedingungen; ein alter Mann verkündete einem Geschichtsstudenten seine politischen Ansichten, die verdächtig nazistisch waren; ein junger Typ mit Hut las Zeitung, er sah wie ein getarnter Intellektueller aus, der das Leben der Arbeiterklasse aus eigener Erfahrung kennenlernen will; ein hochgewachsener, vollbärtiger, grober Kerl mit grauer Jacke rauchte eine Zigarette nach der anderen, ab und zu notierte er was in seinem kleinen Schreibheft.

Als ich vom Klo zurückkam und den Toilettenschlüssel an der Bar abgab, sprach er mich an. Man musste den Schlüssel bei der Bedienung holen, damit niemand aufs Klo ging, ohne etwas zu bestellen. Wer ich wäre und was ich zu meiner Befriedigung und meinem Ruhm schon alles zustande gebracht hätte in meinem Leben. Eine anspruchsvolle Frage. Ich war unfassbar angeödet. Was gingen mein Leben und meine Arbeit einen Möchtegern-Autor in einem amerikanischen Diner an? Ich sagte ihm, dass ich frisch entlassen worden sei, sieben Jahre gesessen hätte, weil ich meine Frau ermordet hätte, und deutete zum Klo, als ob das etwas mit der Sache zu tun hätte. Sie sei rothaarig gewesen. Er glaubte mir nicht. Ich fügte hinzu, dass ich Philosophie studiert, aber abgebrochen hätte und jetzt aus purem Selbstzerstörungstrieb Müllmann sei. Auch darum, weil das Leben eines Müllmannes simpel und von der immer gleichen Routine bestimmt sei und ich so etwas bräuchte, um mich zu erholen und um das Dasein nach dem psychotischen Anfall in den Griff zu bekommen, der dazu geführt hatte, dass ich meine Frau, die Rothaarige, umgebracht hatte. Auch das glaubte er mir nicht, war aber heiß darauf, zu reden, machte kein Geheimnis daraus, dass er Dichter sei und hierhergekommen, um beim Dasitzen und Zuhören Material zu sammeln. Diese Methode sei in den 30er und 40er Jahren in Amerika erfunden worden.

»Dann bist du am richtigen Ort«, sagte ich und machte kein Geheimnis daraus, dass ich ihn für ein aufgeblasenes Furzhuhn hielt. Ich wollte wirklich eklig sein, ihm die isländische Durchschnittsmeinung in seine Diner-Ader spritzen und ihm ins Gesicht sagen, dass nie etwas aus ihm werden würde, solange er sich keine anständige Arbeit suchte; dass er geistig auf dem Niveau eines Minderjährigen blieb und uns Steuerzahlern auf der Tasche lag. Aber mir fiel ein, dass ich als abgebrochener Philosophiestudent wohl nicht der richtige Mann dafür wäre. Also gab ich ihm den Tipp, rauf zum Vegamót zu gehen, um dort mit den isländischen Arbeitern einen Kaffee zu trinken. Das nahm er eher gleichgültig zur Kenntnis.

Ansonsten saß ich einfach nur da, trank Kaffee, rauchte und las die *Tíminn*. Von der monotonen Arbeit schlecht gelaunt brauchte ich jemanden zum Quälen. Guckte die Puppen in den Schaufenstern auf der anderen Straßenseite an. Eine von ihnen trug ein schönes Kleid, und ich wünschte mir, dass sie meine Frau wäre, obwohl sie keine rote Perücke trug. Unbeweglich mit einer Frau in einem schönen Kleid in einem Schaufenster zu stehen. Bis ans Lebensende.

Dann watete ich durch den nassen Schnee den Vegamót hinauf, zog mir den Overall über und ging hinaus an die Arbeit.

*

Als ich eines Tages in die Baracke am Vegamót kam, noch lange vor der bewegten Ewigkeit, die dieses marode Gebäude in ein gleichnamiges Café verwandelt hat, hatten die Straßenfeger und Ólafur in meiner Abwesenheit Besuch bekommen. Es war nicht zu übersehen, wie stolz und fast schon wichtigtuerisch sie waren, als ob der isländische Staatspräsident persönlich ihnen an diesem schmutzigen Ort einen offiziellen Besuch abgestattet hätte, um ein Abkommen über den Umgang mit dem isländischen Volk zu unterzeichnen, dem wahrhaftigen Volk, das sich dort aufhielt.

»Ach ja. Wer war das denn?«

Schweigen.

»Ein junger Mann ist hergekommen.«

»Ein junger Mann?«

Schweigen.

»Ja.«

Schweigen.

»Ein junger Mann.«

Schweigen.

Mehr war nicht aus Ólafur herauszukriegen, er sagte nur wenig, als ob der Tod ihn am heutigen Tag nicht um Hilfe bitten würde. Also fragte ich Sponni und Sparði, die, als ich reingekommen war, sofort verstummt waren und die Weihnachtslieder ausgeschaltet hatten.

»Er ist Schriftsteller«, kreischte Sponni. »Er meinte, dass du ihm geraten hättest, hierherzukommen.«

»Ach ja?«

»Ja. Er saß hier die ganze Kaffeepause und hat mit uns geredet.«

»Schau mal einer an. Es gibt doch tatsächlich noch Abenteuer in diesem Leben.«

Ich klang so ironisch, wie ich nur konnte.

Der Unterton sagte: In meinen Augen kann kaum etwas Verachtenswerteres passieren, als Besuch von einem Dichterdeppen zu erhalten, der Halbschlaue und Prolos für sein Tintengeschmiere braucht.

Doch dann bereute ich die Bosheiten. Arme eifrige Sponni und Sparði, die wie Volltrottel, glückselig und einfältig, von diesem Ereignis freudig erregt dasaßen. Sie besitzen das Paradies, nicht ich, nicht die Schriftsteller und schon gar nicht die Allgemeinheit, von der ich den Weihnachtsabfall zusammensammle. Warum hatte ich sie verletzt? Ich war erleichtert, als sie mit überbordender Heiterkeit antworteten:

»Jaha. Ganz genau. Große Abenteuer. Ja. Das sagst du genau richtig.«

*

Weihnachten rückte mit tonnenweise Müll am Hinterteil näher. Der Gestank hinten aus dem Müllwagen war immer derselbe: konzentrierter Abfall der westlichen Zivilisation, der vereinte Gestank des Weggeworfenen.

Weihnachten rückte näher. Der Erzmüllmann Guðmundur »der Gute« Hlíðberg war in Weihnachtsstimmung, was in seinem Fall Bitterkeit und Einsamkeit bedeutete, die sich in maßlosen Beschimpfungen und Griesgrämigkeit äußerten. Früh am Morgen kam eine alte Frau, bat uns aufs Freundlichste, die Tüte zu nehmen, die sie vergessen hatte nach draußen zu bringen. Sie wünschte uns fröhliche Weihnachten. Mit dünner Stimme, zitternd und freundlich. Guðmundur nahm die Tüte entgegen und rief:

»Halt's Maul, Scheißweib!«

Nach dem Kaffee badete die Sonne die Welt in grellem Licht.

Irgendeine Frau, wie der Rest der Menschheit von der Sonne geblendet, tauchte plötzlich in rasender Geschwindigkeit in einem veilchenblauen Škoda auf. Der Müllwagen stand still auf der Straße, als Ólafur gerade intensiv damit beschäftigt war, die Tonnen hinten aus dem Wagen zu nehmen.

Als sie den Müllwagen wahrnahm, versuchte die Frau, das Steuer im letzten Moment herumzureißen. Aber es war zu spät. Sie bog nach links, in Richtung der Gegenfahrspur, und bremste heftig. Das Auto schlitterte über das Glatteis, sodass die Beifahrerseite in den Müllwagen krachte. Ich bewegte mich gerade mit einer Mülltonne im Schlepptau zum Wagen, als ich sah, wie Ólafur über die Schulter nach hinten schaute und das herannahende Auto entdeckte. Ich sah den angsterfüllten Blick der Frau am Steuer, den weit geöffneten Mund, die aufgerissenen Augen. Sie drückte auf die Bremse.

Und da machte sich das Alter bemerkbar, Ólafur war weit über siebzig. Das ist nicht so zu verstehen, dass er schwerfällig, langsam in der Reaktion geworden wäre, im Gegenteil. Er reagierte in Bruchteilen, in einer Hundertstelsekunde. Aber das Erste, was ihm in den Sinn kam, war nicht, sein Leben zu retten, indem er auswich, nein, sein erster Gedanke galt der Rettung der Mülltonne. Er riss heftig an ihrem Griff und zerrte sie hinter sich in Richtung Gehsteig.

Die Flanke des Autos prallte mit lautem Krachen auf den Müllwagen, sodass das Eisen hinten am Wagen durch die Tür der Beifahrerseite eindrang. Das Metall glitt wie ein Messer ins Auto hinein und tief in den Beifahrersitz, nachdem es den Kindersitz mittig durchbohrt hatte.

Ólafur J. Pétursson aber hatte es noch rechtzeitig geschafft, sich und die Mülltonne in Sicherheit zu bringen.

*

Und nun saß also eine junge Frau niedergeschlagen, aber unversehrt im Auto, das hinten am Müllwagen feststeckte. Der Kindersitz an ihrer Seite war leer, in ihm befand sich kein Kind. Das Eisen wenige Zentimeter von ihrer Seite entfernt, wie ein Speer. Guðmundur Hlíðberg kam als Erster angerannt. Er wandte sich umgehend der Seite des Autos zu und schrie wie wild auf die Frau ein, sobald sie die Scheibe herunterkurbelte:

»BIST DU TOTAL DURCHGEDREHT, DU VERDAMMTE SCHLAMPE? DU HAST BEINAHE DEN ALTEN ÓLAFUR UMGEBRACHT MIT DEINEM HÖLLENTEMPO!«

Er nannte sie noch ein paarmal Schlampe und zweimal Kuh. Stiefelte dann davon, kreiste um die Unfallstelle und steuerte im Gleichschritt erneut auf das Auto zu. Die Frau hatte die Türen verriegelt und die Scheibe hochgekurbelt. Guðmundur ließ sich davon nicht beirren und rief:

»DU HAST VERSUCHT, ÓLAFUR ZU ERMORDEN!«

Er brauchte dafür lediglich einen kurzen Augenblick: Der Fahrer saß noch im Müllwagen und rief per Funkgerät Hilfe herbei. Ólafur J. stand an der Hauswand, vom Schock gelähmt, ich stürzte zu ihm hin und versicherte mich, dass er unverletzt war.

»SCHLAMPE! SCHEISSWEIB!! MÖRDERIN!!!«, schrie Guðmundur »der Gute«.

Die Frau erlitt einen Nervenzusammenbruch und begann laut zu weinen. Guðmundur zündete sich an der Hauswand eine Zigarette an, während ich, der Fahrer und Ólafur zum Auto gingen und die Frau zu trösten versuchten. Guðmundur schnaubte, dann kicherte er wie irr. *Huh huh.* Die Frau sagte schluchzend, dass sie Gott danke, ihr Kleines nicht im Kindersitz auf der Beifahrerseite dabeigehabt zu haben. Wir stimmten ihr zu und begannen weitere positive Seiten des Unfalls aufzuzählen, bis alles faktisch gar nicht mehr so schlimm aussah. Wir sagten, dass Guðmundur in Wahrheit kein schlechter Mensch wäre, kein Schaden geschehen wäre und all das.

Im selben Augenblick kreuzten Sponni und Sparði auf. *Hohoho, Weihnachten, Weihnachten! Merry Christmas!*

Ólafur J. Pétursson und ich sagten der Frau, dass ihr Kind ein richtiges Weihnachtskind sei. Um ehrlich zu sein, war die Abwesenheit des Kindes bemerkenswert, da das Eisen durch den Babystuhl in den Vordersitz getrieben worden war. Sie hatte das Kind gerade bei der Tagesmutter abgeliefert.

»Ja«, riefen wir, »das ist ein Weihnachtskind. Unter einem Glücksstern geboren.«

»Weihnachtskind, hohoho«, jubelten Sponni und Sparði.

»Seid bitte einfach ruhig!«

»Wir sind mit einem Geschenk gekommen.«

Bevor jemand Gelegenheit hatte, sich zu widersetzen, war einer der beiden niedergekniet und hatte eine Olivendose mitsamt einem zerzausten Blumenstrauß hervorgezaubert, die er aus seinem Müllanhänger gefischt hatte. Ólafur und ich entfernten die beiden mehr mit Gewalt als mit Geschick vom Auto.

Als wir uns umdrehten, hatte die Frau zu lachen angefangen. Sie lachte und lachte und lachte, als wollte sie nicht mehr damit aufhören. Die zwei Schlaumeier standen da in sicherer Entfernung und waren zuerst überaus erfreut, wurden aber immer unsicherer, je länger die Frau lachte. Ich lachte erst mit ihr, verstummte aber schnell und stand kleinlaut daneben. Es ging mir durch den Kopf, dass jemand mal gesagt hat, dass man den Leuten eine Ohrfeige geben soll, wenn so etwas passiert. Ich fand das eine absurde Idee. Der Geist der Weihnacht: wie ein Idiot in der gelben Arbeitskluft in Schnee und Sonne zu stehen, während eine Frau in einem Auto hysterisch lacht, das hinten am Müllwagen festklemmt. Gelobt seien die Einfältigen. Auf einmal begann der Müll im Bauch des Wagens sich zu drehen. Die Steuerung war durch die Kollision außer Kontrolle geraten. Stinkender Abfall und natürlich Bücher, Musik und Kunst vermengten sich zu einer einzigen Grütze. Das Gelächter der Frau wurde noch lauter und heftiger. Guðmundur Hlíðberg, der miesepetrigste Müllmann des Landes, murmelte gemütsgestört etwas vor sich hin, während er rauchend an der Hauswand stand. Die Straßenfeger setzten sich langsam und verlegen in Bewegung, als Kranken- und Polizeiwagen kamen. Ein ungekanntes und überraschendes Glück breitete sich in meiner Brust aus.

Denn ich verkünde euch eine große Freude.

Übersetzt von Madlaina Dosch

Auður Jónsdóttir

Die dicke Mutter

Ohnmacht

In der drückenden Hitze der kalifornischen Sonne eilte die wunderschöne Sängerin Jennifer Lopez aus der weißen Luxusvilla, und die Palmen bewegten sich im heißen Windhauch. Jennifer setzte sich in ein Cabriolet und fuhr rasch davon, die linke Hand am Steuer, mit der rechten setzte sie sich eine Sonnenbrille auf die hübsche Nase. Während sie fuhr, sang sie mit voller Kraft, gekränkt durch einen gedankenlosen Mann.

Katrín Grímsdóttir saß am Wohnzimmertisch und machte den Ton vom Pop-TV mit der verstaubten Fernbedienung leiser, während sie Thunfischsalat auf eine weiche Scheibe weißes Toastbrot schmierte, mit etwas schwarzem Pfeffer und Knoblauchsalz würzte und eine zweite Scheibe drauflegte. In den Kaffee rührte sie zwei gehäufte Teelöffel Zucker und einen kräftigen Spritzer Sahne. Katrín war auch durch einen gedankenlosen Mann gekränkt worden. Allerdings hatte sie weder ein schnelles Cabrio noch eine makellose Singstimme, um den Kummer zu mildern, und noch weniger die Kraft, den Kopf hoch zu tragen. Sie hatte nur drei anspruchsvolle Kinder, um die sie sich kümmern musste, sodass Katrín aß, anstatt zu singen und die Wut beim Autofahren rauszulassen. Sie aß viel. Sehr viel. Jahrelang.

Heute hatte sie ihr dreifaches Idealgewicht, eine kleine Frau mit hübschem Gesicht. Die Kombination von Sahne und Mayonnaise verursachte ihr Übelkeit. Sie stieß einen Bilderbuchrülpser aus.

Die Luftentleerung machte Lust auf mehr Brot, und Katrín stopfte die Kruste in den Mund, bevor sie den Rest des Thunfischs aus der Plastikdose kratzte, ein neues Sandwich schmierte und die kleinen Zähne hineinhieb und schluckte.

Ihr wurde gleich wieder schlecht, und sie steckte eine Zigarette an, Marke Salem mit mildem Minzgeschmack, während ein neuer Rülpser aus ihrem Bauch aufstieg. Mit rauchender Kippe im Mundwinkel streckte sich Katrín nach den Massageclogs, schlüpfte mit den Zehen hinein und schnaufte. Die rechte Hinterbacke hob sich so, wie die linke sich senkte, als sie aufstand und mit schwerfälligen Schritten ins Schlafzimmer ging. Dort legte sie sich vorsichtig auf das Bett, das aus einem familienfreundlichen Möbelhaus aus Schweden kam, genau wie die Bettwäsche mit gelben Streifen, die helle Holzkommode an der Seite des Bettes, auf der amerikanische und englische Schundromane lagen. Ausladende Oberschenkel, gekleidet in geblümte Baumwolle, breiteten sich auf der Daunendecke aus, und runde Brüste wogten unter einem hellgrünen T-Shirt auf und ab, das mit unterschiedlich alten Resten von Ei, Marmelade, Mayonnaise und Kaffee verziert war. Das aufgedunsene Gesicht ruhte auf dem Kopfkissen, umrahmt von hellen, leicht fettigen Locken.

Wegen des starken Übergewichts war Katrín Vollinvalidin. Knapp fünfzig und geschieden. Die drei Kinder hatten denselben Vater: Þór Skúlason, vermögender Besitzer der Gaststätte »BB – Bratwurst und Bier« und maßlos an isländischen Pferden interessiert.

»Bratwurst und Bier« war ein ganz im deutschen Stil gehaltener Platz im Herzen von Reykjavík. Die Einrichtung war aus dunklem Holz, schwere Tische und lange Bänke, auf denen die Gäste saßen und Bier aus Steingutkrügen mit fest angebrachten Metalldeckeln tranken, eiskalte Schnäpse kippten und Würste mit Senf und Sauerkraut aßen. An den Wänden hingen Tuschezeichnungen von Pferden. An den Wochenenden warteten die Leute abends in langen Schlangen, um in diese segensreiche Einrichtung zu gelangen, aus Bierkrügen zu trinken, die an die ansehnlichen Brüste der Kellnerinnen gedrückt zu ihnen getragen wurden, zu kokettieren und zu flirten.

Katrín war mehr von Südeuropa angetan, und einmal, in grauer Vorzeit, als isländische Barbesucher alkoholfreies Bier oder Wodka in süßer Cola tranken, hatte sie davon geträumt, eine spanische Gaststätte aufzumachen und attraktive Tapasgerichte, Wein des Hauses, richtig zubereiteten Salzfisch und guten Kaffee zu verkaufen. Eigentlich hatte Katrín die Idee gehabt, eine Gaststätte mit ausländischem Anstrich aufzumachen, und hatte sie ausführlich mit Þór besprochen, der damals aber nicht risikofreudig war und sich fest an seinen Schreibtischjob im Landwirtschaftsministerium klammerte. »Florida ist das einzige Flaggschiff der Spanier, sonst ist da nichts zu holen, außer für schlampige Faulpelze«, hatte Þór arrogant behauptet, und Katrín war so entgeistert gewesen, dass sie ihn nicht berichtigte und nur fragte: »Was ist mit der Costa del Sol?«

Viele Jahre später, als er mit dem Umzugswagen kam, um die Waschmaschine, den Fernseher und noch mehr von den besten Brocken aus ihrem Haushalt zu holen, hatte sie einen Erdbeerjoghurt nach dem Fahrer des Transporters geworfen und geschrien: »Florida ist in den USA.«

Das kleine Kind in ihren Armen bekackte sich vor Aufregung, und die älteren Kinder schauten erschrocken auf den getroffenen Joghurtmann. Die Zeiten ändern sich und die Menschen mit ihnen.

Hass

Früher hatte sich Katrín an den Keflavík-Märschen beteiligt und Þór häufig mitgeschleppt. Trotzdem hatte er eigentlich keine eigene Meinung; er stand rechts, weil seine Eltern die Unabhängigkeitspartei wählten, und bei seinen Leuten hielt man es für unnatürlich, eine andere politische Gruppierung zu wählen. Þór hatte viele Bekannte gehabt, aber wenige wirklich gute Freunde, als er Kata kennenlernte, die ihren Freundeskreis glücklich mit ihm teilte. Der Kreis setzte sich aus radikalen und vergnügungsfreudigen Linken zusammen, die den charakterschwachen Ehemann unter Druck setzten, gegen die Stationierung der amerikanischen Armee zu protestieren.

Nach dem ersten Mal freute er sich jedes Jahr auf

die Demonstration, ihm gefiel der lange Fußmarsch gut, nicht zuletzt wegen des silbernen Flachmanns in der Brusttasche und des Genusses, wenn er sich in die Heidelandschaft absetzte, den dicken Islandpullover hob und ein heißer, alkoholischer Strahl das Heidekraut netzte, sodass Dampf aufstieg. Þór hatte eine wichtigtuerische Miene, wenn er seinen Hosenschlitz zumachte und rannte, um die Familie einzuholen, die eilig mit günstigem Wind auf der nassen, grauen Reykjanes-Straße dahinsegelte, umschlossen von grünbrauner Weite und Wind, der die Nasenlöcher mit frischem Geruch von feuchter Erde, Moos und Meersalz füllte.

Damals wurde Katrín Kata genannt.

Kata hatte Jahr für Jahr das gleiche Straßenoutfit und zog es beim Marsch an: braune Lederstiefel mit flachen Absätzen, ein grüner Mantel mit Taillengürtel und ein rot-weißes Palästinensertuch, nach der Art von Yassir Arafat kunstvoll um den Kopf geschlungen. Über die Schultern hing ein handgenähter Rucksack aus Jeansstoff, darin war ihr Proviant, Tee in einer gläsernen Ein-Liter-Cola-Flasche, Apfelsinen und Käsebrote. Kata war gertenschlank; ihre Mutter sagte gern zum Spaß: »Schmal wie eine zarte Zwergbirke.«

Die kleine Familie rief im Chor: »Island raus aus der NATO und weg mit dem Amiheer!« Die jüngere Tochter saß immer auf Þórs Schultern, und die ältere hielt ihre Mutter an der Hand. Beide hatten Islandpullover an, orangefarbene Anoraks, Jeans mit Flicken an den Knien und gefütterte, warme Stiefel. Sie waren eher nach Plan als aus Liebe gezeugt.

Der Sohn war ein Unfall, ein Blitz aus heiterem

Himmel oder besser gesagt ein Sonnenstrahl aus düsterem Himmel. Er wurde 1992 geboren und war noch ein sabberndes Kleinkind, als er an Markenklamotten gewöhnt wurde, denn Þór begann, Sachen für den Knirps zu kaufen, und sein Geschmack war ein anderer als der von Katrín. Der Sohn sah nie den hellbraunen Islandpullover, den seine Mutter seinem Vater in ihrer Verlobungszeit geschenkt hatte.

1978 war für sie so vieles wichtig gewesen. Es brodelte in ihr, und ihre Ansichten über Politik, Umwelt, Internationales, Kampf der Frauen und Menschenrechte fanden beim raschen Keflavík-Marsch ein notwendiges Ventil. 1993 endete die Ehe am Schnellimbiss Western Fried in Mosfellsbær.

Die Familie war mit dem Auto hinauf nach Kjalarnes gefahren, um Þórs Eltern zu besuchen, schweigsame, ausgemergelte, bittere Eheleute um die sechzig, die lediglich dünnen Filterkaffee und harten Sandkuchen anboten und Katrín merkwürdig vorwurfsvoll anblickten, während sie mit ihrem einzigen Sohn einige knappe Worte über Wetter und hohe Preise wechselten. Als sie zurückfuhren, fühlte Katrín sich hungrig und wollte kurz im Western Fried anhalten, um frittierte Chicken Nuggets zu kaufen. Die halbwüchsigen Mädchen waren auch dafür und lächelten, sodass ihre Zahnspangen blitzten, aber Þór behauptete, Katrín habe in letzter Zeit so zugenommen, dass sie im Schnellimbiss nichts zu suchen hätten. »Du bist zu dick geworden. Richtig fett. Außerdem eine verdammte Verschwendung, nicht bei sich zu Hause zu essen.«

»Wenn du nicht anhältst, bring ich mich um«, teilte Katrín mit.

Die Mädchen blickten bestürzt auf ihren Vater, der ausdruckslos die Fahrt verlangsamte, scharf in Richtung Western Fried einbog und das Auto genau vor dem Eingang parkte. Der Sohn brüllte im Autositz, als seine Mutter die Sicherheitsgurte löste und ihn hochhob. Þór schüttelte den Kopf mit derselben Kummermiene wie seine Eltern.

Sie gingen direkt zur Theke, mit Katrín an der Spitze. Hoch aufgerichtet bestellte sie vier Portionen Hähnchen, Pommes frites mit Cocktailsauce, aber Þór unterbrach sie und sagte, dass er nichts wollte. »Ich bin nicht verrückt genug, mir den Bauch mit solchem Dreck vollzustopfen.« Er rümpfte die Nase und zog eine Grimasse wie ein Flegel.

Katríns wiesengrüne, melancholische Augen blickten scharf auf ihn, die Lippen spannten sich zu einem wahnsinnigen Lächeln, und sie fauchte: »Und ich bin nicht verrückt genug, wegen einer Zwanzigjährigen, die einen Sommerjob im Ministerium hat, aus dem Konzept zu kommen.«

Im linken Arm hielt sie den Sohn und drückte ihn an sich, während alte, aufgestaute Wut schnell und heftig in ihre rechte Faust strömte, und einen Augenblick später lag Þór ausgestreckt auf dem klebrigen Boden.

Eine Woche später kam er zusammen mit dem Joghurtmann, um den Fernseher, die Waschmaschine, den Videorekorder und die Kücheneinrichtung von Habitat abzuholen.

Respektlosigkeit

Ein Schlüssel wurde ins Türschloss gesteckt, und herein kam ein Junge in der Pubertät, mit außergewöhnlich ernsthaften Augen, schmalen Wangen, rasiertem Schädel und so hellen Augenbrauen, dass man sie kaum erkennen konnte. Im Unterschied zu seinen Schwestern hatte er die geraden Zähne seines Vaters geerbt, große, weiße Zähne, die aufleuchteten, wenn er etwas lustig fand. Er lachte selten, und wenn etwas wirklich Witziges passierte oder gesagt wurde, gab es in seinem langen, mageren Körper einen kurzen Ruck, und ein heiseres Luftholen knarrte aus ihm heraus. Der Junge ging geradewegs hinein zu seiner Mutter, seufzte tief auf, als er den unförmigen Bauch auf dem Bett liegen sah, wo sie schnarchte und vor sich hin murmelte, nahm den großen Zeh seiner Mutter in die Hand und drehte ihn langsam herum.

Katrín wachte mit einem Ruck auf und zog den Fuß weg. Sie blinzelte rasch mit den Augenlidern, atmete tief und sorgenvoll, bis sie wusste, wo sie war, hob den Kopf langsam vom Kopfkissen und sagte so freundlich wie möglich: »Hallo, mein Schatz.«

Er starrte sie an. »Kannst du aufstehen, oder willst du bis zum Abend hier liegen?«

»Ich komme, mein Schatz, ich komme.«

Álfur nickte säuerlich und ging ins Wohnzimmer, ließ sich auf das Sofa fallen und schaltete Pop-TV an, während sich Katrín nach den Massageclogs streckte und mühsam auf die Beine kam. Er nahm seinen Blick nicht vom Bildschirm, als sie in der Türöffnung erschien, sondern blickte fest auf die Rap-Gruppe und forderte sie auf, Parka und Straßenschuhe anzuziehen.

»Weswegen, um Himmels willen?«

»Wir gehen ins Kino.«

»Mein Schatz, ich habe kein Geld, bevor der Unterhalt kommt«, antwortete Katrín schmeichelnd. Manchmal war sie schüchtern, sogar furchtsam gegenüber ihrem Sohn, der so schrecklich abstoßend sein konnte. Ihre Töchter waren vor vielen Jahren von zu Hause ausgezogen, und die Beziehung zu ihrem Sohn wurde dem Verhältnis zu seinem Vater immer ähnlicher. Mit anderen Worten: Sie gab nach.

»Wir kommen umsonst rein.« Ungeduld machte sich in seiner schneidenden Stimme bemerkbar.

»Wie?«

»In dem Film geht es um eine fette Mutter. Er heißt sogar Big Fat Mama. Alle Kinder, die mit einer dicken Mutter kommen, kommen umsonst rein. Und derjenige, der mit der dicksten Mutter kommt, kriegt fünfzigtausend Kronen Guthaben bei der Íslandsbank.«

Katrín wurde schwindelig. »Álfur, ich kann nicht ...«

»Na klar kannst du. Auf jeden Fall tut dir etwas Bewegung gut.« Seine Antwort klang verächtlich, und dann wurde seine Stimme leiser. »Das Kind, das gewinnt, bekommt das Geld natürlich für sich. Nicht die Mutter. Du verstehst.«

»Ich verstehe«, antwortete sie mit matter Stimme. »Natürlich verstehe ich, aber ...«

»Ach, Mama, kein ABER. Ich bin der einzige Junge in meiner Klasse, der kein Snowboard hat, und du bist auf jeden Fall dick genug, um zu gewinnen.«

Sie senkte den Kopf, einen Augenblick nachdenklich. Lange genug, um sich die Freude ihres Sohnes vorzustellen, wenn er ein Snowboard bekäme. »Unter einer Bedingung.«

»Welche?«

»Dass du in Zukunft daran denkst, das Pop-TV abzuschalten, bevor du rausrennst. Ich bin das Gebrüll total leid und habe langsam Mühe mit dem Gehen.«

»Kannst du nicht mal zum Fernseher gehen …«, murmelte Álfur, schwieg aber, als er das Gesicht seiner Mutter sah. »Okay, ich verspreche es. Immer das Pop-TV abschalten. Gehen wir jetzt?«

Schande

Draußen vor dem Kino konnte man eine Schlange von glücklichen Kindern sehen, die ihre dicken, bewegungsgehemmten Mütter zum Eingang führten. Einige Mütter lachten einlullend und starrten gespannt auf das Schild mit der Aufschrift: Bist du die dickste Mutter in Island? Andere glichen eher Lämmern auf dem Weg zur Schlachtbank; keinen unschuldigen, eher lebensüberdrüssigen Lämmern. Katrín gehörte zu der letzten Gruppe. Sie vermieden es, einander anzusehen, während ihre Kinder sich stolz aufplusterten; sie hatten sich so oft für die Körper ihrer Mütter geschämt und konnten sich nun damit brüsten. Selbstzufriedenheit leuchtete von den kleinen Gesichtern, und ein hübsches kleines Mädchen streckte den Bauch heraus, neigte den Kopf zurück und ging wie eine übergewichtige Patientin die Treppen rauf und runter und kreischte vor Freude. Die anderen Kinder lachten.

In dem dunklen Kinosaal knisterte die Luft vor Spannung, und die Kinder lachten immer noch, schlank und beweglich, an der Seite der Mütter, bewegten sich unruhig auf den Sitzen wie kleine, lebensfrohe Kätzchen. Ein Gewimmel von Frauen, Töchtern und Söhnen stopfte sich voll mit Popcorn, Schokolade, Lakritz und Softdrinks. Dann fing der Film an.

Sie sahen eine dickleibige Frau mittleren Alters, die auf dem Klo saß und so fürchterlich übel riechenden Stuhlgang hatte, dass der Polizist ohne Uniform, der hinter dem Duschvorhang versteckt war, fast in Ohnmacht fiel. Álfur lachte schallend, aber Katrín starrte steif auf die Leinwand. Ihre Schläfen schmerzten. Sie war in den Sitz eingezwängt, der für bedeutend zierlichere Leute entworfen war. Sie war wie betäubt.

Einmal war Katrín ein kleines Mädchen in karierten Hosen gewesen, mit rotem Strickpullover und Lackschuhen, das am 17. Juni die Fahne schwenkte und Präsident Ásgeir Ásgeirsson zujubelte, zusammen mit ihren Eltern, anderen Kindern und deren Eltern, Omas und Opas, Geschwistern, Onkeln und Tanten. Da waren sie so stolz auf die junge, aber starke Republik. Besonders die Omas und Opas. Katrín erinnerte sich später daran, dass die Mutter ihres Vaters am Nationalfeiertag immer Tränen vergossen und Pfannkuchen gebacken hatte, helle, sehr süße Pfannkuchen, die zusammen mit kalter Milch sanft in den Bauch glitten.

Als Teenager hörte Katrín *Jesus Christ Superstar*, küsste ihre ungehobelten Schulkameraden, rauchte Lungenzüge und stöhnte »Amen«, beschimpfte den Pfarrer und wurde nicht konfirmiert. Jungenhaft und witzig mit lächelnden, schelmisch blinzelnden Augen. Intelligent, zu Unfug aufgelegt und nachdenklich; gänzlich ohne jede Unterwürfigkeit. In Jeans, weißem Wollpullover und dick besohlten Lederschuhen, mit hellen Locken, geheimnisvollem Blick und zusammengepressten Lippen, die sich gerne zu einem frechen Grinsen verzogen. So sah sie aus, als sie Þór kennenlernte.

Nach Einschätzung der Mädchen war er der tollste Junge in der Schule, denn er hatte dunkelblaue Augen, strahlend weiße Zähne und einen trainierten Körper; er war der Besonnenste nach Einschätzung der Jungen, weil er sein allgemeines Desinteresse und seinen geringen Wissensdurst hinter Schweigen versteckte. Þór war höflich und diplomatisch im Umgang, meinte es gut, aber wer tat das nicht? Zudem war er ein Zyniker. Insgeheim ein Flegel und auf bösartige Weise dumm.

Sie wurden ein Paar am Abend der Abiturfeier. Katrín hatte sich geweigert, die Studentenmütze aufzusetzen, sie war Uniformierungen abgeneigt. Þór hatte die seine stolz getragen.

An der Universität wurde sie ruhiger und vergrub sich in Büchern, Gedichtinterpretationen, Artikeln von verschiedenen Forschern über die Isländersagas, in Strindberg und Flaubert, sie las die alten Nationaldichter und die Beat-Literatur. Eine Zeit lang. Später wich das Interesse einer morgendlichen Übelkeit, hormonellen Schwankungen und dem komplizierten, fordernden Beziehungsmuster mit dem Vater des Kindes. Sie schmiss das Studium und wandte sich den Aufgaben einer Hausfrau zu. Þór dagegen machte Examen und wurde diplomierter Landwirt. Und sie heirateten. Er war für eine feierliche Hochzeit in der Kirche, aber zu dieser Zeit war Katrín noch zu Widerstand in der Lage, und so fand die Trauung beim Standesbeamten in Reykjavík statt.

»Sie wird wohl mit ihm kuscheln wollen!«, hatte die Mutter ihres Vaters gesagt, als Þór zum ersten Mal mit ihrer Enkelin zu den Feiertagspfannkuchen kam. Die Sinnlichkeit erreichte ihren Höhepunkt im ersten Monat ihres Zusammenseins. Danach verwandelte sie sich allmählich in ein Gewirr aus Schwierigkeiten, Zank und Sorgen.

Reue

Im Eingang des Kinos stand eine riesengroße Waage in grellen Farben: hellrot, neongrün, orange. In der Pause standen die Frauen in einer langen, auffallend breiten Schlange an, um sich wiegen zu lassen. Katrín war die Letzte, die auf die Waage stieg. Sie schloss die Augen, während eine unbekümmerte, besonders großzügig mit weiblichen Attributen versehene Schönheitskönigin frivol lächelte und auf die Zahlen sah, bevor sie das Ergebnis mit einer verstörend sympathischen Stimme bekanntgab, die an den beruhigenden Ton der Arzthelferin erinnerte, während der Zahnarzt konzentriert in der schadhaften Stelle bohrt.

In kurzer Zeit war das Ergebnis da. Mütter und Nachwuchs schwiegen in spröder Stille und starrten auf den aufgekratzten Geschäftsführer des Kinos. Der grinste selbstgefällig den Mitarbeiter der Bank an, der ihm das Blatt mit dem Namen der Siegerin reichte. Eine feste Männerstimme schallte über die Menge:

»Die dickste Mutter in Island ist … Dröfn Guðnadóttir. Einen Riesenapplaus für sie!!!«

Der Applaus klang zögernd, aber diese Dröfn glich keineswegs einem lebensüberdrüssigen Lamm auf dem Weg zur Schlachtbank. Eher schien sie den Oscar, den Nobelpreis und den Falkenorden auf einmal bekommen zu haben. Stolz küsste sie ihre Tochter, blickte hochmütig auf die anderen Kinobesucher und schwebte mit all ihrem Gewicht zu den Geschäftsmännern, die breitbeinig an der Seite von Miss Iceland standen.

Sie schüttelte sich und zitterte in blindem Siegesrausch und umarmte ihre Tochter, während das Blitzlicht der Pressefotografen die beiden überflutete; ihr fehlte nur Sekt, um ihn über ihr ungepflegtes Haar zu spritzen. Süßigkeiten kamen anstelle des schäumenden Getränks, und die ganze Party war erst beendet, nachdem sie zum Süßwarenverkauf gestürmt war, um eine Tafel Schokolade und ein großes Glas Pepsi zu kaufen.

Die anderen Mütter boten keinen so glücklichen Anblick. Einige starrten auf ihre ausgelatschten Schuhe, und nach dem Gesichtsausdruck der meisten zu urteilen, bereuten sie es, am Wettkampf teilgenommen zu haben. Jeden Tag waren sie wegen ihrer Figur von Scham erfüllt, und durch den Wettkampf kam ans Tageslicht, dass diese Seelen zerfressende Scham berechtigt war; dick waren sie in der Tat, aber doch nicht dick genug, um fünfzigtausend Kronen für ihr Kind zu gewinnen. Die Frauen sahen ihrem Nachwuchs flehend in die Augen, in denen sich ihr Gesicht widerspiegelte, unschuldige Spiegel, die eiskalt flüsterten: Du bist widerlich, ein Monstrum, eine sinnlose Last.

Katrín bereute es aus einem anderen Grund. Sie

vergaß ihren Sohn eine Weile und blickte auf Miss Iceland, die Broschüren mit Anzeigen von Kosmetiksalons, Dessousläden und Fitnessstudios verteilte. Mütter wie Töchter nahmen die Broschüren, die mit den Bildern von jungen Models geschmückt waren. Katrín hielt sich den Kopf, ihr war schwindelig, Erinnerungen blitzten auf. Damals, zu ihrer Zeit, war nichts uncooler, als Schönheitskönigin zu sein, außer vielleicht, im traditionellen Brautkleid mit Pomp und Pracht in der Kirche zu heiraten. Es wäre zwecklos gewesen, für den Wonderbra zu werben zu der Zeit, als junge Frauen ihre BHs verbrannten. Sie gönnten ihren Brüsten Freiheit unter billigen Baumwoll-T-Shirts und trugen Brillen mit dicken Rändern, um besser zu sehen. Süßer Schweißgeruch erschien erstrebenswerter als der schwere Duft von Parfüm und Diskussionen über Politik interessanter als Nachdenken über Kalorien. Kein Mädchen war so wenig bei Trost, dass sie ins Nagelstudio, zum Hairstyling oder zur Hautpflege gegangen wäre. So was taten nur zur Ruhe gesetzte, abgelebte alte Frauen wie Þórs Mutter, diese klapprige Vogelscheuche.

Die alte Hexe war glücklich, als er zum zweiten Mal heiratete, eine fade Frau, die kalt lächelte und wenig sprach. Die Hochzeit war elegant, sie hatten jede Menge Gäste, und die Braut strahlte vor Glück. Die Zeremonie fand in der Hallgríms-Kirche statt, nach amerikanischem Vorbild. Álfur war Brautjunge, und während Katrín ihn für die Zeremonie anzog, kam ihr in den Sinn, dass die spießige Meinungslosigkeit von Þór vielleicht den Sieg über ihre hochfliegenden Ideale davongetragen hatte. Letztendlich.

Es hatte sich mehr geändert als der Zeitgeist. Sie hatte sich mit den Jahren geändert und war heute ein ganz anderer Mensch. Wann hatte sie sich geändert? Katrín trank von ihrer Cola und ließ ihre Erregung abebben, bevor sie sich zu Álfur beugte und ihn um Verzeihung bat, dass sie nicht gewonnen hatte. Gequält stöhnte sie: »Erzähl deinem Vater nichts von dem Wettbewerb. Der lacht mich aus.«

Übersetzt von Sibylle Bauer

Ágúst Borgþór Sverrisson

Erster Tag der vierten Woche

9:30
Der Toilettenteppich, ein zottiger, grüner Lumpen, sollte eigentlich auf den Fliesen vor der Kloschüssel liegen und das Abflussrohr, wo es im Boden verschwindet, wie ein Halbkreis umschließen. Aber diese Matte ist nie an ihrem Platz, im besten Fall liegt sie genau neben dem Klo, im schlimmsten Fall zusammengeknüllt irgendwo in der Ecke. Hätte man ihn vor ein paar Wochen gefragt, ob es zu Hause einen Toilettenvorleger gebe, so hätte er die Frage nicht beantworten können. Doch jetzt erinnert er sich, dass er schon einmal beobachtet hat, wie seine Frau die Matte aus der Waschmaschine genommen und an einer Wäscheleine aufgehängt hat. Wer weiß, ob er das nicht sogar schon selbst gemacht hat, ohne darüber nachzudenken, was das überhaupt sein sollte, dieser nasse, grüne Fetzen.

Wozu in aller Welt gibt es überhaupt solche Teppiche? Nützt es vielleicht irgendwas, dass die Pisse zuerst auf einer grünen Matte landet, die sich dann damit vollsaugen kann? Seine Frau schrubbt die Fliesen ja sowieso jedes Wochenende. Findet sie es womöglich besser, erst zu schrubben und dann die Matte trotzdem in die Waschmaschine stecken zu müssen?

10:00

Die Heizung. Eine Wandheizung stört nicht, solange man sie nicht beachtet. Bisher hat er andere Sorgen gehabt, aber jetzt, da er am helllichten Tag zu Hause ist, statt erst am Abend – mit den Gedanken immer noch bei der Arbeit – heimzukommen, jetzt, da er plötzlich mit sich selbst allein ist in diesem Haus, da fängt das Rauschen in den Heizungsrohren auf einmal an, sich ziemlich laut anzuhören, und erinnert ihn daran, dass es im Hause keine Radiatoren gibt, die Wärmeleitungen sind nämlich in der Wand. Das hatte ihm damals, als sie das Reihenhaus kauften, gar nicht gefallen, eine Zeit lang sogar ein Gefühl von Unsicherheit hervorgerufen. Und dann kam auch noch die Geschichte mit der Panne, die sich im Eckhaus ereignete, er hatte den großen, nassen Fleck in der Küche dort selbst gesehen.

Daran hat er seit vielen Jahren nicht mehr gedacht. Was, wenn heute eines der Rohre platzt? Oder morgen? In einem Monat? Irgendwann, wenn man am wenigsten darauf gefasst ist. Das heiße Wasser läuft in den Beton hinein und zerbröselt ihn; in kurzer Zeit wird die Wohnung zu einem feuchten Keller, ja, das ganze Haus könnte dabei kaputtgehen.

10:30

Hat der Wasserhahn schon getropft, bevor er seine Arbeit verloren hat, und es ist ihm vorher einfach nicht aufgefallen? Er dreht den Heiß- und den Kaltwasserhahn zu, so fest er nur kann, aber das Tropfen hört nicht auf. Unten im Kellerabteil ist eine Rohrzange. Man könnte das eigentlich in Ordnung bringen, aber der Gedanke, dass der Versuch misslingen könnte, ist mehr, als sein Selbstvertrauen in diesen Tagen ertragen kann. Also lässt er es bleiben. Doch das Tropfen wird immer lauter in den Ohren, untermalt von Heizungsgeräuschen. Und das Ganze ist jetzt die Musik zum Bild des Kloteppichs, das er ständig vor Augen hat.

11:00

Wie soll er sich jetzt kleiden? Im Schrank ist eine Sammlung von billigen Anzügen, Einzeljacken, Hosen, Hemden und Krawatten. Das ist die Arbeitskleidung, die er jahrelang angezogen hat, gedankenlos, wie es gerade kam, fast ohne zu sehen, was die Hände da so jedes Mal aus dem Schrank zogen. Aber heute, da er keinen Termin bei der Arbeitsvermittlung hat und nicht einmal zur Bank gehen muss, keinen anderen Anlass zum Ausgehen hat als den Drang, dem beredten Schweigen des Hauses zu entkommen, da scheint es wirklich nicht angebracht, sich zu kleiden wie immer: Das sähe aus wie eine kindische Leugnung der Tatsachen. Wenn er sich andererseits für Jeans oder Jogginghosen entscheidet, unterstreicht das noch den Umstand, dass er wirklich arbeitslos ist.

Nach langem Nachdenken entscheidet er sich für den Mittelweg: blauer Anzug, hellblaues Hemd, die Krawatte wird weggelassen. Mit dem Bild im Spiegel ist er zufrieden: Der vertraute blaue Anzug erinnert an normale Tage und das Fehlen der Krawatte daran, dass die Verhältnisse sich geändert haben.

12:00

Er ist schon immer gern auf der sicheren Seite gewesen. Darum hatte er sich gleich in der ersten Woche darangemacht, den Geländewagen zu verkaufen. Zum Glück brachte er ihn los, denn er hatte schon seit mehreren Monaten keinen Lohn mehr bekommen. In der zweiten Woche hatte er mit vier Stellenvermittlungen Kontakt aufgenommen und zehn Bewerbungen verfasst. In der dritten Woche traf er sich wieder mit den Arbeitsvermittlern, aber sie hatten – jeder auf seine Art – keine anderen Neuigkeiten zu verkünden, als dass solche Dinge Zeit bräuchten.

Jetzt hat schon die vierte Woche begonnen, und immer noch heißt es abwarten, das Handy anstellen, wenn man nicht zu Hause ist, und hin und wieder die E-Mails kontrollieren.

Autolos steht er an der Haltestelle und wartet dort eine Viertelstunde. Endlich kommt ein gelber Bus. Als er das letzte Mal mit dem Bus fuhr, waren die Wagen noch grün. Damals waren sie überfüllt mit Fahrgästen, Leuten auf dem Weg zu oder von der Arbeit, Schülern und Damen der besseren Gesellschaft. Manchmal war die Luft in den Bussen geschwängert vom Fischgeruch, den die Gefrierhausarbeiter verbreiteten, aber ihre Zahl ist seit Langem dahingeschwunden.

Diesmal hingegen kommt es ihm vor, als ob er sich in eine selten aufgesuchte Parallelwelt verirrt hätte: Im Bus sitzen drei Asiaten und ein junger Mann, der mit sich selbst redet. Er hat eine verschlissene Jeansjacke an, das ungewaschene Haar steht ihm zu Berge. Ein Fahrgast steigt unterwegs noch zu: ein ziemlich klein gewachsener Mann, der sich mit drei schwarzen Plastiksäcken, vollgestopft mit PET-Pfandflaschen, abmüht. Die Säcke reichen ihm bis zum Kopf, sodass er während der ganzen restlichen Fahrt um sein Gleichgewicht kämpfen und zugleich zu verhindern suchen muss, dass die Plastiksäcke im ganzen Bus herumfliegen. Es ist seltsam und fast beglückend, einen so einfachen Lebenskampf verfolgen zu können. Der Mann scheint nicht sehr alt zu sein, dazu ist sein Körper noch zu beweglich und kräftig, aber sein Gesicht ist trotzdem voller Falten. Der Teint ist schmutzigbraun, nicht dunkel oder hellbraun, man merkt, dass es keine Sonnenbräune ist. Der Geruch, der von dem Mann ausgeht, ist fremdartig und irgendwie undefinierbar, erweckt aber keinen Ekel, eher eine unbestimmte Neugier.

14:45
Er ist nie ein großer Cafégänger gewesen, hatte aber trotzdem hin und wieder über Mittag bei einem Selbstbedienungsrestaurant in der Nähe seines Arbeitsplatzes reingeschaut, wenn er mal von der Kantine genug hatte. Jetzt, da er ganz ohne Anlass in der Stadt ist, fällt ihm kein anderes Ziel ein. Als er die Cafétüre öffnet, kommt es ihm vor wie damals, als er noch arbeitete, zur Essenszeit. Aber dieses Gefühl schwindet schnell. An einem der Tische sitzen Leute aus dem Ministerium, die er vom Sehen kennt: eine Frau und drei Männer. Die Frau nickt ihm zu. Früher hatte sie ihn nie gegrüßt, also stutzt er zunächst; als er aber endlich zurückgrüßen will, hat sie sich schon weggedreht und ist wieder ins Gespräch vertieft.

Er bestellt das Gleiche wie immer, Kaffee und ein belegtes Käsebrot. Aber diesmal hat er keinen Appetit. Er hat heute noch nichts gegessen, möchte sich nicht eingestehen, dass er jede Lust aufs Essen verloren hat. Trotzdem verflucht er sich im Stillen, weil er etwas bestellt hat, ohne im Geringsten hungrig zu sein. Jetzt liegt das Brötchen unberührt auf dem Teller wie ein Sinnbild seines Elends.

Vier junge Handwerker in blauen Overalls sitzen an einem Tisch beieinander, löffeln Suppe aus kleinen Schalen und nagen an winzigen Baguettescheiben. Selbst Balletttanz würde eher zu ihnen passen als diese Mahlzeit, groß und dick, wie sie sind. Aber wahrscheinlich ist es ein Zeichen der Zeit, dass die unwahrscheinlichsten Leute anfangen, auf Gesundheitsratgeber zu hören, Wasser in sich hineinzuleeren und nur noch kalorienarm zu essen. Aus irgendwelchen Gründen schlagen diese Mahlzeiten trotzdem viel mehr an als noch vor einigen Jahrzehnten; damals hätten solche Männer mittags ein schweres Fleischmenü eingenommen und wären trotzdem schlanker gewesen als die Jungs hier am Nachbartisch.

Nach kurzer Zeit gehen die Leute wieder zurück zur Arbeit, das Lokal leert sich. Nur ein blinder Mann sitzt noch in der Ecke und redet mit sich selbst. Das ist jetzt schon der zweite Mensch, den er heute beim Selbstgespräch beobachtet. Er fragt sich, ob noch mehr dazukommen, bevor der Tag zu Ende geht.

Nach einer Weile kommt ein dicklicher junger Mann ins Café. Er geht ein bisschen vornübergebeugt, ist unglaublich rundbäuchig und schwerfällig in seinen Bewegungen; um seine Lippen spielt ein Lächeln.

»Ich hätte gern einen großen dänischen Plunder und einen Kakao mit Schlagsahne«, sagt er zur Bedienung, mit einer Stimme, die man als eine Art lautes Flüstern bezeichnen könnte. »Ich habe nämlich heute Geburtstag«, fügt er schüchtern hinzu, als die Verpflegung auf dem Tisch steht. Die Bedienung antwortet nichts darauf, wird nur verlegen. Unbeeindruckt fährt er fort: »Heute bin ich 29 Jahre alt geworden«, und lacht dazu. Dann fängt er an, mit sich selbst zu reden in jenem lauten Flüsterton, fast sieht es so aus, als ob er und der blinde Mann in der Ecke sich miteinander unterhielten.

Unterdessen holt er sich eine zweite Tasse Kaffee und bleibt weiter sitzen, viel zu lange. Er liest die Zeitungen. In einer davon steht etwas über den Konkurs seiner Firma: Vermutungen darüber, dass Gelder veruntreut worden sind. Dann liest er einige Nachrufe. Er kann sich nicht daran erinnern, für so etwas je Interesse aufgebracht zu haben. Die Artikel sind todlangweilig. Er überfliegt auch die Leserbriefe. Dort berichtet eine Frau, Herrenschuhe guter Qualität in Europreisen gesehen zu haben. Ein Mantel ist versehentlich aus einer Kneipe in Grafarvogur mitgenommen worden. Ein alter Mann beschwert sich über den Messwein, den er vor einem Jahr beim Abendmahl getrunken hat, der sei zu herb im Geschmack gewesen. Der Einsender hofft, dass man das inzwischen in Ordnung gebracht habe.

Er holt sich einen dritten Kaffee. Sein Magen gibt laute Geräusche von sich, nicht unähnlich denen einer Kaffeemaschine. Das Brötchen liegt weiter unberührt auf dem weißen Teller. Er überlegt, wie lange es dauern könnte, bis so ein Brötchen hart wird. Fast sieht es so aus, als ob die Käsescheibe schon anfängt, dunkler zu werden.

15:00

Worüber wundert er sich eigentlich? Er hat doch ganz genau Bescheid gewusst. Worauf hat er also gehofft?

Was auch immer es gewesen sein mag, der Anblick der leeren und verlassenen Geschäftshäuser schockiert ihn. Kein Lebenszeichen zu sehen. Die letzten Monate hatte man noch auf einer der Etagen des alten Fabrikgebäudes gearbeitet, und die Kantine oben im Zeitungshaus gab es auch noch. Alles andere stand damals schon leer, er hatte es nur nicht beachtet. Dort hatte er also täglich gesessen und den gebetsmühlenartig wiederholten Versprechungen Glauben geschenkt, die inzwischen so völlig absurd klingen.

Das Zeitungshaus steht wahrscheinlich schon seit einem ganzen Jahr leer – seit das Blatt verkauft worden ist. Andere Firmen gingen einfach in Konkurs. In diesem Haus hatte er seine Berufslaufbahn vor mehr als zwanzig Jahren begonnen, und irgendwann hatte er es zu einem kleinen Büro in der obersten Etage gebracht. In den letzten Jahren war es schnell aufwärtsgegangen mit ihm, und als andere Kaderleute angesichts der bevorstehenden Pleite wegzogen, kletterte er immer höher in der Hierarchie, bis er nur noch den Eigentümer zum Vorgesetzten hatte. Dieser Mann hatte ihn vorher kaum gegrüßt, jetzt war er bei Weitem nicht mehr der großspurige Tatmensch von früher: Alles war hier zusammengeschrumpft.

In den zwei Häusern, die sich südlich anschlossen, gab es einen kleinen Zeitschriftenverlag, eine Radiostation und ein Callcenter. Alles dahin und die Häuser öd und leer. Im alten Fabrikgebäude waren die Zeitung, die Internetagentur sowie ein Werbebüro untergebracht gewesen. Damals, als das fusionierte Unternehmen seine Tätigkeit in diesem Haus aufnahm, redete man davon, dass die Fabrik ein Wirtschaftszweig der Vergangenheit sei, jetzt aber die Zukunft ins Haus einziehe. Inzwischen blüht allerdings die Fabrik, sie hat sich im Westen, im Hafenviertel angesiedelt. Man arbeitet dort im Schichtbetrieb, und die Maschinen laufen Tag und Nacht auf Hochtouren. Neben der Fabrik befand sich die Druckerei. Sie hat vor zwei Monaten dichtgemacht.

Grabesstille macht sich hier um ihn herum breit; noch selten hat er sich so in Grund und Boden geschämt. Und doch weiß er, dass nicht alles seine Schuld ist. Immerhin hat er bei der Sache mitgemacht, den falschen Versprechungen geglaubt und wie ein Besessener bei der gleichen Firma fast ein Vierteljahrhundert geschuftet. Jetzt steht er auf der Straße und starrt auf tote Fenster in menschenleeren Häusern.

Das Ganze kommt ihm vor allem unwirklich vor. Es ist wie in einem dummen Albtraum, dass er nicht in das alte Fabrikgebäude hineingehen, sich an seinen Schreibtisch setzen und weiterarbeiten kann. Ist es in Wirklichkeit nicht wahrscheinlicher, dass er jetzt gerade dort sitzt und sich diesen ganzen Wahnsinn nur einbildet? Dass der, der hier draußen steht, nur ein Hirngespinst ist, seine eigene Erfindung?

16:00

Nach einem langen, zwar ziellosen, aber ziemlich erfrischenden Spaziergang geht er in die Buswartehalle. Auf hellbraun lackierten Holzbänken sitzen Leute, die darauf zu warten scheinen, dass ihnen das Glück in den Schoß fällt. Ihr Gesichtsausdruck deutet allerdings darauf hin, dass man bereits dabei ist, die Hoffnung aufzugeben, und nur aus Trotz weiterwartet. Das Alter der

Leute mit ihren grob geschnittenen Gesichtern, ungewaschenen Haaren und dreckigen Kleidern ist unbestimmbar; man meint, Zeichen von Ausschweifungen zu sehen, obwohl im Moment keiner betrunken oder sonst irgendwie bekifft wirkt.

Er denkt für sich, dass zu dieser Tageszeit normale Leute eigentlich bei der Arbeit sind und nur merkwürdige Leute sich in Cafés und Wartesälen herumtreiben oder in halb leeren Bussen herumfahren können. Jetzt gehört er also auch zu den merkwürdigen Leuten.

Er schaut auf die Uhr, staunt und erschrickt zugleich, wie viel Zeit schon verstrichen ist. Er hat bisher eigentlich in kurzer Zeit immer viel zustande gebracht und ist daher ganz verwundert, wie schnell man sich daran gewöhnen kann, nichts zu tun – die Zeit vergeht trotzdem.

Jahrelang war er in diesem Viertel unterwegs gewesen, auf dem Weg zur Bank oder zu einem Geschäft oder um das Auto zu holen von einem der Plätze hier im Westen der Stadt, wenn es weiter oben einmal keinen Parkplatz gab. Während all dieser Jahre hatte er nie einen Fuß in den Wartesaal gesetzt. Und jetzt, da er endlich mal hereinschaut, geschieht es ohne jeden Anlass. Dabei war er nie grundlos irgendwohin gegangen, hatte nie etwas ohne Sinn und Zweck gemacht, wenn auch nun alles sich als sinnlos zu erweisen schien, die ganze Mühe über die Jahre hinweg.

Er entschließt sich, einen Anlass zu schaffen, indem er auf die Toilette geht, dort ein paar Tropfen herauspresst und sich dann die Hände wäscht.

Unangenehme Überraschung beim Blick in den Spiegel: In seinem Gesicht entdeckt er die Beschämung, die er schon angesichts der leeren Büroräume empfunden hat, und auch die Hoffnungslosigkeit, die ihm zuvor in den Gesichtern der Leute auf den Holzbänken aufgefallen ist. Sein Gesicht wirkt schmutzig, die Jacke zerknautscht und mit Flecken übersät, und auch auf dem Hemd ist ein Fleck. Vielleicht kommt das von dem seltsamen Licht hier drinnen, dem Widerschein der gelben Wände. So schlimm hat er zu Hause im Spiegel nicht ausgesehen. Einen Augenblick lang scheint es ihm, als ob man immer so aussähe, wie man sich gerade fühlt.

17:45

Gestritten haben sie nicht mehr miteinander, seit er die Arbeit verloren hat. Die Erinnerung an das ständige Gezänk weckt Sehnsucht in ihm, es ist eine Erinnerung an etwas Sicheres. Ihre Vorwürfe liefen immer und ewig darauf hinaus, dass er meist mit den Gedanken woanders sei und sie die Verantwortung für alles tragen müsse. Er pflegte mit der Aufzählung der von ihm geleisteten Hausarbeit zu kontern. Darauf erwiderte sie, dass er die Hausarbeit nicht gut mache und sie dazu noch immer alles organisieren müsse. Seine Antwort war, dass er mehr arbeite als sie und auch mehr verdiene. Sie wiederum meinte dann, dass er selten zu Hause sei und selbst dann noch mit den Gedanken woanders.

Jetzt kommt keine einzige Kränkung mehr von ihr. Keine Vorwürfe, nichts. Sie fragt nicht einmal, wie es mit der Stellensuche aussieht, ist schweigsam und freundlich. Er befürchtet, dass ihr eines Tages der Kragen platzt und es zu einem Riesenkrach kommt.

Jetzt ist die Spüle voll mit schmutzigem Geschirr und die Geschirrspülmaschine ebenso voll mit sauberem.

Hatte sie ihn nicht am Morgen gebeten, die Küche aufzuräumen? Im Vorraum ist noch der Wäschesack, den er runter in die Waschküche bringen und dort in die Maschine füllen sollte. Alles glatt vergessen, und jetzt muss sie, gerade von der Arbeit gekommen, das Essen in einer schmutzigen Küche zubereiten, während er den ganzen Tag über keinen Handschlag getan hat.

Noch nie hat er sich eine solche Blöße gegeben, nie ist seine Stellung so hoffnungslos gewesen. Deswegen kommt es ihm vor, als sei der Streit schon ausgebrochen, obwohl sie doch gar nichts gesagt hat.

In seiner Verzweiflung verzieht er sich ins Badezimmer und ruft von dort nach ihr. Sie erscheint in der Türöffnung, ganz Fragezeichen.

»Wenn du so vollkommen bist, warum hast du dann diesen blödsinnigen Teppich hier im Klo liegen?« Seine Stimme zittert, er fuchtelt über den Fliesen herum und fängt an zu schimpfen: »Pissteppich … unnötige Arbeit … sinnlos …«

Sie antwortet ruhig, dass der Teppich nur eine Dekoration sei, und zeigt auf eine gleichfarbige Matte mitten auf dem Fußboden vor dem Waschbecken. Er starrt lange auf diese Matte, hat sie vorher noch nie wahrgenommen, obwohl ihm klar ist, dass sie dort seit Jahren gelegen haben muss. Aber da liegt sie, ungewöhnlich glatt, genau an der richtigen Stelle. Er schaut die beiden Matten abwechselnd an und sieht in ihnen plötzlich nichts anderes mehr als völlige Harmonie.

Geschlagen begegnet er ihrem Blick, aber er liest keinen Sieg darin, nur Nachdenklichkeit. Sie meldet sanft, dass das Essen bald fertig sei.

23:30
Im Bett wirbelt ihm der Tag in zusammenhanglosen Bruchstücken durch den Kopf. Ein gelber Bus, schwarze Plastiksäcke, Gesichtsfalten, das Brötchen auf dem weißen Teller, leere Fensterhöhlen im alten Fabrikgebäude, der blaue Anzug, ein dicker Mann, der dänischen Plunder isst, schlechter Messwein, kleine Suppenschalen, blaue Overalls, tropfende Wasserhähne in der Küche, eine Frau aus dem Ministerium, die ihm zunickt, billige Herrenschuhe, ein Blinder, der mit sich selbst spricht. Der Tag ist eine Ansammlung von sinnlosen und traurigen Kleinigkeiten, es scheint, dass die Welt ihren Zusammenhang verloren hat. Aber dann versucht er, sich wieder die Teppiche im Klo vorzustellen: ein grüner Teppich bei der Kloschüssel, ein grüner Teppich unter dem Waschbecken – und er erlebt Harmonie, die völlige grüne Harmonie. Das Grün breitet sich in seiner Vorstellung mehr und mehr aus, wird zu einer Wiese, die weiter reicht, als das Auge sehen kann. Dann fühlt er ihre Hand auf der seinen. Er zögert, drückt die Hand ein wenig, und sie drückt zurück. Beim Einschlafen kommt es ihm vor, als ob sie mit besänftigender Stimme zu ihm redet, ihn aufmuntert, aber das ist nur ein Traum. Sie ist in ihren eigenen Träumen gefangen und wirft sich im Dunkeln unruhig hin und her.

Übersetzt von Michael Kühn

Sigurlín Bjarney Gísladóttir

Nationalstraße eins

1

Ich kann langzeitgebildete Schlampen nicht ausstehen. Fette Schlampen mittleren Alters. Frisch vom Selbstverwirklichungskurs. Machen sich über den Kaffeetassen breit – hochmütig und rotwangig vor lauter Selbstbewusstsein – und pfählen schmutzige Männer wie mich mit einem einzigen flüchtigen Blick. Sie wissen alles besser als andere, bringen mit ihren abgekauten Nägeln riesige Ohrringe zum Klirren und suhlen sich mit ihren stetig wachsenden Wohlstandsbäuchen.

Wenn ich sie in den Fressbuden an der Nationalstraße eins sehe, setze ich mich in die nächste Ecke, verhalte mich unauffällig und hänge meinen Gedanken nach. Ich versuche, meine Aufmerksamkeit zum Fenster hinauszulenken, auf die Heide, die moosbewachsenen Steine oder die Autos auf dem Platz. Schenke ihnen keinerlei Beachtung, so als wären sie nie in diese armselige Welt hineingeboren worden. Wische das Blut aus meinen Gedanken.

Mit meinen Gedanken bin ich ständig bei den Weibern, mustere und beäuge jede, die ich sehe, und hole mir einen herunter, während ich an sie denke. Die Schlampen hasse ich, aber die, die sich wie lockende

Panther bewegen, bringen mich dazu, mich nach einem anderen Leben zu sehnen. Ja, nach einem anderen Leben in einem anderen Körper, einem anderen Alter und einem anderen Ort. Nach so was wie einer Hotelanlage mit Swimmingpool in südlichen Gefilden, ich in Sandalen und ärmellosem T-Shirt. Nach irgendeiner Selbstvergessenheit, die ich trotz allem nicht klar und deutlich vor mir sehen kann. Ich hasse Schlampen mittleren Alters. Ich hasse das Blut, das aufgehört hat, aus ihrem Schritt zu sickern. Hasse das Blut, das ich habe fließen lassen.

Ich hasse die Menschheit. Und ich stolpere durchs Leben in diesem aufgeschwemmten Körper. Das Einzige, mit dem ich mich trösten kann, ist mein Pimmel, und vielleicht mein Kopf und das Gras am Straßenrand. Außer meinem Kabäuschen in Hafnarfjörður ist der Laster mein Zuhause, hier verbringe ich all meine Zeit. Halte kurz an bei den Fressbuden und Shops, die neben der Straße kauern und Geld aus denen saugen, die unterwegs sind. Die Shops sind Diebe, und in den Raststätten wimmelt es nur so von Schlampen. Die Schlampen, die das Essen servieren, sind fett und herrisch, und ich sehe ihnen an, dass sie gerade noch den Koch angeschnauzt haben. Wenn sie mir rausgeben, ist das Kleingeld fettig; ich nehme es im Wagen aus der Hosentasche und schnüffle daran. Und rieche gehärtetes Fett.

Die einzige Abwechslung während der Fahrt ist das, was kommt, wenn der Asphalt aufhört, auf beiden Seiten der Straße. Im Gras am Straßenrand wachsen Halme, die die Windrichtung des Tages anzeigen, und das Moos hinter den Straßengräben sieht aus wie zur Erde gefallene Wolken aus einer anderen Welt. Manchmal überlege ich, ob das Moos aus dem Weltall gekommen ist, ein Spionagegerät anderer Planeten oder erloschener Sonnenstaub. Das Einzige, was ich weiß, ist, dass das Moos unwirklich, traumgleich und nicht von dieser Welt ist. Riesengroße Marshmallows liegen über die Hauswiesen verstreut, und Schafe, Pferde und Kühe trotten fressend und scheißend die Zäune entlang. Ich spiegle mich in der Scheibe meines Wagens und sehe einen verschwitzten, pockennarbigen Kerl. Mit Haaren in der Nase, die bis runter zum Mund wachsen, einen Kerl, der sich von Kaffee, Kippen und Erinnerungen ernährt. Auf meiner Kopfhaut wimmelt es von Schuppen, genauso wie sich die Erinnerungen während der Fahrt auftürmen. Sie legen sich wie gleichmäßig gefallener Schnee auf meine Schultern und wirbeln auf wie Flocken, wenn ich aus dem Wagen steige und in die heftigen Windböen trete. Manchmal bin ich so damit beschäftigt, Erinnerungen zu hätscheln, dass ich mich nicht dazu aufraffen kann, die Scheibe runterzukurbeln, obwohl ich vor lauter Qualm schon nicht mehr rausgucken kann. Der Kaffee hält mich bei der Stange, putscht mich auf, und die Zigaretten beruhigen mich. Die Tage, an denen ich alles habe – Kippen, Kaffee, Schuppen und ein Bett für die Nacht, wo ich mir vor dem Schlafengehen einen runterholen kann –, überstehe ich in einer Art Gleichgewicht. Die Gedanken strömen, die Erinnerungen kommen und gehen, und der Laster schlingert die Nationalstraße eins entlang, von einem Ort zum andern.

2

Ich bin eine kleine, empfindsame Seele, die durch die hügelige Heidelandschaft streift. »Ein Blondschopf in Gummistiefeln«, sagen einige, »ein Streuner«, sagen andere. Aber ich weiß nicht, was die Worte bedeuten, und schleudere die Stiefel in die nassen Halme. Sauge die Tropfen aus dem Strandroggen, und der Nieselregen glättet meine gelockten Haare, sodass mir das Wasser in die Augen rinnt. Ich springe über weiß bemooste Steine, und bevor ich's mich versehe, kommen die Küstenseeschwalben und greifen mich mit großem Geschrei an.

Der Nieselregen setzt sich in meinen Haaren fest und rinnt mir ins Gesicht, so wie die Flüssigkeit in die Stiefel rinnt und die Tränen ins Moos tropfen, während ich nach Hause laufe. Ich laufe so schnell, dass mein Herz und mein Atem hinter den Steinen zurückbleiben. Zu Hause bekomme ich Ohrfeigen und den Hintern versohlt, fürs gedankenlose Rumstreunen und fürs Geflenne. Aber ich weiß nicht, was die Worte bedeuten, schleudere die Stiefel an die Garagenwand und warte jeden Moment auf die Schläge. Wenn nicht von Mama und Papa, dann von Oma aus dem Jenseits.

3

Ich suche ständig nach diesem vollkommenen Gleichgewicht, einer Art inneren Ruhe. Selten, wenn mir alles erträglich scheint, verschwindet dieser Zustand, und dann bilde ich mir ein, dass vielleicht alles in Ordnung ist. Mein Kopf ist mein größter Gegner. Während der Fahrten, in den Shops und in meinem Kabuff in Hafnarfjörður erlaube ich ihm, frei zu sein. Ich denke im Kreis, in Schlaufen und unlösbaren Knoten.

Da ist irgendein weicher Kern zuinnerst unter der harten Schale, der mir sagt, dass es vielleicht lustig wäre, eine Frau zu sein. Eine schöne Frau mit prallen Brüsten und langen Haaren, keine Schlampe mit Hafergrütze im Kopf. Solche Gedanken kommen mir, weil ich weiß, dass das niemandem, der mich und meinen Fahrstil sieht, jemals in den Sinn kommen würde. Ich habe einen männlichen Fahrstil, behaarte Unterarme und lange Nasenhaare. Und brettere ständig in der Gegend herum. Bin wie eine Walze über das Leben von einer gefahren. Und das Blut klebt im Hirn.

Das Moos beruhigt das Gemüt, und die einzelnen Vielblütigen Hainbinsen am Straßenrand lenken die Gedanken in andere Bahnen, auf andere Straßen und unterschiedliche Wege. Das Regenwasser fließt auf dem kürzesten Weg ins Meer, wie mein Verstand an den Busen der Frauen. Es gibt Dinge, die sind, wie sie sind, und verhalten sich nach einem unverständlichen Naturgesetz der Hoffnungslosigkeit. Vielleicht bin ich ein Teil jenes Gesetzes, ohne es zu wissen und ohne es jemals zuzugeben.

4

Ich habe früh gelernt, dass es wichtig ist, ein Mann zu sein. Die Spannung lag in der Luft zwischen uns allen, und man musste stark, frech und männlich sein. Vor allem männlich, männlicher als der Teufel selbst. Freispiele, Rollenspiele, Gruppenspiele und alles Gerede waren nichts anderes als Übungen in Unterdrückung.

Aus Weichlichkeit jammern bedeutete, ein Todesurteil über sich ergehen zu lassen: Dreck in den Mund zu bekommen und draußen in einer Ecke festgehalten und mit tausend Fäusten traktiert zu werden. Die einzige Empfindung, die ich gezeigt habe, war Wut. Und ich war immer wütend. Wütender und wütender. Bis ich platzte und mich weinend in der Embryostellung wiederfand, fett und bleich in dem Kabäuschen in Hafnarfjörður. Aber das hat keiner gesehen, sodass mein Selbstwertgefühl gerettet ist. Die Härte hat sich in mir festgesetzt wie die behaarte Warze auf meinem Rücken und macht keine Anstalten zu gehen. Die Härte rettet mir das Leben, ich lass mich von der Überlegenheit der andern nicht unterkriegen. Kotzbrocken, unverschämte Kids und langzeitgebildete Schlampen, die sich auf der Nationalstraße rumtreiben, mit riesigen Ohrringen, die im Wind wirbeln.

5

Ich hasse Anhalter. Diese Schmarotzer. Die von der Gutmütigkeit der andern leben. Ich bin sicher, dass die bei den Schlampen in den Buden Würstchen schnorren. Reisen ziellos durchs Leben. Ich fahre meinen im Voraus bestimmten Weg. Reykjavík – Akureyri. Aber es kommt vor, dass ich sie mitnehme. Immer nur einen aufs Mal. Ich mache mich in Gedanken über sie lustig, wenn sie Schwierigkeiten damit haben, sich zum hoch gelegenen Beifahrersitz raufzuschwingen und den Gurt in aller Eile festzumachen. Ich schweige. Mache mir einen Spaß daraus, wie ein Schlot zu qualmen und zu schweigen. Merke, wie neben mir das Unwohlsein größer wird, weil ich weiß, dass die meisten Leute es hassen, ihr Schweigen mit anderen zu teilen. Dann lass ich immer denselben Satz raus: »Ich trinke nur Kaffee, der kohlrabenschwarz ist und stark wie der Teufel selbst«, und nehme einen Schluck. Wenn ich besonders gut gelaunt bin, rülpse und furze ich, als ob ich's bezahlt kriege. Das ist die Einweihungsfeier der Männlichkeit in meinem Wagen – Prüfungen, durch die die Anhalter durchmüssen, um die Mannhaftigkeit zu erlangen, die notwendig ist, um länger als nur bis zur nächsten Rast im Wagen bleiben zu dürfen. Die meisten rauschen bei der ersten Gelegenheit ab, Worte des Dankes runterspulend, die vom Wind fortgeblasen und zu den Bergen und vielleicht zu einigen Vögeln getragen werden, die auf der Suche nach Futter zwischen den Steinen umherstelzen. Und sich dabei nicht stören lassen.

Gestern habe ich eine Anhalterin im Wagen mitgenommen. Eine fette Schlampe, die den Mund ziemlich vollnahm, wenn sie mir widersprach. Sie hatte eine Wampe wie ich und die Haare bestimmt voller Schuppen. Wie ich diese Anhalter hasse! Diese Schmarotzer. Parasiten auf ihrer ziellosen Reise durchs Leben. Haben nie erfahren, wie es ist, niemandem trauen zu können und die eigene Haut retten zu müssen.

6

»Ich hasse diese Scheißkerle«, hat sie gesagt und zum Fenster rausgeguckt. Sie hatte einen dicken Wanst, und ihr Haar glänzte fettig. Der Gurt spannte über ihrem zu engen Kurzarm-T-Shirt, und ihre Brüste wippten während der Fahrt auf und ab.

»Ach?«, hab ich gesagt, mir eine neue Kippe angezündet und die Heizung ausgeschaltet.

»Ja, solche Wichtigtuer, die sich was einbilden und durch einen hindurchblicken. Als ob man ein unbedeutendes Loch am Straßenrand wäre.«

»Ach so, solche Typen meinst du«, hab ich geantwortet und nicht so recht gewusst, woher der Wind weht.

»Ich hasse Schlampen«, hab ich gesagt und den Rauch zur Beifahrerseite rausgeblasen.

Etwas in ihr begehrte auf, sie sah mich mit hasserfülltem Blick an und dann durch die Scheibe hinaus. Damit erstarb das Gespräch, und wir blickten entschieden raus in den grauen Nebel. Unscharf erkennbare Zaunpfähle lenkten unsere Aufmerksamkeit vom Gespräch ab. Wir saßen und hingen unseren Gedanken nach, jeder auf seiner Seite des Wagens, und horchten auf das verzauberte Geräusch der Straße. Wenn sich die Räder über den Asphalt drehen, ergibt das ein einschläferndes Geräusch, vor dem mich einzig und allein Kaffee bewahrt. Mein Ziel ist es, nicht in das Geräusch hineingesaugt zu werden. Sie ertrug die Stille schlecht und versuchte deshalb, die Wörter zwischen uns im Flug zu halten, und sie schlug etwas leichtere Saiten an.

»Jetzt stürmt es wieder heftiger. Eigentlich angenehm, solange es trocken bleibt.«

Ich habe innerlich geflucht und einen schlechten Geschmack im Mund bekommen von den ganzen Plattheiten, die in meine Richtung flogen.

»Hier stürmt es immer. Es stürmt immer auf Island. So ist das einfach, der Sturm liegt wie ein Albtraum über der Insel, und manchmal frage ich mich, ob das Land ein verwunschenes Paradies ist.«

»Verwunschen?«

»Ja, als ob eine Norne oder ein Zauberer Runen hinaus in die Dunkelheit geflüstert hätte und es danach immer stürmte. Die ewige Wut Gottes.«

»Ach, was du nicht sagst«, hat sie gemeint, mit zweifelnder Stimme, und ich habe gespürt, wie sie anfing, meine Psyche zu analysieren. Ich habe mit meiner Theorie weitergemacht.

»Dann, wenn sich der Wind endlich legt, sind alle völlig verblüfft, und die Leute schnauben und furzen, um die Luft wieder in Bewegung zu bringen. Ein Schauder beschleicht die Leute, und man befürchtet gefährliche Ereignisse, ein sich anbahnendes Erdbeben etwa oder einen Todesfall auf der Haustreppe.«

»Wieso auf der Haustreppe?«

Ich habe sie entrüstet angeguckt.

»Das liegt ja wohl auf der Hand, viele haben sich schon das Genick gebrochen, indem sie die Haustreppe hinuntergefallen sind. Zum Beispiel, nachdem sie drinnen im Hof einen Schluck Kaffee getrunken haben, dagesessen und geplaudert und einen Schuss in ihren Kaffee bekommen haben. Dann geht die Plauderei weiter bis vor die Tür, und wenn das Lebewohl gesprochen ist, gibt der Gastgeber seinem Gast einen freundschaftlichen Klaps auf die Schulter, was so viel bedeuten soll wie ›Danke fürs Vorbeischauen und mach's gut draußen im Leben‹, aber dabei stößt er den Gast an, und der fällt die Treppe runter. Macht einen Salto und einen Purzelbaum, um danach leblos im Kies liegen zu bleiben. Keine Chance, herauszufinden, ob es der freundschaftliche Klaps war, der Kaffee mit Schuss oder übermäßiges Pech, das den Ausschlag gegeben hat.«

Sie hat mir einen zweifelnden Blick zugeworfen.

»Moment, was hat das alles eigentlich mit dem Wind zu tun?«

Ich hab gesehen, wie ihre Brustwarzen steif wurden, und hatte genug, hab den Truck gestoppt und … Im Rückspiegel verschmolz das weiße Kurzarm-T-Shirt mit den Schneeflocken. Blut strömte zwischen den Schenkeln hervor.

7

Anfangs waren die Stiefel viel zu groß, und ich mühte mich ab auf meinen Streifzügen über Heide und Wiesen. Aber später wuchs ich in sie hinein, und zum Schluss taten mir die Zehen schon weh, wenn ich sie nur ansah. »Zwäng dich in die Stiefel, du Dummkopf, du kennst nur Undankbarkeit, Genörgel und Geflenne.«

Ich zwängte mich hinein und lief hinaus. Und wusste im selben Moment, dass ich lange draußen bleiben würde. Auf der Suche nach einem Freund, mit dem ich spielen konnte, auf dem Streifzug über Heide und Strandroggen. Im Sand wühlend bei Ebbe, nach Neuigkeiten suchend am Landungssteg. Nach irgendwas, um die Leere des Tages aufzufüllen. Voll mit nichts.

Während der Tag voranging, kotzte ich vor Langeweile. Setzte mich auf einen Stein, zog die Stiefel aus und atmete leichter. Versuchte, nicht an die Heimkehr zu denken. Aber schließlich sehnte sich der Bauch danach, gefüllt zu werden, und ich ging widerwillig heim, schweren Schrittes.

Und wurde hineingerissen, die Hose wurde runtergerissen, und mir wurde der Hintern versohlt. Regelmäßig. Mama war immer schlecht drauf. Ob nun die Katze aufs Sofa gepisst hatte, Papa einen Teller zerbrochen hatte oder die Putzerei sie nervte – mir wurde der Hintern versohlt. Egal, warum. Zum Schluss versuchte ich nicht mehr zu verstehen, warum. Welches Ereignis den Schmerz rechtfertigte und welches nicht. Es war ganz einfach, da war etwas an mir, etwas, das niemand anders hatte, etwas Ekelhaftes, das der Grund dafür war, dass ich nichts Gutes verdiente. Trotzdem weinte ich und konnte die Tränen nicht zurückhalten, obwohl das die Schläge vervielfachte und obwohl Männer nicht weinen. Ich wusste nur, dass ich später, wenn ich groß und stark sein würde, aufstehen, die Alte am Schopf packen und sie die Haustreppe hinunterwerfen würde.

8

Der Tag ist grau, und die Berge sehen aus wie Bleistiftzeichnungen auf weißem Papier. Alles in grauen Strichen. Sogar die gelben Straßenpfosten sehen grau aus. Ich fahre den Abhang runter, der den Skagafjörður öffnet, aber die Insel Drangey ist in der grauen Schwärze nicht zu sehen. Aber ich weiß um sie. Um den Fjord hinter dem Grau weiß ich auch, und ich beschließe, an der Raststätte in Varmahlíð haltzumachen. Ob die neue Schlampe an der Theke mich wohl schon wiedererkennt? Vielleicht hat die vorherige, die sie in die Arbeit eingeführt hatte, ihr beigebracht, wie man die Kasse richtig bedient, genau die richtige Menge an salzigem Krempel in die Tüten mit Knabberkram packt und nicht zu viel Senf auf die Würstchen macht. Danach hat sie verschiedene brauchbare Andeutungen über die Stammgäste gemacht. Vielleicht hat sie eines Tages auf mich gezeigt, als ich ihnen den Rücken zugewandt habe, und gesagt, dass ich ein seltsamer Mensch sei. Von der Sorte, die nie etwas sagt, immer den gleichen Scheiß bestellt und über dem Essen Kette raucht. Vielleicht fanden die mich spannend, weil ich so seltsam bin. Vielleicht bewunderten sie mich sogar, schließlich bin ich gar nicht so abgrundtief hässlich. In meinem Innersten. Das natürlich niemand sieht. Ich bin ein Schwan im verzauberten Fettgewand. Ein fröhlicher, gut aussehender Mann, verzaubert in einen depressiven Scheißkerl. Schwärzer als die Hölle selbst. Lasse mit dem Qualm meiner Zigaretten einen anhaltenden Schleier um mich entstehen. Ein Mann, dem das Schlampenblut nicht mehr aus dem Kopf geht.

Übersetzt von Laura Frei

Guðmundur Óskarsson

Ungewohnt

Als die Kellnerin dem alten Mann den Kaffee brachte, fragte er:

– Verzeihung, ist sie nicht gekommen, die Dame mit den orangefarbenen Fäustlingen und der lila Mütze, die gewöhnlich Zeitungen liest und manchmal auch Zeitschriften? Und während einer Woche hatte sie ein Buch über Anna Karenina dabei.

Die raue Stimme zitterte deutlich vor Angst.

– Nein, ich glaube nicht.

– Nein – hm.

Die Stimme des Mädchens war klar, so klar und unbesorgt, dass er es eindeutig fand und ihn eine schreckliche Ahnung befiel, die einen dunklen Schatten in die Zukunft warf. Auf einmal war er wirklich besorgt. Seit längerer Zeit waren sie sich jeden Wochentag zur selben Zeit begegnet – sie kam nie am Wochenende ins Café, das hatte er überprüft –, und anfangs saß jeder an seinem Ende, doch zuletzt trennte sie nur noch ein Tisch voneinander, und sie tauschten in Anbetracht der historischen Ereignisse einige Worte über die neue Regierung aus. Beide hatten sie Lebenserfahrung. Nun war sie die ganze Woche nicht gekommen, es war Freitag, und er saß sehr besorgt am Tisch neben ihrem Tisch in der rauchfreien Zone – obwohl er Zigarren mochte, sie waren nahezu unverzichtbar nach Kaffee und Obstkuchen.

Er war es nicht gewohnt, im Café zu lesen; er schaute viel lieber um sich, beobachtete die Passanten vor dem Fenster und wie die Zeit für die Leute an den Tischen verstrich. Nun aber stand er mit weichen Knien auf und ging zum Zeitungsständer, sammelte das *Morgunblaðið* der ganzen Woche auf dem Unterarm und setzte sich damit zum unangetasteten Kaffee und Obstkuchen.

Er wagte kaum zu beginnen, aber er dachte, er müsse diesen herzerdrückenden Verdacht loswerden. Als die Zeitungen in chronologischer Reihenfolge auf seinem Schoß lagen, die älteste zuoberst, begann er. Manchmal zuckte er zusammen, lehnte sich vor und prüfte das Foto, fuhr erst fort, wenn er sich sicher war, dass sie es nicht war. Er ging zweimal die Todesanzeigen und Nachrufe durch, bis er guter Hoffnung war, dass ihre Abwesenheit vorübergehend und nicht endgültig war, so wie er befürchtet hatte. Beim nächsten Wiedersehen würde er sich vorstellen.

Übersetzt von Mercedes Lämmler

Kristín Eiríksdóttir

Löcher in Menschen

Es war Sonntag, und an Sonntagen war Papa ruhig, saß den ganzen Tag im Wohnzimmer im bunten Jogginganzug, hörte Platten an und las Science-Fiction-Bücher oder Zeitschriften. Er wollte nicht gestört werden. Ich erinnere mich an sein Haar, er färbte es schwarz, und morgens kämmte er es mit Gel und Haarschaum. Rabenschwarz, murmelte er und strich sich über die glänzende Frisur. Seine Haut war weiß und wabblig, als ob er nichts außer Tortenböden essen würde.

Diesen Sonntag waren mein Bruder und Mama nicht zu Hause. Mein Vater saß im Wohnzimmer, ungekämmt im Overall, hörte Platten an und blätterte in Zeitschriften. Plötzlich rief er mich zu sich. Ich saß in meiner Höhle und spielte gerade mit Knöpfen, die ich in einer länglichen Zinnkiste gesammelt hatte, deren Deckel das Bild einer ägyptischen Mumie zierte.

Lass uns in den Garten rausgehen, sagte er.

Es war Sommer, das Gras war saftig grün und frisch gemäht, der Rasensprenger sprühte Wasser im Kreis, der Zaun war frisch gestrichen und hübsch. Auf den Parkplätzen zwischen den Häusern des Viertels fuhren behelmte Jugendliche auf ihren BMX-Rädern. Papa ging in die Garage hinein, holte einen Spaten und begann mitten im Garten ein Loch zu graben.

Sollen wir einen Schatz vergraben?, fragte ich und fürchtete ein wenig um meine Knopfsammlung, aber er schwieg.

Schau mir beim Graben zu, keuchte er später, und ich sah Papa immer tiefer im Loch verschwinden, den Spaten schwingend, und die Erde flog hoch.

Ich war verwirrt, wusste nicht, was Papa vorhatte, was wir reintun sollten und weshalb. Als das Loch so tief geworden war, wie Papa groß war, und der Erdhaufen meine Höhe erreicht hatte, kletterte er heraus. Sein Oberkörper war nass geschwitzt und sein Gesicht rot, unter Ächzen gab er mir die Anweisung, dass ich nun das Loch wieder füllen sollte.

Aber Papa, fragte ich, sollen wir nicht erst etwas hineintun?

Er schüttelte den Kopf und verschränkte die Arme, ich begann das Loch zuzuschaufeln.

Warum das leere Loch füllen?, dachte ich bei mir, in diesem Loch ist nichts außer Erde und Würmern.

Lockere Erde benötigt mehr Platz als fester Erdboden, und als ich fertig war damit, das Loch zu füllen, war mitten auf unserem Grundstück ein kleiner Erdhügel. Wir gingen wieder hinein, Papa setzte sich ins Wohnzimmer und blätterte in Zeitschriften, ich führte Kriege mit den Knöpfen aus der Kiste.

Es war der Tag darauf, an dem er verschwand. Niemand bemerkte es bis zum späten Abend, als Mama bei seiner Arbeit anrief, wo ihr gesagt wurde, dass Papa sich morgens nicht hatte sehen lassen. Wir alle suchten, erst nach ihm, dann nach Hinweisen. Irgendwer grub den Garten kaputt. Ich erinnere mich daran. Der Rasen war ganz kaputt gegraben. Eine Gruppe von Leuten suchte die Moore in der Nachbarschaft ab. Es ging auf die Nacht zu, und sie hielten Taschenlampen und Leuchten, ich konnte sie draußen durch mein Zimmerfenster sehen. Niemand rief seinen Namen, was ich seltsam fand. All diese flatternden Lichter im Moor und das Schweigen.

Monate nach Papas Verschwinden kam der erste Hinweis ans Licht. Mein Bruder fand ihn. Ich weiß nicht, warum er seinen Finger in das Rohr unter der Küchenspüle steckte. Vielleicht hatte er etwas geahnt, vielleicht war das Waschbecken verstopft. Auf jeden Fall steckte er einen Finger in das Gummirohr hinein, da, wo das Wasser nicht mehr durchlief, ein altes, ekliges Rohr, das dort nutzlos und rissig hing.

Der Hinweis war eine kleine Box, die Papa gekauft hatte, als er als Teenager mit Oma und Opa nach Marokko gefahren war. Das Kästchen hatte die Größe eines Coladeckels und war aus dünnem, poliertem Holz, vom Deckel war das Bildchen abgezogen, sodass niemand wusste, was es zeigte. Mein Bruder öffnete das Kistchen, in dem ein Zettel steckte. Auf den Zettel hatte Papa mit unbeholfenen Blockbuchstaben ein Wort geschrieben: EITUR – Gift.

Mama begann zu weinen. Ansonsten weinte sie nicht mehr so oft wie zuerst, als Papa verschwunden war. Aber als mein Bruder das Kästchen im Rohr fand, zog sie die Gardinen vor, schloss sich in ihrem Zimmer ein und gab dieses gequälte Stöhnen von sich, das mein Bruder und ich so schlecht ertragen konnten. Wir saßen auf der Schaukel nicht weit von unserem Haus und untersuchten den Zettel, hoben ihn hoch ins Sonnenlicht, um zu sehen, ob Papa etwas mit unsichtbarer Spionagetinte auf ihn geschrieben hatte, aber da stand nur dieses eine Wort. EITUR.

Mein Bruder war zehn Jahre alt geworden. Seit Papa verschwunden war, hatte er sich sehr verändert. Er hatte aufgehört, mich zu ärgern, was ich prima fand, aber ich vermisste es, dass er lächelte und dumme Witze machte. Stattdessen war er immer ernst, als ob er so tun wollte, als wäre er erwachsen, und wenn ich versuchte, mit ihm herumzualbern, wurde er nicht böse, sondern sagte einfach mit flacher Stimme, ich solle aufhören zu nerven und friedlich sein.

Ob Papa wohl Gift geschluckt hat?, fragte er und wurde bleich, ich schüttelte den Kopf.

Nee, sagte ich, er ist mit einem Schiff über das Bermudadreieck gefahren, ist in Treibsand geraten, und dann haben Piranhas ihn gefressen. Ich war der ganzen Ernsthaftigkeit um das Verschwinden meines Vaters überdrüssig geworden. Seit er gegangen war, hatte zu Hause stetig Dunkelheit geherrscht und es durfte nicht einmal gespielt werden. Mein Bruder schlug mir fest ins Gesicht, stand auf und ging schnell in Richtung unseres Hauses.

Ich war es, die den Hinweis Nummer zwei fand. Mein Bruder wurde sauer, da er bereits überall gesucht hatte, ohne etwas zu finden. Ich war gerade dabei, mir einen Toast zu machen, und suchte nach Marmelade, als ich ganz hinten an der Wand in der Speisekammer ein Klebeband sah, hinter all den leeren Gläsern und Tütensuppen. Das Klebeband war breit und von der gleichen Farbe wie die Pressspanplatten. Ich zog an einer Ecke und löste es leicht, dahinter war ein sehr kleines Loch in der Spanplatte, von der Größe eines Fingerhuts. Ich steckte meinen Finger in das Loch hinein, und da war etwas, das ich herauspickte. Ein kleiner Klumpen.

Ich schlich mit dem Klümpchen in mein Zimmer, legte es auf den Tisch und holte eine Lupe hervor, die ich aus Papas Arbeitszimmer gestohlen hatte. Ich richtete den Lampenschein auf den Miniklumpen, der genauso klein wie ein ganz gewöhnlicher Popel war, und legte die Lupe ans Auge. Ich sah sofort, dass in dem Klümpchen, bei dem es sich wahrscheinlich um getrockneten Leim handelte, etwas versteckt war. Es gelang mir, den Leim mit den Fingern abzuzupfen, und ich hielt eine partikelkleine, harte Kugel in den Händen. Durch das Vergrößerungsglas sah ich, dass die Kugel blau und grün und weiß und braun war, ein Globus. Gift, die Erde. Dachte ich und kam der Sache nicht näher.

Als mein Bruder heimkam, zeigte ich ihm, was ich gefunden hatte. Er sah erst durch die Lupe, danach auf mich, voller Zweifel, und wurde sauer. Am Tag danach, als er sich wieder beruhigt hatte, legten wir den Globus in das marokkanische Kästchen, und mein Bruder wurde wieder bleich:

Sollte Papa vorhaben, in Marokko Gift zu schlucken?, fragte er. Ich nahm mir vor, nichts zu sagen.

Wir legten die Hinweise in einen Schuhkarton und versteckten ihn hinter Tischtüchern und Nähsachen, die Mama zuoberst im Schrank im Zimmer meines Bruders verstaut hatte. Wir sagten ihr nichts von den

Hinweisen, wir erzählten niemandem davon. Sie sollten unser Geheimnis sein, bis wir genügend gesammelt hatten, um zu verstehen, was aus Papa geworden war. Wir wussten, dass niemand sie ernst nehmen würde, das meinte jedenfalls mein Bruder. Die Leute verstehen nicht, wie Papa dachte, sagte er, und ich grübelte darüber nach, wie es denn war, wie unser Papa dachte.

Bevor er verschwand, war er meistens bei der Arbeit gewesen, er hatte für ein großes Inkassounternehmen gearbeitet. Wenn er abends heimgekommen war, war er müde gewesen, und mein Bruder und ich hatten unser Benehmen angepasst, um ihn nicht zu reizen oder ihn zornig zu machen. Wenn wir uns vergaßen und viel Lärm machten oder uns zu prügeln begannen – genau wie wir es manchmal taten, bevor er verschwand –, wurde er wütend, erhob die Stimme, knallte Türen. Einmal schlug er nach meinem Bruder, schlug gedankenverloren nach ihm, und mein Bruder sperrte sich ins Bad ein. Ich stand davor, klopfte leise und wusste nicht, was ich sagen sollte. Wusste nur, dass mein Bruder traurig war, und wenn er traurig war, wurde ich unwillkürlich auch traurig.

Oft verging viel Zeit, bevor wir neue Hinweise entdeckten, manchmal fanden wir mehrere hintereinander. Aber über die nächsten Jahre hinweg spürten wir immer mehr auf, in Wandritzen, Möbelfalten.

Der letzte war in einem kaputten Lampenschirm festgeklebt, den ich in der Garage fand. Ich löste das Klebeband, und ein Foto fiel in meinen Schoß. Es war beim See Þingvallavatn aufgenommen worden und zeigte meinen Bruder und Mama. Sie stehen auf der

Veranda beim Sommerhaus, das Papas Firma in den Ferien vermietet. Ernste Mienen, die Augen wegen der Sonne, die sie direkt anscheint und scharfe Schatten erzeugt, zusammengekniffen. Mein Bruder trägt lediglich eine Unterhose, streckt seinen Kinderbauch in die Luft und hält sein Kuscheltier fest. Mama ist schlank, das lange Haar ist zu einem Knoten hochgesteckt, und helle Haarlocken fallen ihr in die Stirn, sie hat einen empfindsamen Gesichtsausdruck und trägt ein altrosafarbenes Sommerkleid. Als ich Mama auf dem Foto anschaute, wurde ich sehr traurig, mir kam es beinahe so vor, als würde sie da in der Sonne verblassen und verschwinden, und ich bekam Gewissensbisse. Wir waren oft so schwierig, mein Bruder und ich, und Mama so kraftlos, als ob sie keine Energie hätte, sich um uns zu kümmern, uns auszuschimpfen und zu bestrafen. Ich steckte die Hand wieder in den Lampenschirm, tastete und fand ein weiteres Klebeband, ein zweites Foto.

Zuerst sah ich nicht, was auf dem Bild war, dann erkannte ich, dass das Bild ursprünglich mich zeigte, ein Säugling, der im Kinderbettchen liegt. Papa hatte den Umriss mit Tipp-Ex gezeichnet und das Kind übermalt. Ich drehte das Foto um, und hinten war mit dem gleichen Tipp-Ex, weiß auf weiß, geschrieben: EITUR.

Auf einmal drehte sich das Wort in meinem Kopf herum und veränderte sich. Inga Rut Elliðadóttir. EITUR. Mein Name.

Es vergingen einige Tage, bis ich meinem Bruder die Bilder zeigte. Eines Abends, als er von der Orchesterprobe heimkam, war er sehr guter Laune, machte sich ein Sandwich und pfiff laut. Als er sich an den Küchentisch gesetzt hatte und sein Sandwich aß, setzte ich mich ihm gegenüber, legte die Bilder vor ihn hin, sagte ihm, wo ich sie gefunden hatte, und er hörte auf zu kauen. Er hob die Fotos hoch, drehte sie an allen Ecken und warf sie dann von sich weg, auf den Tisch. Ich bekam wieder Gewissensbisse, seine gute Laune zerstört zu haben.

Verstehst du?, fragte ich. Das ist mein Name. Eitur.

Mein Bruder riss die Augen auf. Vergiss es, sagte er. Der Scheißkerl ist sicher irgendwo in Thailand am Saufen, wir sind ihm vollkommen egal, soll er doch Scheiße fressen.

Lange nach Papas Verschwinden stand ich im Wohnzimmer bei mir zu Hause, hielt ein Küchenmesser in der Hand und richtete es auf meinen Freund. Er schlug das Messer aus meinen Händen, kickte es in die Ecke, hob mich hoch und schleuderte mich durchs Zimmer, sodass ich auf dem Sofatisch landete. Gläser und Flaschen zerbrachen, Splitter flogen in alle Richtungen, und unser Nachbar rief die Polizei an. Sie kam eine Viertelstunde später, ich war überall mit Blut bedeckt, und mein Freund wickelte einen Lappen um eine schlimme Wunde an meinem Knöchel.

Während die Polizisten noch berieten, was sie mit uns tun sollten, schnüffelte einer von ihnen im Küchenschrank herum und fand einen Vorrat an Ketamin, den wir für einen Bekannten aufbewahrten, während er eine kurze Gefängnisstrafe abbrummte. Wir wurden festgenommen. Mein Freund wurde wegen irgendeiner Kleinigkeit schuldig gesprochen, und ich musste auf Entscheid des Richters zum Alkoholentzug. Einige Monate später war ich immer noch trocken.

Der Sozialdienst bot mir eine vergünstigte psychologische Therapie an, und so traf ich einmal die Woche eine Psychologin. Ich begann schon im Wartezimmer zu weinen, und in den ersten Stunden tat ich wenig mehr, als zusammenhanglose Sätze zu schluchzen und in Kleenextücher zu schnäuzen, die sie mir voller Anteilnahme reichte. Sie hatte viel Interesse an Papa, den Hinweisen, meinem Bruder und Mama. Ich bemühte mich, ihr alles zu sagen, woran ich mich erinnerte.

Seit ich dreizehn Jahre alt war, hatte ich beinahe ununterbrochen getrunken, und so war viel Schlimmes passiert. Laut der Psychologin befand ich mich, sobald man mir Alkohol oder Narkotika wegnahm, in einer Art Schockzustand, und mir fehle es an jeglichem Lebenswillen, ich würde denken, ich könne nichts und das Leben sei sinnlos. Die Psychologin bat mich, darüber nachzudenken und zu versuchen, etwas zu finden, in dem ich gut sein könnte, aber mir fiel nichts ein. Schließlich meinte ich, dass ich eine gute Prostituierte abgeben würde, ich sei gut darin, Männer glauben zu lassen, dass sie etwas wert seien. Dazu sagte sie nichts. Sie kritzelte nur in ihr kleines Buch und sprach weiter über Papa. Sie dachte an nichts anderes als meinen Vater, es war, als ob sie die Lösung all meiner Probleme darin sähe, das Verschwinden meines Vaters aufzuarbeiten.

Langsam ging es mir besser, und durch den Einfluss der Psychologin fing ich an, mich für Fotografie zu interessieren. Sie sagte mir, dass ich eine bildliche Sprache hätte und eine besondere Begabung, die Welt zu betrachten, dann schlug sie vor, dass ich mir eine Kamera anschaffen solle. Sie hatte sicherlich recht, ich habe ein gutes Auge für Licht und Farbkombinationen.

Mein Bruder und ich begannen wieder miteinander zu sprechen. In den letzten Jahren hatten wir keinen Kontakt mehr miteinander gehabt. Er wohnte in Dänemark, hatte eine Frau und Kinder und arbeitete als Webdesigner. Im Gegensatz zu mir war er fleißig in der Schule gewesen, voller Ehrgeiz und verantwortungsbewusst.

Als ich bereits zwei Jahre trocken war, überredete er mich, mich für die Schule für Fotografie in Kopenhagen zu bewerben. Ich wurde angenommen und zog zu meinem Bruder und seiner Familie, ging in die Schule und passte auf meine kleinen Neffen auf. Mama kam immer öfter zu Besuch, bis sie sich schließlich eine kleine Wohnung in der Nähe des Hauses meines Bruders mietete. So kam die Verwandtschaft wieder zusammen.

Wir sprachen nie über Papa. Obgleich all diese Zeit vergangen war, seitdem er verschwunden war, gab es keinen Weg, dieses körpergeformte Loch zwischen uns dreien zu erwähnen.

Ich war es schließlich, die ihn fand. Die Entdeckung war unbegreiflich, genauso unbegreiflich wie damals, als ich klein war und meine Finger den Weg zu der Vertiefung in der Wand ertasteten und etwas fanden, das er zurückgelassen hatte. Worte oder eine Kamelfigur in Reiskorngröße. Das Kamel hatte halb in Klebmasse versunken unter einem Küchenstuhl gehaftet, und ich war darauf gestoßen, als ich gerade den Stuhl näher an den Tisch zog, ganze fünf Jahre nach seinem Verschwinden.

Ich schlenderte ziellos den Hafen entlang und fotografierte. Ein großes Schiff entlud gerade Container, auf einem von ihnen war ein Bild mit Kamelen, und das Schiff trug den Namen »Casablanca in Marokko«. Ich fotografierte den Container und das Schiff, ohne besonders an das marokkanische Kistchen oder das Reiskornkamel zu denken. Dann sah ich, wie die Männer, die die Ladung löschten, den Container öffneten und, als er aufsprang, sich die Hände vor den Mund schlugen. Ich kam näher und bemerkte den Geruch. Es roch nach Leiche, die unangerührt mehrere Monate gelegen hatte. Papas Leiche. Das wusste ich sofort.

Die Seemänner standen an der Öffnung des Containers und würgten. Ich kniff Mund und Nase fest zu und ging in den Container hinein. Sie versuchten nicht, mich zu stoppen, wahrscheinlich waren sie zu überrascht, um zu reagieren.

Der Container war wie eine Wohnung eingerichtet und voller Kram, Dosen, Essensverpackungen, leeren Flaschen und Abfällen. An den Wänden hingen Bilder von nackten Frauen und Ausschnitte aus Magazinen aus aller Welt. Die Leiche lag auf einer Matratze in einer Ecke des Containers, das Gesicht war zusammengefallen, ein Madenteppich bedeckte den Leichnam.

Das Begräbnis fand in Kopenhagen statt. Wir wollten ihn so schnell wie möglich unter die Erde bringen, wo er in Frieden weiterverrotten konnte. Als ich dem Sarg in der Erde nachschaute, schlug etwas in meinem Kopf zusammen, und ich erinnerte mich an den Tag, bevor er verschwand, als er mich bat, mit in den Garten hinauszukommen, und ein Loch grub. Diese Begebenheit war bereits in meinem Gedächtnis verschüttet gewesen, und jetzt, als ich sie wieder hervorriss, war ich nicht sicher, ob es wirklich geschehen war. Mama stand zwischen mir und meinem Bruder, sie weinte, während wir keine Träne vergossen, sie im Arm hielten und die Rede des Pfarrers über uns ergehen ließen.

Einige Tage später gingen wir zum Container. In den Pappkartons, die entlang der Wände standen, befanden sich Souvenirs. Sie waren sorgfältig in Zeitungspapier und Sägespäne eingepackt.

Wir betrachteten Schrumpfköpfe und Elfenbein aus Afrika, Inkastatuen aus Peru, Geishapuppen aus Japan und allerlei seltsame Gegenstände, von denen wir keine Ahnung hatten, woher sie kamen. Wir wussten nicht, ob Papa damit ein Geschäft hatte machen wollen oder sie für sich selbst gesammelt hatte. Neben der Matratze lag ein Stapel von Schreibheften. Als wir sie durchgingen, sahen wir, dass sie voll waren mit seinen Versuchen, eine Art autobiografisch angehauchten Roman zu schreiben. Sie waren von eins bis hundert durchnummeriert, einige Kapitel hatte er mehrmals geschrieben, immer mit denselben unbeholfenen Buchstaben.

Der Roman hieß *Freiheit* und handelte von einem Mann, der sich von seinem grauen, monotonen Dasein losriss und um die Welt reiste. Der Erzählstil war plump, und es lief stets darauf hinaus, dass der Protagonist, ein hochgewachsener und stattlicher Isländer, der als »der Wikinger« bekannt war, in jedem Hafen in Schwierigkeiten geriet und sich durch seine Klugheit zu helfen wusste. Dazwischen gab es schlüpfrige Sexszenen. Er erzählte von großärschigen Negermädchen im Kongo, geheimnisvollen asiatischen Schönheitsgöttinnen, mannstollen Inuitmädchen in Grönland und blutjungen Prostituierten in der Ukraine. Beim Lesen einer solchen Episode schmiss mein Bruder das Heft von sich und griff sich an die Stirn.

Ich kann nicht mehr, ächzte er und holte sich ein Bier.

Es war Mitternacht, und wir saßen im Esszimmer. Ich ließ meine Augen weiter über die Seiten gleiten, und mit jedem Wort, das ich las, war ich glücklicher darüber, dass ich den Mann, der das geschrieben hatte, nicht kannte. Aus seinen Erzählungen war zu schließen, dass er von grenzenloser Liebe zu sich selbst erfüllt gewesen war. Eine Liebe, die alles vernichtete, was ihm nahegekommen war, und die ihn davon abhielt, ihre Folgen zu erkennen. Blinde Liebe. Ich grübelte über ihren Grund nach. Ob es in ihm etwas Schönes gegeben hatte, etwas, das andere übersehen hatten und das ihm ständig wieder neuen Antrieb zu Liebe und Bewunderung gegeben hatte.

Mein Bruder vergrub sein Gesicht vor sich auf dem Tisch. Ich strich ihm über den Rücken, um ihn zu trösten, aber da hörte ich, dass er zu kichern begonnen hatte, und ich fing an zu grinsen. Kurz darauf brüllten wir beide vor Lachen.

Übersetzt von Lena Groß

Oddný Eir Ævarsdóttir

Mein Marionettenspieler

Ich war Stammgast im staatlichen Puppentheater in Budapest und träumte davon, eines Tages mit meinem eigenen Puppentheater um die Welt zu reisen, mit behinderten und verwaisten Kindern auf der ganzen Welt zu arbeiten und so meinen Beitrag im Kampf für die Gerechtigkeit zu leisten. Meine Freundin, die sich gleich nach der Scheidung von ihrem Exmann eine Geliebte geangelt hatte, welche im Puppentheater arbeitete, gab mir eine Handpuppe, einen braunen Frotteeaffen, den sie an dem Abend, als ihr ihre Geliebte offenbarte, sie nicht mehr zu lieben, hinter der Bühne des Theaters gestohlen hatte. Danach benutzte sie die Puppe bei ihrer Arbeit als Psychiaterin; sie arbeitete auf der Kinderstation einer Klinik in Budapest, in der die Kinder jene Dramen nachspielten, die sie so traumatisiert hatten, dass sie eingeliefert werden mussten.

Ich saß da und schrieb ein Theaterstück für diese Affenpuppe, ein Solostück, ich war immer allein, außer wenn ich meine Psychiaterfreundin traf. Da rief gerade sie mich an und lud mich zu einer Pinocchio-Aufführung ein. Ich stürzte los, und wir setzten uns mit Limonade und Popcorn in die vorderste Reihe. Kein Zweifel, dass Fuchs und Kater mein Blut dazu brachten, schneller zu fließen, ich war zum Platzen gespannt.

Meine Freundin führte mich danach hinter die Bühne. Sie kannte den Regisseur und machte mich mit dem Marionettenspieler bekannt, der den Kater spielte. Er stellte sich mit einer katzenartigen Geste vor, mit gekrallter Hand, und sagte, er komme aus Transsylvanien. Er ging mit mir zu einigen Glaskisten, nahm vorsichtig alte Puppen heraus und zeigte sie mir, erlaubte mir, einige zu berühren, und schaute mir tief in die Augen, als er fragte, ob ich mit ihm in eine Bar aus dem letzten Jahrhundert gehen wolle, die nicht weit vom Theater entfernt sei. Ich antwortete nicht, hatte die Sprache verloren, aber er nahm mich am Arm und ging mit mir hinaus in die Bar und bestellte einen doppelten Unicum für mich und ein großes Bier für sich selbst. Meine Freundin hatte nach Hause gehen müssen, und wir waren nur zu zweit da drin. Er erzählte mir alles über Transsylvanien, alles über Pinocchio, alles über die Gerechtigkeit und die Welt des Puppentheaters.

Ich erzählte ihm von meinem Traum, ein fahrendes Puppentheater aufzubauen wie Lorcas »La Barraca«, und er sagte, er habe genau denselben Traum. Wir könnten zusammen reisen, sagte ich, und er stimmte zu, er behauptete, er habe schon immer nach Island fahren wollen, wir könnten das Land umrunden, Ring für Ring, und dann zurück nach Europa, Ring für Ring. Dann könnte er vielleicht nach Island ziehen und einen zweiten Namen bekommen, zusätzlich zu seinem Zigeunernamen. Ich schlug den Namen Hjálmar vor, nach meinem Ururgroßvater. Ich war so erwartungsvoll geworden, dass ich hinzufügte, dass wir auch heiraten könnten. Ja, heute Abend, sagte er und kritzelte eine Heiratsurkunde auf eine Serviette, bestellte uns mehr Unicum, und dann unterschrieben wir beide die Urkunde und stießen darauf an. Wir waren ein Ehepaar und unser Zuhause auf Rädern.

Wir verbrachten die Hochzeitsnacht im Zigeunerviertel, nahe dem Blaha-Lujza-Platz, und sie war von Wahnsinn und Lust erfüllt. Er las mir aus dem Tagebuch des Arztes und Schriftstellers Géza Csáth vor und spielte für mich nach, wie dieser seine Patienten mit Leidenschaft behandelt hatte. Ich gab mich total dem Spiel hin, und dennoch warf etwas einen Schatten auf meine Freude als Braut und Patientin. Ich fühlte mich unwohl in meinem schlechten körperlichen Zustand, meine weiße Eskimohaut und mein Speck überfluteten den Augenblick.

Er wollte am nächsten Abend zu mir kommen, heim zu mir, ich wohnte bei der Margaretenbrücke in einer schönen Wohnung. Ich wollte dieses Mal nichts einen Schatten auf meine Freude werfen lassen und nahm meine alte Flanellhose hervor, wie sie Häftlinge oder Tuberkulosekranke tragen, und schnitt ein Loch in den Schritt. Ich hatte diese Hose gut gewaschen, als ich sie gekauft hatte, ich betone das, obwohl es eine Nebensache ist, die Geschichte handelt von Löchern.

Er kam am Abend, aber früher, als ich gedacht hatte, und es war wunderbar, ihn so unglaublich schön und charmant mit türkischer Halva und einem billigen Rotwein vor mir zu haben. Aber ich trug meine löchrige Hose noch nicht. Sah voraus, dass ich die Hose, die ich jetzt trug, ganz ausziehen und meine Nacktheit wieder in all ihrer unerträglichen Pracht enthüllen musste. Ich bat ihn herein, las aber weiter im *Zarathustra* von Nietzsche; ich hatte noch nie ein so unterhaltsames

Buch gelesen. Er kuschelte sich an mich wie eine Katze, und ich kraulte ihm den Kopf, und er miaute. Bis er mir das Buch wegschnappte und es in die Ecke schmiss, er riss an meinen Haaren und sagte, dass er mich lieben wolle wie ein echter Ehemann. Ich konnte nicht aufhören, daran zu denken, wie bedauerlich es nun war, dass ich meine Tuberkulosehosen nicht trug. Ich bat ihn, nur kurz zu warten, entriss mich seinen Armen und ging ins Badezimmer, um meine Kleider zu wechseln. Als ich zurückkam, begann er zu lachen und fragte, ob ich dies für eine aufreizende Kleidung hielte, ich könne einfach weiterlesen, er habe heute sowieso schon Liebe mit seiner neuen Flamme gemacht.

Er hat das Loch nicht gesehen, denke ich oder hoffe es zumindest. Ich ging mit langsamen Schritten zurück ins Bad und wechselte meine Kleider. Mein Manuskript von unserem Theaterstück handelte nicht von einer neuen Geliebten, ich dachte, *ich* sei ganz neu, nur vierundzwanzig Stunden alt. Ich ging in die Küche und kochte Wasser für Tee und kam mit Tassen auf einem Tablett zurück. Er setzte sich aufs Sofa aus dem letzten Jahrhundert und bewegte den Beutel im Takt auf und nieder; es war offensichtlich, was für ein Fachmann er war. Ich bat ihn, mir von seiner Geliebten zu erzählen, und er beschrieb sie für mich, wie groß und schlank sie sei, dunkelhaarig und exotisch. Ich versank in einem schwarz-weißen Bergman-Film oder einem ausgebleichten Schlittenfilm über die Reisen der Inuit durch den Schnee. Ich hatte das Gefühl, langsam vom Schlitten zu fallen, aber entschied mich zu versuchen, mich einfach länger dort zu halten, drehte mich schnell auf den Rücken. Bat ihn, mir von der Welt des Puppentheaters zu erzählen oder von seiner Kindheit in Transsylvanien oder wenigstens mit mir ins Kino zu gehen.

Er begleitete mich ins Kino und sagte mir auf dem Weg, dass ich nichts im Puppentheater verloren hätte, ich sei offensichtlich eine dieser Ausländerinnen, die denken, dass sie mit klugen Floskeln durch das ausländische System kämen, dass ich nicht bedenken würde, dass es sich um ein langjähriges Studium handle, das große Präzision verlange. Es existierten zum Beispiel viele, die ihr Leben nur damit verbrächten, die Fertigkeit zu erlangen, Puppenschuhe zusammenzunähen, und ein russischer Gastschauspieler sei gerade bei ihnen, der sich über mehrere Jahre darauf spezialisiert habe, den linken Arm der Marionetten zu bewegen.

Ich saß im Kinosaal und versuchte, die Sätze des Abends aus meinem Kopf verdampfen zu lassen. Schaute den neuesten Film von Aki Kaurismäki, erfrischend in seiner finnischen Schwermut. Ich lachte ununterbrochen. Ging danach zum dreißigsten Mal in *Latcho drom*, einen Film über die Wanderung der Zigeuner von Asien nach Europa, und lachte und weinte. Ging dann heim und setzte mich vor den Gasofen. Ich saß lange dort und grübelte darüber nach, ob ich das Gas aufdrehen sollte. Ich hatte schon vorher Bekanntschaft mit Liebeskummer gemacht, aber nie mit einem wie diesem, er kam so plötzlich. Transsylvanien versank vor meinen Augen in Begleitung von Purcells Kammeroper: *When I am laid in earth, may my wrongs create no trouble in thy breast. Remember me but ah! forget my fate.* Aber ich drehte das Gas nicht auf, wollte es als letzten Ausweg aufheben.

Übrigens kann ich diesem brünstigen Katzenteufel nicht genug dafür danken, dass er mich von sich wegstieß, so wie irgendeine Marionette. Nicht, dass ich ihm die Zukunft zu verdanken hätte. Aber ich genoss es, ihn zwei Jahre später zu treffen, mehr zu einer Frau mit langen Nägeln geworden, durch noch eine Geschlechtsumwandlung gegangen oder, nein, noch eine Metamorphose. Auf jeden Fall war ich zufriedener mit mir und ohne Löcher in den Hosen. Als er mir einen Drink anbot und mich bestaunte und sich wunderte, wie ich mich verändert hatte, den Babyspeck verloren, das Haar kurz geworden und der Gesichtsausdruck so, ja, wie soll ich das sagen … Was machst du übrigens jetzt in deinem Leben?

Ich sagte, ich schriebe eine Doktorarbeit und einen Roman und einiges andere, das viel Spaß mache, und sei außerdem beinahe Vollzeit in der Liebe beschäftigt.

Was machst du dann in Budapest?, fragte er.

Ich arbeite an einem Film, aber ich wollte zu einer Vorführung im Staatspuppentheater gehen, bist du nicht mehr dort?, fragte ich. Ach, wirklich, ist es in Konkurs gegangen? Tut mir leid, sagte ich, ich wollte dir immer dafür danken, dass du mir seinerzeit davon abgeraten hast, in den Puppentheaterkurs zu gehen.

Er nahm einen großen Schluck Bier.

Ich schämte mich dafür, so niederträchtig zu sein, dafür, dass ich Rache brauchte und nach der Metamorphose nicht darüberstand. Aber es sind immer diese Überreste vom alten Körper im Menschen, Überreste vom alten Stolz, eine erhöhte Narbe auf der Haut, kleine Knoten im Lymphgefäßsystem, Löcher in der Lunge. Und wenn man vor seinem ehemaligen Ehemann steht, der auf der Hochzeitsreise gestand, dass er eine Geliebte mit dunklem, kurzem, schönem Haar hatte, wenn man selbst gerade Löcher in den Haaransatz und den Schritt geschnitten hatte, dann ist es, als ob Luft durch diese alten Löcher zieht. Gammeliger Gasgeruch. Und man spürt, wie auf den alten Knoten des Stolzes gespielt wird wie auf einer Zymbal in der Straßenbahn Nummer 6, wenn sie schleppend am Blaha-Lujza-Platz vorbeikriecht.

Übersetzt von Maja Egli

Gerður Kristný

Wolfsgeschichte

Wenn ich meinen verstorbenen Mann mit einem Wort beschreiben müsste, so würde ich das Wort »gehorsam« benutzen. Gunni tat einfach das, was ihm gesagt wurde, und wenn irgendeine Frau ihn bat, mit ihr nach Hause zu kommen, dann tat er das. Deswegen hätte es mich nicht überraschen müssen, dass unter drei von fünf über ihn erschienenen Nachrufen weibliche Namen standen, die ich noch nie zuvor gehört hatte. Sara Lind, Elfa Dís und Marta Sif konnten, den Namen nach zu urteilen, nicht viel älter sein als ich.

Während der ersten Tage nach dem Unfall ging es mir ausgezeichnet. Es war immer jemand da, der mir Essen oder Videokassetten vorbeibrachte oder einfach nur kam, um mir die Hand zu halten. Nach der Beerdigung änderte sich das und damit auch mein Wohlbefinden.

Ich konnte nicht schlafen und tigerte die Treppe hinauf und hinunter. Hatte das Gefühl, unten etwas vergessen zu haben. Ging hinunter. Hatte oben etwas vergessen und ging wieder hinauf. Ich war acht Nächte lang ein Wolf. Der Morgenmantel schleifte hinter mir über den Boden wie ein Schwanz.

Meine Schwester Birna kam und räumte bei mir auf. Sie fragte vorsichtig, ob ich vielleicht krank sei. Ich schaute in den Spiegel. Ich war abgemagert und sah entsetzlich aus.

»Vielleicht sollte ich einfach mal ein neues Shampoo ausprobieren«, sagte ich.

»Meinst du nicht, es ist mehr als das?«, fragte meine Schwester.

Wir waren unzertrennlich, als wir klein waren. Wir sahen uns so ähnlich, dass uns Fremde nur auseinanderhalten konnten, weil Birna ein Muttermal über einer der Augenbrauen hatte. Als Kinder standen wir uns so nahe, dass wir oft dasselbe träumten. Wir prügelten uns nie. Nur ein Mal stritten wir uns heftig. Ich erinnere mich nicht, was der Grund war. In der Nacht danach träumte ich, dass ich Birna eine Ohrfeige gab. Innerlich freute ich mich den ganzen nächsten Tag darüber. In der nächsten Nacht träumte ich dagegen, dass sie mich ohrfeigte. Am Morgen danach sah sie mich grinsend über die Cornflakes hinweg an.

Eines Nachts, als ich elf und Birna zwölf war, wachte ich auf, weil jemand rief: »Lass die Tür nicht zuschnappen!« Im selben Augenblick fegte ein Windstoß um mich herum, und mir wurde schaurig kalt. Ich öffnete die Augen und sah, dass ich mich draußen auf der Türschwelle befand. Birna stand vor mir. Wir waren beide im Schlafanzug. Es war, als ob es ein Erdbeben gegeben hätte und wir kaum bekleidet auf die Straße hätten flüchten müssen. Aber die Häuser im Viertel waren unversehrt, und auch unserem Haus, das wie eine solide, schwarze Festung hinter uns stand, war nichts anzusehen.

»Ich habe versucht, an der Tür zu klingeln, aber sie hören es nicht«, sagte Birna und setzte sich auf die Treppe.

»Wir hätten diese Rosinen gestern nicht essen sollen«, sagte ich in Gedanken daran, dass uns Mama Reisbrei mit Rosinen zu Abend hatte essen lassen – wir Schwestern fanden Rosinen abscheulich. Ich glaubte, dass zwischen diesen ekelerregenden Stückchen und dem Schlafwandeln eine Verbindung bestehen musste.

Etwa eine Stunde später ließ uns Papa herein. Er war in der Küche gewesen, um sich etwas zu trinken zu holen, hatte zum Fenster hinausgeschaut und uns dort zitternd auf der Treppe sitzen sehen, dicht aneinandergedrängt, um uns warm zu halten. Juninächte können äußerst kalt werden.

»Wir haben geschlafwandelt«, sagte Birna, als wir an Papa vorbeihuschten.

Er glaubte uns nicht.

Wir glaubten uns selber auch nicht.

Den Rest des Jahres schliefen wir mit einem Schlüssel um den Hals.

Nach fünf Tagen ging ich endlich wieder nach draußen. Ich musste Essen einkaufen. Ich lief zwischen den Regalen hin und her, hatte aber auf nichts Lust. Als ich zur Kasse kam, sah ich, dass ich nur eingelegten Lachs und drei Gemüsesäfte in den Korb gelegt hatte. Eingelegter Lachs schmeckte ja nicht MIR. Ich legte ihn zurück und begnügte mich mit dem Saft.

Als ich wieder nach Hause kam, fiel mein Blick auf die schmutzige Kaffeetasse auf dem Wohnzimmertisch. Ich trinke keinen Kaffee, und das Erste, was mir in den

Sinn kam, war, dass Gunni gekommen war, während ich weg war, sich einen Kaffee genommen hatte, keine Lust hatte, auf mich zu warten, und wieder gegangen war. Da fiel mir ein, dass am Morgen meine Schwester bei mir gewesen war. Sie hatte sicherlich die Tasse dort zurückgelassen.

Die Wohnung kam mir so groß vor, nachdem ich allein in ihr zurückgeblieben war. Nun, da ich nicht mehr schlafen konnte, bemerkte ich, dass die alte Frau in der Wohnung über mir auch nicht schlief. In meiner Schlaflosigkeit folgte ich ihren langsamen Gängen, die im Allgemeinen vom Schlafzimmer ins Bad führten. Die Hausschuhe schleiften über den Holzboden, und oft ließ sie etwas zu Boden fallen. Einmal hörte ich, wie die alte Frau auf dem Badezimmerboden ausrutschte, und wartete mit Beklemmung ab, ob sie allein wieder aufstehen konnte oder ob ich bei ihr einbrechen und ihr helfen musste. Glücklicherweise hörte ich, dass sie sich selbst wieder aufrappelte und ins Schlafzimmer zurückhumpelte. Das verhalf mir auch nicht gerade zu mehr Schlaf. Aus lauter Angst, meine Nachbarin könnte sich verletzen, wagte ich es nicht, meine Augen zu schließen.

Es war nicht möglich, den Schlafmangel vor Birna zu verstecken. Ich sagte ihr, dass mich die alte Frau wach halten würde. »Solche Frauen können endlos leben«, sagte Birna. »Du solltest umziehen.«

Ich fand das auf Anhieb eine ausgezeichnete Idee und begann mich sofort drauf zu freuen. Ich hatte nie ein eigenes Zuhause gehabt, sondern war aus dem Elternhaus direkt zu Gunni gezogen. Ich schrieb die Wohnung zum Verkauf aus und beschloss, in die Nähe der Innenstadt zu ziehen. Zusammen durchforsteten Birna und ich die Immobilienseiten der Zeitungen. Es kamen sogleich einige Leute, um sich meine Wohnung anzuschauen, und ich bekam schnell beträchtliche Übung darin, sie zu zeigen. Ich lenkte besonders viel Aufmerksamkeit auf die Aussicht, ging aber schnell durch das Bad, sodass den Leuten nicht auffiel, wie alt die Fliesen waren.

Birna belehrte mich, welche Kredite am günstigsten seien, in welcher Farbe ich die Wände am besten streichen solle, wenn ich in die neue Wohnung zog, und ob ich Parkett legen sollte, wenn nicht schon welches drin war. Birna war sehr aufgeregt und sagte, sie wolle mir beim Umzug helfen.

Eine Wohnung zu kaufen ist, als ob man von einer erfrischenden Operation aufsteht, nachdem man tagelang mit einer Ladung intravenöser Glukose auf der Intensivstation gelegen hat. Man kann endlos darüber reden.

Eines Samstagmorgens weckte mich das Klingeln meines Telefons. Mittlerweile schlief ich nachts wieder ganz gut. Von den vielen Wohnungsbesichtigungen war ich müde geworden. Ich nahm den Hörer ab, aber niemand antwortete. Jemand horchte, wie ich »Hallo, hallo« sagte, bevor aufgelegt wurde. Eine Stunde später rief wieder jemand an.

»Spreche ich mit Elín?«, fragte eine weibliche Stimme.

»Ja.«

»Ich heiße Marta und komme in einer halben Stunde zu dir. Wir müssen miteinander reden.«

Bevor ich okay sagen konnte, legte sie auf. Mir fiel

nichts anderes ein, als dass sich Marta einfach nur meine Wohnung ansehen wollte.

Es dauerte knapp zwanzig Minuten, bis sie kam. Marta war dunkelhaarig, schwarz gekleidet und hielt während des ganzen Besuchs die Autoschlüssel umklammert. Anstatt in die Küche zu stapfen, meine Schränke zu öffnen und »hier ist genug Platz« zu sagen, trat sie in das Wohnzimmer und setzte sich aufs Sofa. Ohne jegliche Umschweife sagte sie mir dann, dass sie während eines halben Jahres die Affäre meines Mannes gewesen war.

»Soso«, sagte ich. Ungeachtet dessen, dass ich nur vierundzwanzig Jahre auf dem Buckel habe, überrascht mich nur noch wenig. Da durchschaute ich diese Frau plötzlich.

»Du hast einen Nachruf über Gunni geschrieben.«

»Ja, sogar drei«, antwortete Marta. »Es gab so viel, was ich sagen wollte, aber die Nachrufe dürfen nicht länger als zweitausendzweihundert Anschläge sein.«

»Glaubst du, du hast ihn in sechs Monaten so gut kennengelernt?

»Wir waren zusammen auf dem Gymnasium, haben uns wiedergetroffen und den Kontakt wieder aufgenommen.«

»Warum bist du gekommen?«, fragte ich.

»Ich wollte dich einfach kennenlernen«, sagte Marta und setzte sich auf dem Sofa zurecht. »Kann ich irgendetwas für dich tun?«

Ich schüttelte den Kopf. Ich hatte Lust, sie zum Gehen aufzufordern, doch etwas hielt mich davon ab. Die letzten zwei Tage war weder jemand gekommen noch hatte jemand angerufen, außer natürlich meiner

Schwester, und sie hatte angefangen, mich mehr zu irritieren als das hier. Es gefiel mir, eine andere Stimme zu hören als meine eigene. Marta lehnte sich zurück. Sie erzählte, dass sie in einer Apotheke arbeitete und dort Gunni wiedergetroffen hätte. »Zuerst war ich mir nicht sicher, ob er sich an mich erinnert, aber er sagte, dass er mich nie hätte vergessen können. Niemand durfte von unserer Beziehung wissen, und deswegen hatte ich keinen, mit dem ich über ihn sprechen konnte – bis jetzt.«

Ich hatte Mitleid mit Marta. Ich hatte die ganze Familie, die sich um mich kümmerte, und sie konnte überhaupt keinem davon erzählen, dass sie den Mann verloren hatte, den sie liebte. Ich konnte ihr nichts vorwerfen. Außerdem hat nicht sie mir ewige Treue geschworen, sondern Gunni. Zu spät, um sich jetzt über ihn aufzuregen. Nur dass er mir nie davon erzählt hatte, dass er eine Geliebte im Gymnasium gehabt hatte, ärgerte mich. Ich beschloss, Martas Freundin zu werden.

Sie ihrerseits hatte bereits beschlossen, meine Freundin zu werden.

Wir sprachen fast jeden Tag miteinander. Wenn wir nicht telefonierten, besuchten wir einander.

Ich ging wieder zur Arbeit, und mein Leben wurde bald wieder so wie vor zwei Jahren, bevor ich Gunni kennengelernt hatte. Obwohl es mir gut ging, kam Birna weiterhin zu mir, um aufzuräumen. Ich war heilfroh, davon befreit zu sein, und gab ihr einfach einen eigenen Schlüssel. Sie war Hausfrau und hatte nichts Besseres mit ihrer Zeit zu tun. Das Schlimmste aber war, dass sie sich, nachdem sie die ganze Wohnung geputzt hatte, immer hinsetzte und anfing zu schwatzen.

Sie war über alle Maßen neugierig, und das, was ihr Interesse am meisten erweckte, war Marta. Sie wollte alles über sie wissen. Ich sagte ihr nur, dass sie oft zu mir in den Friseursalon käme. Es kam mir überhaupt nicht in den Sinn, ihr zu sagen, dass sie und Gunni etwas miteinander gehabt hatten.

Marta und Birna kümmerten sich nicht groß umeinander, wenn sich ihre Wege kreuzten. Birna verschwand meistens, wenn Marta vorbeischaute. Egal, ob sie gerade mitten in der Reinigung des Aquariums war. Sie dampfte einfach ab. Ich fand das unhöflich, aber Marta schien sich davon nicht aus der Ruhe bringen zu lassen.

Sie zog mich auch wieder hinaus ins Leben, und zusammen klapperten wir die Bars ab. Es war einige Jahre her, dass ich das zuletzt gemacht hatte, und ich fand es toll. Marta und ich gingen sogar baden. Wir schlichen uns in der Dunkelheit der Nacht ins Schwimmbad und ließen im kalten Wasser unseren Rausch ausklingen.

Eines Tages, als ich nach Hause kam, saß Birna am Küchentisch. Dem Berg von Kippen im Aschenbecher nach zu urteilen, hatte sie wohl schon lange dort gesessen.

»Elín, würdest du dich bitte setzen? Ich muss dir etwas sagen.«

Ich hörte ihr schweigend zu.

»Glaubst du nicht, dass Marta ein Verhältnis mit Gunni gehabt hat? Ich habe meine Freundinnen darüber tratschen hören.«

»Ein Verhältnis?«, wiederholte ich. »Nein, nein, was für ein Quatsch. Sie haben nur miteinander geschlafen.«

»Du wusstest davon? Und hast sie trotzdem zu deiner Freundin gemacht?«

»Es ist nicht anders möglich, an andere Frauen heranzukommen, als mit ihnen den Mann zu teilen.«

»Hast du den Verstand verloren? Das ist widerlich!«, sagte Birna. »Ich würde nicht einmal meine Angelrute mit jemandem teilen! Ich würde diese Schlampe erschießen.«

»Was würdest du tun?«

»Ich würde sie erschießen. Und ich meine, was ich sage!«, rief meine Schwester und rauschte aus der Tür.

Ich erzählte Marta von dieser Unterhaltung, und wir lachten wie blöd.

»Du solltest dich von deiner Schwester nicht so dominieren lassen«, sagte Marta, nachdem sie sich erholt hatte. »Du solltest ihr widersprechen!«

»Wir sind es nicht gewohnt, zu streiten.«

»Aber sie nimmt sich dir gegenüber zu viel raus. Ich hätte schon lange etwas nach ihr geworfen.«

Ich sah mich um. Ich hatte nie etwas für Büsten und anderen Nippes übriggehabt, und deswegen sah ich auf den ersten Blick nichts, was man nach jemandem hätte werfen können.

Birna gab den Kontakt auf, und um ehrlich zu sein, merkte ich es nicht einmal. Marta sah sich mit mir Wohnungen an, und zusammen fanden wir eine in Þingholt, die perfekt für mich war. »Bietet viele Möglichkeiten«, hieß es in der Anzeige.

Marta nahm sich zwei Tage frei, um mir beim Streichen und Umziehen zu helfen. Sie brachte sogar einen Freund dazu, das Parkett umsonst zu legen. Sie behauptete, er habe ihr noch einen Gefallen geschuldet.

Wir gingen zusammen in Textilgeschäfte, um einen Stoff für die Vorhänge zu finden. Die Wohnzimmerfenster erwiesen sich als am schwierigsten. Ich fand den richtigen roten Farbton nicht, sodass wir beschlossen, fürs Erste Jalousien genügen zu lassen. Marta schenkte mir liebenswürdigerweise eine Topfblume. Ich hatte noch nie zuvor eine solche Pflanze gesehen. Es war eine kleine Staude, halb vertrocknet. »Blumen bringen Glück ins Haus«, sagte Marta und stellte den Topf ins Wohnzimmerfenster.

Ich hatte lediglich zwei Wochen in der neuen Wohnung gewohnt, als ich träumte, dass ich mich draußen mit meiner Schwester Birna auf der Türschwelle meiner Eltern befand. Es war mitten in der Nacht, und wir saßen zusammen auf der Treppe und spielten das Fadenspiel.

Ich schreckte wegen eines Erdbebens aus dem Traum auf. Es bebte zweimal. Es war, als ob mich das erste Beben geweckt hätte, um mich das zweite erleben zu lassen.

Am Tag danach kam Birna zu Besuch. Sie lächelte traurig, küsste mich leicht auf die Wange und fragte, ob sie sich nicht mein neues Zuhause ansehen dürfe. Ich bat sie ins Wohnzimmer, und sie schien erstaunt über die frisch gestrichenen Wände und das neu gelegte Parkett.

»Hast du das alles alleine gemacht?«, fragte sie.

»Nein.«

»Nein, natürlich nicht«, sagte Birna kalt. »Deine Schwanzschwester hat dir natürlich geholfen.«

»Wenn du gekommen bist, um sie anzuschwärzen, dann wäre es mir lieber, wenn du wieder gehen würdest.«

»Ich dachte, dass wir deine Wohnung zusammen instand setzen wollten!«, sagte Birna, und ich spürte die Tränen in ihrer Stimme. Dann nahm sie sich zusammen und sagte: »Wenn bloß Gunni noch leben würde. Dann wäre diese Schleimscheißerin nicht zwischen uns geraten.«

»Marta ist nicht zwischen uns geraten. DU hingegen hast versucht, dich zwischen mich und Marta zu drängen.«

Mir war das noch nicht genug, also nahm ich den Blumentopf mit dem Gewächs von Marta und warf ihn nach Birna. Sie wich nicht aus, was ich nicht erwartet hatte. Warum hätte ich es auch erwarten sollen? Der Topf schlug direkt auf das Muttermal über der Augenbraue auf. Das Blut lief ihr über das Gesicht. Es hatte genau die Farbe, in der ich die Wohnzimmervorhänge haben wollte.

»Es war ein Unfall«, war das Einzige, was ich sagen konnte, als der Krankenwagen kam.

Sie glaubten mir nicht.

Ich glaubte mir auch nicht.

Ich werde bei meinen Eltern zu Hause totgeschwiegen. Ich weiß, dass sie die Bilder von mir heruntergenommen haben. Es ist mir ganz egal. Ich konnte dieses Konfirmations-, Abschluss- und Hochzeitslächeln an all den Wänden noch nie leiden.

»Da ist etwas Gefährliches an dir«, sagte Marta neulich zu mir. »Du bist zu gehorsam. Du neigst dazu, das zu machen, was man dir sagt.«

Ansonsten hat sie nicht mehr von der Sache mit dem Blumentopf gesprochen. Sie kommt auch nicht mehr so oft wie zuvor. Ich habe das Gefühl, dass sie einen Freund hat, obwohl sie mir kein Wort davon gesagt hat.

Man sollte das natürlich nicht zugeben, aber ich habe vor kurzer Zeit mein altes Haus besucht. Ich sehnte mich so sehr danach, wieder dorthin zu kommen, zu erfahren, wie die neuen Leute das Badezimmerschränkchenproblem gelöst haben, und die Spuren der Nägel zu sehen, die Gunni für die Bilder, die wir als Hochzeitsgeschenk bekommen hatten, in die Wand geschlagen hatte. Ich hatte den neuen Besitzern den Ersatzschlüssel nie gegeben, und deswegen kam ich mühelos hinein. Eine große Anrichte stand jetzt in der Diele, und das Doppelbett war so groß, dass es beinahe das ganze Schlafzimmer ausfüllte. Ich fand das hässlich. Ein kleiner Fernseher war an der Wand festgemacht. Ich legte mich auf das große Bett und sah mir eine Seifenoper an, bevor ich wieder zur Arbeit zurückfuhr.

Ich habe genug Zeit gehabt, darüber nachzudenken, warum es so kam, wie es kam. Es gibt kaum eine Antwort. Als Gunni begraben wurde, sagte der Pfarrer, dass uns Gott am Tag des Jüngsten Gerichts Antwort auf alle Fragen gewähren würde, die auf uns lasten. Ich möchte das glauben. Und noch mehr als das will ich auch glauben, dass wir Antwort darauf bekommen, warum wir die Antwort nicht ohne die Hilfe Gottes finden konnten. Wir werden danach den Zeigfinger der rechten Hand hochstrecken und sagen: »Jaaa, ach deswegen war das.«

Eine Etage unter mir wohnt ein Mann, der am Abend nicht ohne Waldgeräusche vom Band schlafen kann. Die ganze Nacht höre ich das Rauschen des Laubes, Vogelgesang und vereinzelt Gebrüll von Raubtieren. Ich liege totenstill da, damit sie mich nicht finden. Dann warte ich auf Gunni. Zuerst spüre ich, wie das Gesicht etwas anschwillt und sich der Brustkasten hebt. Meine Finger strecken sich aus, und die Füße rutschen aus dem Laken. Er denkt gut über mich, trotz allem, was ich getan habe. Das spüre ich.

Erst als er meinen Namen sagt, höre ich, dass es nicht er ist. Die Stimme ist heiser und tief.

Ich bin ein Wolf. Der Morgenmantel schleift hinter mir über den Boden wie ein Schwanz.

Übersetzt von Melinda Fuchs

Gerður Kristný

Nähschwestern

Unser Nähklub besteht, seit wir das Gymnasium beendet haben. Immer dieselbe Gruppe. Dísa, die jetzt bei der Bank arbeitet, Tóta, die Krankenschwester geworden ist, Þyrí, die die Abteilung für fremdsprachige Bücher in der Buchhandlung Eymundsson leitet, und Maja, die einen Architekten geheiratet hat.

Seit wir zusammen in der Schule waren, ist viel passiert, und wir haben unsere Sorgen und Freuden immer miteinander geteilt. Wir alle haben Þyrí unterstützt, als ihr Mann die Scheidung einreichte, nachdem er herausgefunden hatte, dass sie eine Affäre mit dem Chef der Abteilung für isländische Bücher hatte. Und wir waren allesamt sofort bereit, Tótas Familie aufzunehmen, als sich herausstellte, dass die Fliegen, die mitten im Winter in der Wohnung herumschwirrten, keine seltsamen Schmetterlinge waren, sondern Motten – und die Familie zwei Tage von zu Hause wegbleiben musste, während die Schädlinge vernichtet wurden.

Wir treffen uns jeden Donnerstagabend. Diese Regel wurde damals ins Leben gerufen, als donnerstags nichts im Fernsehen lief, und wir haben bis jetzt keinen Anlass gehabt, daran etwas zu ändern. Jeder dieser Abende beginnt damit, dass wir ungefähr eine halbe Stunde nähen, häkeln oder stricken. Dann können wir uns nicht mehr beherrschen und stürzen uns auf das Gebäck, das jede von uns mitgebracht hat. Während des Essens diskutieren wir gerne über Fett-weg-Cremes, Kalorien und kaschierende Kleidung. Ich finde, dass allein schon diese Gespräche wie eine Abmagerungskur wirken. Unwillkürlich kriegen wir Gewissensbisse wegen der Nascherei und versuchen, uns so schnell wie möglich wieder an die Handarbeit zu machen statt an das, was von den Kuchen noch übrig ist.

Derzeit stricken wir alle für Þyrís Enkelkind. Sie ist die Erste von uns, die Großmutter wird, obwohl es erst zwei Wochen her ist, seit wir zu ihrem vierzigsten Geburtstag zusammengelegt haben für schöne Ohrringe mit Perlen und Diamanten als Geschenk. Wir Nähschwestern verpassen weder einen runden Geburtstag noch eine Geburt.

»Nähschwestern« ist der Name, den wir unserem Nähklub gegeben haben, bevor wir letztes Jahr nach Akureyri zum Landestreffen der Nähklubs gefahren sind. Wir erlebten übrigens eine schreckliche Enttäuschung an diesem Landestreffen. Wir hatten doch so lange über einen passenden Namen nachgedacht und darüber diskutiert, was für einen Beitrag wir am Unterhaltungsabend zum Besten geben wollten. Wir ließen uns die Aufschrift NÄHSCHWESTERN auf Baseballmützen drucken und auch auf weiße Schürzen, die wir selbst genäht hatten.

Als wir mit unseren Mützen auf dem Kopf und den über unsere Damenkostüme gebundenen Schürzen ins Hotel KEA kamen, war das Erste, was wir sahen, ein anderer Nähklub mit genau den gleichen Baseballmützen. Das war aber noch nicht alles: Sie hatten sogar die Aufschrift SIEBEN FROHE NÄHFRAUEN mit Contourstich auf die Mützen gestickt. Unsere Enttäuschung wurde nicht geringer, als wir herausfanden, dass diese frohen Nähfrauen aus Tálknafjörður kamen.

Als der Unterhaltungsabend anstand, sangen sie Lieder aus dem Nähatelier in Tálknafjörður, begleitet vom Pianospiel einer der Näherinnen. Das Ergebnis war dermaßen professionell, dass wir unsere bedruckten Mützen wütend vom Kopf nahmen und unsere Karaokenummer abbliesen, die wir während der letzten Wochen eingeübt hatten. Wir bezweifelten, dass »I Just Called to Say I Love You« jetzt noch gut ankam. Wir gingen ins Pollurinn, und zum ersten Mal seit dem zwanzigjährigen Bestehen der Nähschwestern betranken wir uns.

Und zum ersten Mal seit dem zwanzigjährigen Bestehen der Nähschwestern fiel der nächste Donnerstagabend aus. Ich saß mit meinem Mann vor dem Fernseher und stellte fest, dass am Donnerstagabend Naturdokus gezeigt wurden. Ich nahm allerdings vom Balzverhalten der Fischreiher kaum Notiz, sondern dachte darüber nach, wie es mit uns Nähschwestern weitergehen sollte. Waren wir stehengebliebene, antiquierte Frauen, denen nur Karaoke in den Sinn kam, sobald ein Unterhaltungsabend erwähnt wurde? Aus den Augenwinkeln beobachtete ich meinen Mann, der angesichts des Fischreiherpärchens, das mit dem Basteln des Nestes beschäftigt war, um die Ankunft der zehn kleinen Reiherlein vorzubereiten, nicht einmal blinzelte. Ich ließ meinen Blick durch das Wohnzimmer schweifen, über die Kinderfotos meines Sohnes, die IKEA-Regale und die Habitat-Teppiche. Die Farbe Rot überwog im Wohnzimmer. Ich hatte Rot schon immer gemocht. Der Gedanke schoss mir durch den Kopf, dass – wenn ich etwas ändern wollte – ich vielleicht das Sofa austauschen sollte. Vielleicht etwas Grünes anschaffen.

Ich vergaß diese Gedanken aber, als mein Blick auf die Narbe auf der Hand meines Mannes fiel. Ich hatte sie nie zuvor gesehen, und bis jetzt hatte ich gedacht, den Körper meines Mannes genauso gut zu kennen wie meinen eigenen.

»Was für eine Narbe ist das?«, fragte ich, und mein Mann erzählte mir zum ersten Mal von der Bande, mit der er als Teenager herumgezogen war. Sie waren zu fünft gewesen und waren in Kioske eingebrochen, um Zigaretten und Wechselgeld zu klauen. Es fiel mir schwer, diesem gutmütigen Biologen so etwas zu glauben.

»Und was ist mit der Narbe?«

»Wir haben uns einmal eine Wunde auf unsere Handrücken gebrannt.«

»Wieso das?«

»Um uns von den anderen Banden zu unterscheiden«, antwortete mein Mann.

Etwas glühte in mir auf.

Die Woche darauf lud ich die Nähschwestern zu mir nach Hause ein. Sobald sie die Kuchen und Brottorten von sich weg auf den Esstisch gelegt hatten, bat ich sie, sich hinzusetzen und nicht sofort mit der Handarbeit zu beginnen, da wir etwas zu besprechen hätten. Ich erzählte ihnen davon, was mein Mann mir während der

Fischreiher-Doku erzählt hatte. Sie hörten schweigend zu, verstanden aber nicht, worauf ich hinauswollte mit meiner Erzählung.

»Wir müssen etwas Ähnliches machen, damit wir nicht einfach wie jeder andere Nähklub draußen in der Stadt sind, der mit den gleichen Mützen auftaucht wie der Nähklub aus Tálknafjörður. Was passiert als Nächstes? Þorlákshöfn, wo sich niemand länger als eine Woche aufhält aus Angst, dass der Hummel-Trainingsanzug an einem festwächst.«

Meine Freundinnen verstanden plötzlich, worum es ging, und begannen darüber zu diskutieren, wie wir uns kennzeichnen sollten.

»Wie wär's mit einer Markierung am Ohr? Ein Schrägschnitt oben rechts?«, schlug Þyrí vor.

»Zu bäurisch«, sagte Maja, die nie mit ihrer Meinung hinter dem Berg hielt.

»Wie wäre es mit dem Tattoo einer Häkelnadel auf dem Schulterblatt? Oder wenn wir uns ›Nähschwestern‹ als Brandzeichen auf die Innenseite der Schenkel einbrennen lassen?«

Erst als mein Blick auf das *Rotkäppchen*-Buch meines Sohnes fiel, wusste ich, was am besten zu den Nähschwestern passen würde. Nachdem ich meinen Freundinnen die Idee erklärt hatte, begannen wir mit der Arbeit.

Wir halfen einander, schwarze Abfallsäcke auf dem Wohnzimmerboden auszubreiten, um den Teppich nicht zu ruinieren, und versicherten uns, dass die Außentür mit dem Kettenschloss verriegelt war. Ich wollte nicht, dass mein Mann mitten im hitzigsten Moment hereingeplatzt kam. Wir zogen uns aus und legten unsere Kleider ordentlich auf das Ledersofa. Maja traute sich nicht, ihren Slip auszuziehen, weil eine Blasenentzündung sie plagte. Sie hatte sich offensichtlich am besten von uns gehalten, aber sie war auch immer ein bisschen jungenhaft geblieben im Wuchs, fast ohne Brüste.

Tóta stellte uns im Kreis auf und verteilte die Messer. Als Vertreterin des Gesundheitswesens in unserem Klub zeigte sie uns, wie wir am besten vorgehen sollten. Sie stach sich das Messer knapp unterhalb des Nabels in den Bauch und schnitt dann fünfzehn Zentimeter hinunter. Wir machten es ihr nach. Das Blut floss uns an den Beinen herunter und erinnerte mich an eine Szene aus einer Macbeth-Aufführung, die ich einmal gesehen hatte.

Dann beugte Þyrí sich nach dem bunten Faden, den sie benutzt hatte, um die Mütze für ihren Enkel zu verzieren. Wir wählten unsere Fäden in unserer Lieblingsfarbe. Ich suchte mir natürlich einen roten aus. Wir fädelten die Nadeln ein und begannen damit, einander zusammenzunähen. Es ist nämlich nicht so einfach, sich mit dem eigenen Bauch abzugeben, wenn man es gut machen will. Ich hatte Glück, dass Tóta mich nähte, denn sie machte es nicht grob mit dem Leberwurststich oder mit Suturen wie in der Notaufnahme, sondern ließ die Ehrgeizige raushängen. Wir nahmen lieber Kreuzstich oder Diamantstich, die sich genauso gut eigneten.

Þyrí, die Maja nähte, versuchte sich im Hardanger- und Klosterstich, aber nach einigen Versuchen sah sie, dass es nicht ging. Genauso wenig wie Flachsaum oder Kettensaum.

Nachdem die Nählaune vorüber war, saßen wir noch lange und schwatzten. Wir hatten rote Wangen und kicherten, genauso wie damals, als wir die Prüfungen im Gymnasium hinter uns hatten. Alles war so lustig, obwohl wir spürten, wie es an den Nähten zog, sobald wir uns bewegten. Wir vergaßen sogar das Gebäck an diesem Abend. Stattdessen planten wir unseren Unterhaltungsbeitrag für das nächste Landestreffen.

Der Chef der Abteilung der isländischen Bücher hat Þyrí kürzlich eine neue Nähmaschine geschenkt, und sie wird uns sicher noch sehr nützlich sein. Es ist keine normale Nähmaschine. Sie näht alles – und damit meine ich ALLES. Die Nadel rast unaufhaltsam wie ein Panzer durch die dicksten Rinderhäute. Þyrí probierte die Maschine an einem ihrer Kinder aus, und es konnte danach nicht zur Schule gehen. Es ist so gut, ein kleines Ding zu haben, um üben zu können, wenn man sich an eine neue Maschine gewöhnen muss. Das Kind wird das schon noch verstehen, sobald es älter wird.

Übersetzt von Vanessa Huber

Guðrún Eva Mínervudóttir

Die Füße der Frau im Buchladen

Viele pflegten mehr aus Interesse an Marta als an den Büchern, die sie verkaufte, in den Laden zu kommen. Nicht etwa, weil etwas Verdächtiges oder Krankhaftes dahintersteckt hätte, sondern weil sie die Aufmerksamkeit derer anzog, die überhaupt offene Augen für das Einmalige in ihrer Umgebung hatten, und sie die Gabe besaß, die Neugier im Geist jener zu erregen, deren Gewohnheit es sonst nicht war, in den Angelegenheiten anderer Leute herumzuschnüffeln.

Wie ging sie dabei vor? Nicht mit einem geheimnisvollen Lächeln oder sonst einer Affektiertheit, und es waren nicht die zeitlosen schwarzen Samtröcke oder die cremefarbenen Blusen aus Seide, die an Cellokonzerte und Pferdekutschen erinnerten. Eine Menge Frauen kleidete sich so, ohne dass jemand deshalb nicht schlafen konnte. Nein, es war nicht etwas Einzelnes, es war bloß diese Frau, die den Buchladen an der Lyngstræti besaß und führte.

Sie erweckte auch mehr als Neugier, sie erweckte bei den Männern etwas, das man ohne Weiteres als Edelmut bezeichnen könnte. Keinem kam es in den Sinn, mit ihr um den Preis zu feilschen, und nie hätte jemand daran gedacht, sie beim Bedienen anzutreiben, auch wenn sie sich Zeit nahm. Die Kinder, die kamen, um unanständige Bücher mitgehen zu lassen, und vergaßen ihr Vorhaben, wenn Marta ihnen Schokoküsse aus einer Kristallschale anbot.

Zuweilen steckten Fotografen ihre Nase hinein und schauten mit sehnsüchtigen Augen auf Martas geraden Rücken, den gleichmäßig fallenden, knöchellangen Rock und ihr dichtes, ergrauendes Haar. Aber sie wagten nicht, sie wie irgendein junges Mädchen darum zu bitten, für sie zu posieren, sondern begnügten sich damit, das Regal mit den alten Schwarten im Ledereinband, die Schachteln mit gebrauchten Taschenbüchern, den Ständer, auf dem sie ausgewählte Bücher aufstellte, und den schweren, mit Schnitzereien verzierten Schreibtisch, an dem sie morgens manchmal saß und Quittungen und Rechnungen schrieb, abzubilden.

Diejenigen, die sich selbst als besondere und gute Kunden betrachteten, begannen manchmal eine Unterhaltung mit Marta, die solche Unterfangen gut aufnahm. Manchmal vergaß sie sich und sprach auch von sich selbst, bis ihr darüber die Röte ins Gesicht stieg. »Also«, sagte sie dann, »jetzt höre ich mal mit diesem Geschwätz auf.«

Die Geduldigen und Aufmerksamen wussten darum einiges über Marta: dass sie den Buchladen von ihrem Großvater geerbt hatte, der damals den alleinigen Wunsch hegte, dass Marta – und nur Marta – das Geschäft aufrechterhalten möge, und dass sie die Ausbildung zur Krankenschwester abgebrochen hatte, um seinem Wunsch zu entsprechen.

Eines Tages stand sie im Laden, angelehnt an ein großes Bücherregal, die Hände um eine Kaffeetasse, und plauderte mit einer alten Frau, die hin und wieder vorbeikam, um Zeitschriften zu kaufen. Die Frau nahm ihre Augen nicht von Martas Waren und stellte so seltsame Fragen, dass Marta dem Verlangen nachgab und von jenem kalten Wintertag vor mehr als vierzig Jahren zu erzählen begann.

Sie und ihre Mutter nahmen morgens meist den Bus, manchmal aber gingen sie zu Fuß, so wie an jenem bestimmten Tag. Die kleine Marta stieg barfuß in die Gummistiefel, was ihre Mutter ganz übersah. Danach machten sie sich auf, durch den bissigen Nordwind. Ihre Gesichter waren starr vor Kälte, die Oberschenkel taub und die Hände steif in den Wollfäustlingen, und sie waren noch nicht lange unterwegs, als Marta die Zehen zu schmerzen begannen. Der Schmerz nahm zu, bis sie sich weigerte, noch einen Schritt zu gehen, aber ihre Mutter zog sie weiter und sagte, sie wolle nicht zu spät kommen. Später ließ der Schmerz nach und verschwand schließlich, und Marta vergnügte sich den ganzen Tag bis zum Abend damit, eine große Schneewehe von innen auszuhöhlen und daraus eine Hütte zu bauen.

Die alte Frau brauchte sich nicht erzählen zu lassen, wie die Geschichte endete, und fragte nur, ob Grímur, der Arzt, sie alle hatte nehmen müssen.

»Drei an jedem Fuß«, sagte Marta. Sie sprach so leise, dass die Leute den Atem anhielten und mit dem ganzen Körper lauschten, wenn sie etwas sagte.

Die Augen der Frau weiteten sich beim Gedanken an Martas verunstaltete Füße.

»Hätte ich eine Tochter, würde ich dafür sorgen, dass sie niemals friert«, sagte Marta.

Die Augen der alten Frau wurden noch größer. Sie

war schwerhörig, hätte aber darauf schwören können, dass Marta soeben preisgegeben hatte, eine Tochter zu haben. Gepeinigt vom Drang, nach dem Kindsvater zu fragen, bezahlte sie und verabschiedete sich. Es wäre taktlos gewesen zu fragen, und niemand, der bei Trost war, hätte sich Marta gegenüber taktlos verhalten.

Wie bereits erwähnt, wurden nicht alle, die in Martas Buchladen kamen, vom Interesse an Büchern geleitet. Einige waren viel interessierter an Marta selbst, und die zwei Männer, um die es so bestellt war, sollten ihr ruhiges Leben umgestalten, sodass kein Stein mehr auf dem anderen blieb.

Der Erste kam zum ersten Mal an jenem Tag, an dem Marta der alten Frau erzählt hatte, dass sie an beiden Füßen nur noch je zwei Zehen hatte. Es kam Marta vor, als ob sie eine haarfeine Grenze überschritten hätte, und sie fühlte sich nicht gut. Sie begrüßte den Mann freundlich, doch er beachtete sie kaum, ging direkt zu den Schachteln mit den Taschenbüchern und pflückte ein paar hinaus, während er die Auswahl untersuchte. Er nahm sich nicht die Mühe, die Bücher anschließend wieder zurückzulegen, und kaufte nichts, deutete aber an, dass Martas Auswahl an Taschenbüchern ziemlich begrenzt sei. Dennoch kam er am nächsten Tag wieder und kaufte ein Buch über Wesen auf anderen Himmelskörpern und ihre Besuche auf der Erde. Marta hatte es bereits gelesen, sie fand es lustig, obwohl es unbedeutend war.

Sie mochte ihre Meinung nicht ungefragt kundtun, bot dem Mann aber an, sich aus der Kristallschale zu bedienen.

Er nahm ein großes Stück Marzipan und betrachtete Marta, während er mit vollen Backen kaute.

Als er das dritte Mal kam, zeigte er mit dem Zeigefinger auf sie, als wäre sie ein Ding, und sagte: »Immer, wenn ich dich sehe, möchte ich mir eine Prise genehmigen.«

Marta war gewiss ein außerordentlich höflicher Mensch, aber sie war nicht auf den Mund gefallen. »Immer, wenn ich dich sehe, möchte ich Händel hören«, antwortete sie.

Der Mann guckte starr vor sich hin, bevor es ihn schüttelte und er mit weit geöffnetem Mund lachte.

Marta lächelte vornehm. Danach, ohne zu wissen, warum, zog sie die unterste Schreibtischschublade heraus und holte zwei Tabakdosen aus Silber hervor, die ihrem Großvater gehört hatten. Sie gab dem Mann die Dosen.

»Was soll ich damit?«, fragte er.

»Ich kann sie nicht gebrauchen«, sagte sie, und es war offensichtlich, dass das stimmte.

Der Mann hieß Bárður.

Eine Woche verging, danach zwei, und sie glaubte bereits, dass sie ihn ungewollt vertrieben hatte, aber dann kam er, mit einem Gesichtsausdruck wie geschmolzene Butter, und er streifte lange zwischen den Bücherregalen umher, ehe er ein Gespräch mit ihr begann. Er sei nämlich gekommen, um ihr diese Kleinigkeit zu geben, sagte er und reichte ihr eine Platte, eine Prachtausgabe von Händels *Messias*.

Danach sah man die beiden oft mit leiser Stimme Gespräche führen, und den Grübelfalten auf Martas Stirn und Bárðurs Gestikulieren nach zu urteilen waren sie dabei, ein allgemeingültiges Gesetz über Moral oder etwas dergleichen zu suchen. Manchmal schienen sie sich dabei einig zu sein, aber keineswegs immer, und aufmerksame Zuhörer nahmen wahr, dass sie, auch wenn sie lange still beieinander gestanden hatten, rote Wangen und struppiges Haar hatten, wie nach großer Mühe.

Hier wendet sich die Geschichte dem anderen Mann zu. Beim ersten Mal, als er den Laden betrat, trug er einen Nadelstreifenanzug, der unglaublich gut zur Kristallschale passte und ebenso dunkel und mit feinen Silberstreifen versetzt war wie Martas Haar.

Marta verwendete kein Parfüm, sondern nur Öl, das aus Lilien gepresst war, einen Tropfen hinter jedes Ohr, und niemand konnte sicher sein, ob es wirklich ein Hauch von Lilie war oder eine Einbildung, ausgelöst durch die weiche, glänzende Beschaffenheit der Bluse, die sie trug. Aber auf einmal war es so, als breitete sich ihr Geist in jede Ecke aus.

Drei Kunden, ein Mann und zwei Frauen, standen lesend je in einer Ecke, blickten aber alle im gleichen Augenblick auf und sahen einen stilvoll gekleideten Mann eintreten, mit dem Kopf nicken und grüßen. Sie glaubten, den Duft deutlich wahrzunehmen, entschieden aber, dass er von draußen hineingetragen worden sein musste, als die Tür geöffnet wurde. Eine eigenartige Schlussfolgerung, da der Herbst schon weit fortgeschritten war, die Nächte frostig und die Frühlingsblumen schon längst wieder zu Erde geworden waren.

Der Mann schaute sich um, ehe er zum Regal ging, in dem Marta Bücher aus den Rubriken »Geschichte und populäres Wissen« aufbewahrte. Er fragte, was die Gesamtausgabe von *Unser Jahrhundert* kostete. Mehr wurde zwischen ihnen nicht gesprochen, und sie bot ihm nichts aus der Schale an. Aber er kam wieder, und dann sprachen sie zögerlich über Naturbeschreibungen in den Werken von Jón Trausti.

Er hieß Marteinn, und einmal kam er, als es fünf Minuten vor sechs Uhr war, mit einer Tüte aus dem Lebensmittelgeschäft. Er sagte, dass er Pfeffersteaks gekauft habe, aber die verflixten Packungen seien so groß und nun habe er genug für zwei oder drei, ob er sie vielleicht einladen dürfe, wenn sie nichts anderes zu tun habe?

Sie nahm dankend an, ergriff ihren Mantel und löschte alle Lichter im Laden.

Bárður kam jeden Tag in den Buchladen, um Marta zu treffen, und es schien ihnen nie an aufregendem Gesprächsstoff zu fehlen. Marteinn kam ebenfalls jeden Tag, aber der Zufall wollte es, dass die beiden nie zur gleichen Zeit im Laden standen. Sie wussten also nichts voneinander, waren aber beide stolz auf den besonderen Platz, den sie in Martas Leben einnahmen. Aber welchen Platz nahmen sie genau ein? Ja, zu diesem Zeitpunkt der Geschichte war sie mit beiden im Bett gewesen. Marteinn war der Erste gewesen. Er hatte sie nach Hause eingeladen, Pfeffersteaks medium gebraten und zwei Weinflaschen mit ihr geleert. Er hatte ein großes Bett mit zwei geschnitzten Giebeln aus Kirschbaumholz, und Marta sagte sich, dass ihre Beziehung zum Tode verurteilt sei, wenn er sich Zeit nähme, seine Kleider zusammenzulegen, aber wenn er dies nicht tue, sei das ein gutes Omen.

Er legte die Hosen auf einen Stuhl und hängte sein Hemd an die Türklinke.

Marta holte tief Luft und knöpfte ihre Bluse auf. Sie zog alles bis auf die Socken aus. Die Socken abzustreifen weigerte sie sich, obwohl er sie liebevoll und höflich darum bat.

Seither waren viele Wochen vergangen, und sie hatten oft im gleichen Bett geschlafen. Aber Marta zog die Socken nie aus und verlor kein einziges Wort über ihre entstellten Füße.

Dann kam es dazu, dass Bárður beschloss, sich zu ermannen. Er kam kurz vor sechs, als Marta gerade dabei war, den Laden zu schließen, bekleidet mit einem T-Shirt mit dem Aufdruck »Kiss me«.

Marta schloss die Türe ab, löschte das Licht und ging in ein kleines Zimmer hinter dem Laden. Um den Mantel zu holen, sagte sie. Danach sah man nichts mehr von ihr, und als Bárður das Warten satthatte, ging er hinein zu ihr.

Dort saß sie auf einem karierten Sofa und sah nicht so aus, als sei sie mit etwas Wichtigem beschäftigt. Der Mantel hing am Haken an der Wand. Sie schlüpfte aus den Schuhen, und er streifte die Socken von ihren Füßen und küsste die beiden Zehen an jedem Fuß. Auf Berührungen an jenen Stellen, an denen die fehlenden Zehen hätten sein müssen, reagierte Marta sehr empfindlich.

Künftig hatte Marta über Mittag immer geschlossen und beschränkte ihre Treffen mit Bárður auf diese Zeit. Wenn er kam, schlüpfte sie als Erstes immer aus den Socken.

Natürlich kam es dazu, dass alles aufflog. Es wurde gerade zwölf Uhr, als Bárður beim Schreibtisch stand, sich aus der Kristallschale bediente und darauf wartete, dass Marta den Laden abschloss. Da kam Marteinn herein.

»Der Laden ist über Mittag geschlossen«, sagte Bárður.

»Komm herein, Marteinn«, sagte Marta.

Marteinn reichte ihr etwas Weiches in einer weißen Plastiktüte. Sie schaute in die Tüte, darin waren zwei Paar Wollsocken.

»Weil du an den Füßen so kälteempfindlich bist«, sagte er. »Meine Mutter strickt drei solche Paare in der Woche, sie hat nichts Besseres zu tun. Ich komme nicht nach, sie aufzutragen.«

Während dieser kurzen Rede färbten sich Martas Wangen rot. Da erkannte Bárður die Situation und richtete sich auf. »Empfindlich auf Kälte an den Füßen, soso«, sagte er, und dann erkannte Marteinn die Situation und fiel sogleich auf die Knie und hielt um Martas Hand an. Bárður rollte mit den Augen.

Viele hätten an ihrer Stelle versucht, sich aus den Schwierigkeiten herauszumogeln, nicht aber Marta. Sie sagte, sie könne keinen von ihnen heiraten, es sei denn, sie könnten ein und derselbe Mann werden.

Sie musterten sich gegenseitig mit offensichtlichem Missfallen. Dann blieben sie ganz einfach an ihrem Platz stehen, und jeder wartete darauf, dass der andere verschwinden würde.

Sie bat beide zu gehen. Sie konnte sich nicht in zwei Hälften teilen und noch weniger einen dem anderen vorziehen. Aber das Geschehene hatte sie erschreckt, und sie wollte allein sein, während sie sich beruhigte.

Am Tag danach kam Bárður, kurz vor zwölf wie immer. Er trug einen Anzug, ähnlich dem, den Marteinn getragen hatte.

Betrüblich, dachte Marta. Zog aber dennoch die Socken aus.

Marteinn kam kurz vor Ladenschluss, um sie abzuholen. Er hatte Schafskopfsülze, Hering und Schwarzbrot in einer Tüte. Er sah ziemlich traurig aus, doch Marta löschte das Licht und schloss die Tür. Sie ging mit ihm hinaus in den Herbstwind, wo sich die ersten Schneeflocken auf sie setzten.

Nun kam eine schwierige Zeit, in der alle drei auf irgendeine Weise verletzt, aber gleichzeitig zu stolz waren, es zuzugeben.

Von dem Augenblick an, in dem Marta am Morgen den Buchladen öffnete, bis sie am Abend die Türe ins Schloss fallen ließ, wichen Marteinn und Bárður nicht von ihrer Seite, außer allenfalls, um an der Ecke Süßbrot zum Kaffee zu holen. Keiner wollte dem anderen die Gelegenheit geben, eine ruhige Minute mit Marta zu verbringen. Sie husteten trocken, räusperten sich ständig und hatten bereits rote Augen, weil sie die ganze Zeit die Nase in staubige Bücher steckten. Ihre Nähe war bedrückend, und Marta musste sich sehr zusammennehmen, während sie bediente und mit den anderen Stammkunden plauderte.

Schließlich konnte sie sich nicht mehr zurückhalten und fragte, ob sie denn nicht wie andere Menschen arbeiten müssten. Sie verneinten. Bárður gab an, von der Invalidenrente zu leben, was seltsam war, denn man sah nicht, dass ihm etwas fehlte. Marteinn lebte vom Erbe seines Vaters. So lungerten sie also unter dem Vorwand, in interessanten Büchern zu blättern, weiter missmutig in ihren Ecken herum. Marta hatte die Vermutung, dass sie nicht darauf achteten, was sie lasen, nachdem sie sie mit alten Schulbüchern, Rezeptheften und sogar Strickzeitschriften beobachtet hatte. Sie hatten davon abgelassen, einen falschen Eindruck machen zu wollen, nachdem Marta ihnen zu verstehen gegeben hatte, dass sie, jeder für sich, niemals zu dem Mann werden könnten, nach dem sie sich sehnte, und dass sie es nicht wörtlich gemeint habe, als sie sagte, dass sie sie heiraten würde, wenn sie zu einer Einheit verschmölzen.

Abends, nach Ladenschluss, verabschiedete sie sich vor dem Buchladen und stieg in ein Taxi, aber sie gingen zu Fuß jeder in seine Richtung.

Als Marteinn zwei Hustenanfälle am selben Tag bekommen und Bárður eine Frau beschimpft hatte, die ihn gebeten hatte, zur Seite zu treten, entschied Marta, dass es so nicht weitergehen konnte. Am Abend bat sie sie zu bleiben, obwohl es sechs Uhr geworden war, und sie verschloss die Türe von innen und wies sie in das kleine Zimmer hinter dem Laden. Dort hatte sie ohne viel Aufhebens Kerzen angezündet und den Tisch für sie mit Fladenbrot, dänischem Dosenschinken, geräuchertem Lachs, Kaviar und Essiggurken gedeckt, und die Kaffeemaschine brummte friedlich in der Ecke.

Sie wünschte ihnen Guten Appetit und begründete damit eine neue Gewohnheit, denn danach feierten sie an jedem Abend ein Fest im kleinen Zimmer.

Wie brachten sie es zustande, den Frieden beizubehalten? Vielleicht war es der Kaffee, der einen versöhnlichen Ton in die Gespräche brachte, und wenn ihnen der Gesprächsstoff ausging, zog Marta schnell Karten hervor, sodass die Feiern nie langweilig waren.

Die abendlichen Treffen verliefen wie gesagt problemlos und erfreulich, zumindest bis zur Schlafenszeit. Dann wurden die Gespräche wieder steif. Marta deutete an, dass sie gerne mit ihnen beiden ins Bett gehen würde, aber sie, sosehr sie sich auch nach der Umarmung ihres warmen Körpers sehnten, konnten einander nicht ausstehen. Und schon gar nicht auf diese Weise. Deshalb trafen sie ein Gentlemen's Agreement unter sich, dass sie sich abwechslungsweise zu einer anständigen Zeit verabschieden und Gute Nacht wünschen würden. Der von ihnen, der bei Marta blieb, unterließ es, durch irgendwelche Bemerkungen Salz in die Wunden des anderen zu streuen. Und der, der gehen musste, gab sich Mühe, das Unglück zu verstecken.

Marta fand, dass ihre Person in zwei Teile auseinanderglitt. Die eine Hälfte schwebte auf Wolken in unbändiger Freude über die mit Sünden bestreute Richtung, die ihr Leben genommen hatte. Die andere Hälfte spürte die Erde unter ihren Füßen brennen und glaubte, dass etwas bevorstand, nicht unbedingt etwas Schlechtes, aber etwas, das sich mit göttlicher Strenge bewaffnete und Vorbote eines vollkommenen Endes war.

Während vierzig Jahren hatte Marta kein Gespür für die verlorenen Zehen gehabt, aber nun spürte sie eine Art Kribbeln, als ob Blut wieder durch ausgetrocknete Adern flösse. Sie hatte ein lebhaftes Gefühl in den sechs Zehen, die sie nicht mehr gesehen hatte, seit sie in der blutbefleckten Gaze des Arztes gelegen hatten. Das Gefühl in den Füßen nahm mit jedem Tag zu, und Bárður hatte begonnen, sich Wissen über allerlei gespenstische Vorgänge im Körper anzulesen, und hatte immer wieder etwas Neues zu erzählen. Von irgendwo trieb er Fotografien von leicht bekleideten Menschen auf, die ihre körperlichen Gebrechen zeigten, Brandwunden, Narben und Stümpfe, so als wäre es Schmuck.

Marta war nicht angetan. Sie schaute sich die Bilder zwar an und meinte, dass sie bemerkenswert seien, aber sie sagte auch, dass diese Menschen ihr gleichgültig seien, jene auf den Bildern und jene mit den gespenstischen Körperteilen, von denen er die ganze Zeit sprach.

Die Feiern im kleinen Zimmer hinter dem Laden gingen weiter. Bis zu jenem Abend, als ein Schneesturm so heftig vor den Fenstern tobte, dass sie ihre Stimmen erheben mussten, um über Marteinns Vorschlag zu beraten, dass sie am besten zu ihm nach Hause gehen sollten, wo es eine große Stube und eine gut eingerichtete Küche gäbe.

Bárður erwiderte, dass Marteinns Zuhause kaum als neutraler Schauplatz bezeichnet werden könne, und schlug vor, sich weiterhin mit dem kleinen Zimmer zufriedenzugeben oder nach Hause zu Marta zu gehen. Keiner erwähnte es, aber es verstand sich von selbst, dass Bárður niemanden zu sich einladen konnte.

Statt sie aufzufordern, das amerikanische Fernsehen einzuschalten, wie sie es üblicherweise tat, wenn der Ton bei den Feiern rauer wurde, sah Marta mit leerem Blick über ihre Köpfe hinweg an die Wand und sagte nicht viel. Das machte es den beiden Männern schwer, denn sie hatten einander nicht viel zu sagen. Ein Umbruch lag in der Luft, und beide wollten die Entwicklung gern zu ihrem Vorteil nutzen.

An diesem Abend war Marteinn an der Reihe, bei Marta zu bleiben, aber als Bárður Anstalten machte, sich zu verabschieden, bat sie beide zu gehen. Aus Respekt vor Marta ließen sie sich nichts anmerken, obwohl sie ihr Verhalten sonderbar fanden. Bárður kam zu dem Schluss, dass ihr bestimmt nicht gut sei, nachdem sie den ganzen Abend geräucherten Lachs gegessen und dazu Kaffee getrunken hatte, aber Marteinn glaubte zu spüren, dass neue Zeiten anbrachen. Nach Mitternacht hatte sich das Unwetter zum größten Teil gelegt. Bárður lag schlaflos und Marteinn war einsam, und obwohl keiner von beiden die Gewohnheit hatte, mitten in der Nacht für einen Spaziergang nach draußen zu gehen, beschlossen beide, genau dies zu tun. Marteinn ging die Lyngstræti hinunter, am Buchladen vorbei und sah, dass dort nichts los war. Eine halbe Stunde später ging er wieder dort vorbei, und da war Marta draußen, ohne Mantel in der Kälte und im Wind. Sie lächelte und war voller ansteckender Freude. Marteinn war noch nichts Passendes eingefallen, das er zu ihr sagen könnte, als Bárður auftauchte und fragte, was sie machten.

Sie lachte schallend und hob ihren Rock bis zu den Knöcheln. Sie war barfuß. Es war das erste Mal, dass Marteinn ihre Füße sah, aber er ließ sich nichts anmerken, bis sie sich noch mehr in den Schein der Straßenlampe bewegte. Da hielten die beiden Männer den Atem an und beugten sich vor, um besser zu sehen, denn neue Zehen hatten an der Stelle der fehlenden zu wachsen begonnen, wie winzige Kartoffeln am Anfang des Frühlings.

»Ja, ja«, sagte Marta, und dass sie nicht bleiben könne, da sie sich für eine lange Reise bereit machen müsse.

Marteinn bot sich an, für sie nach dem Laden zu schauen, während sie fort wäre, aber sie sagte, dass sie keine Lust habe, länger an dieses Loch von Laden zu denken.

»Wohin geht es?«, fragte Bárður.

»Ich kann heilen«, sagte Marta.

Bárður schüttelte müde den Kopf, so als ob sie bereits gegangen wäre, doch Marteinn fragte mit Tränen der Freude in den Augen, ob sie nicht einen Assistenten oder Sekretär brauche.

Übersetzt von Bettina Badertscher

Guðrún Eva Mínervudóttir

Port Salut

Man hat mich zu ihr geschickt, weil ich schon viel zu lange dieses Schwindelgefühl hatte und eigentlich nichts mehr essen konnte. Und als ich vor Kurzem bei meiner Mutter zum Essen war und nachdem ich nicht wenige Kalorien verbrannt hatte, um sie zu überzeugen, dass die Lammkeule auf keinen Fall schlechter als gewöhnlich war, fehlte nicht mehr viel, und ich wäre kopfüber die Treppe hinuntergefallen, weil meine Arme und Beine auf einmal taub wurden und mir schwarz vor Augen wurde, als stünde ich im Hvalfjörður-Tunnel.

Seit meiner Rückkehr aus Wien war Sólmundur mein Hausarzt, und er konnte mich schnell zum Verstummen bringen, wenn ich anfing, von Blutarmut zu faseln. Ehrlich gesagt, lachte er mich aus und sagte, bei all dem, was ich hätte durchmachen müssen, sei es nur natürlich, dass mich ab und zu ein Angstschauer überkomme. Da er bisher immer darauf verzichtet hatte, mir Beruhigungsmittel zu verschreiben, wollte er jetzt auch nicht damit anfangen. Wenn das Herz plötzlich rast und ich wie der Wolf im Märchen zu pusten und zu husten anfange, solle ich in eine Papiertüte atmen, sagte er, nahm daraufhin den Hörer in die Hand und rief sie an.

Ein großer Glückspilz bist du, sagte er nach beendetem Telefongespräch. Svanhvít macht es auf meine Bitte hin und lässt dich an der neun Monate langen Warteschlange vorbei.

Svanhvít war Psychiaterin und, wenn man Sólmundur glauben konnte, eine der äußerst wenigen im Land, die sich mit der Psychoanalyse von Freud und Jung auseinandergesetzt hat. Trotzdem war sie nicht gerade begeistert, als ich begann, meine Bewunderung für den Letztgenannten kundzutun und für all das, wofür er stand und was er zum Beispiel über Träume und Vorahnungen geschrieben hatte.

Sie sagte, dass sich seit damals ja viel in der Wissenschaft getan hätte, und musste sich ziemlich beherrschen, sodass ich nicht umhinkam zu denken, dass die gewöhnlichen Pillenpsychiater diese wenigen Psychoanalytiker wohl in die Isolation getrieben hatten. Aber es war auch so, dass ich sie in ungewöhnlich angespanntem Zustand angetroffen hatte. Außerdem sah sie unbestreitbar zerbrechlich aus mit diesem langen Hals und den großen Augen, dem feinen, hellen Haar und dem vogelartigen Oberkörper, der leicht auf dem erdmutterhaften Unterbau ruhte.

Ich hatte keine Ahnung, was ich ihr erzählen sollte, also beschloss ich, einfach von dem zu berichten, was letzten Sommer passiert war, als ich mit Elsa, meiner geistig behinderten Freundin, und ihrer fünfjährigen Tochter irgendwelche Freunde der Großmutter väterlicherseits der Kleinen in deren Sommerhaus besuchte.

Wir fuhren spät los, und es war Schlafenszeit für das kleine, bedauernswerte Ding, als wir ans Ziel kamen. Das Ehepaar hatte das Auto kommen hören, und die Frau begrüßte uns an der Tür, während der Herr des

Hauses den Kamin anzündete. Am Vormittag waren sie in den Ort gefahren und hatten den Kühlschrank mit Leckerbissen gefüllt, mit allen möglichen Vorspeisen, die sonst sicher nicht auf der Einkaufsliste gewöhnlicher Leute standen. Es fehlten nur noch gefüllter Schwan und safrangewürzte Drosselzungen.

Wir brauchten eine ganze Weile, um der Kleinen verständlich zu machen, dass sie schlafen gehen musste, denn sie wurde ganz munter, als sie das schwarze Ruderboot am Wasser und die Katze der Hausherren mit ihrem roten Band und dem Glöckchen um den Hals sah, aber letztendlich übermannte sie die Müdigkeit, und sie schlief fest ein.

Elsa und ich bekamen Kaffee mit Whisky und Sahne, und sie strahlte, weil es nicht sehr oft vorkam, dass sie Alkohol angeboten bekam. Die Gastgeber wussten offensichtlich von dem Skandal um das Zustandekommen der kleinen Göre und hüteten sich deshalb, den Kindsvater zu erwähnen oder irgendetwas, das Elsa an dieses Ereignis erinnern könnte. Ja, um ehrlich zu sein, saßen alle den ganzen Abend wie auf Nadeln. Das konnte niemand übersehen, ich jedenfalls nicht.

Am nächsten Morgen hörte ich in aller Frühe Schritte und kam, in der Hoffnung auf Kaffee und vielleicht eine Scheibe Brot, aus meinem Zimmer heraus, und traf den Herrn des Hauses mit dem Kind auf dem Arm. Er hatte es sorgfältig in eine Decke eingewickelt und wollte nicht mit mir reden. Er sagte mir nur kurz angebunden, dass sie krank sei und er mit ihr ins Krankenhaus fahren wolle.

Ich widersetzte mich dem nicht, obwohl ich dachte, dass es möglich sein müsste, sie hier im Haus zu behandeln, denn er selbst war Arzt im Landspítali. Pathologe, gewiss, aber ich dachte mir, dass die beste Hilfe die war, möglichst wenig im Weg zu stehen. Ich ging zu Elsa hinein und wollte sie aufmuntern, aber sie war total gelassen und gewohnt, anderen Leuten in allen Herrgottsdingen zu vertrauen. Sie fragte nur, wo die Toilette sei, und kratzte sich, wie sie es immer tat, zumal sie in allen Falten Ausschlag hatte.

Die Dame des Hauses verhielt sich den ganzen Morgen über mehr als nur ein bisschen wunderlich, und als ihr Mann heimkam, setzten sie sich mit Elsa in der Mitte aufs Sofa und überbrachten ihr die Nachricht, gaben ihr ein Glas Wasser und Beruhigungsmittel und noch mehr irischen Kaffee. Sie war total verwirrt und weinte, obwohl es noch viele Tage dauern sollte, bis ihr aufging, dass die größte Tragödie ihres Lebens mit all ihren Magenschmerzen begonnen hatte und eigentlich gerade anfing, denn so, wie ich es mitbekommen hatte, fängt man sich nach so etwas nicht wieder.

Svanhvít wollte wissen, wie es mir danach ergangen war, ob ich mir vielleicht auf irgendeine Weise Vorwürfe gemacht hätte.

Ich hatte eigentlich keine Ahnung, wie es mir wegen genau dieser Sache ging. Deshalb sagte ich ihr nur, dass der Hausherr, nachdem Elsa eingeschlafen war, zu mir kam und mir sagte, dass sie immer Schlafmittel nehme, das arme Geschöpf, weil sie jetzt seit bald zehn Jahren depressiv war und deshalb Schlafprobleme hatte, und wahrscheinlich sei die Kleine mitten in der Nacht aufgewacht und aus der oberen Koje heruntergeklettert, um sich an die Seite ihrer Mutter zu schmiegen, die sich dann womöglich auf sie draufgelegt und erstickt hatte.

Er dachte nicht im Geringsten daran, dass der Whisky, den sie Elsa am Abend vorher großzügig ausgeschenkt hatten, sie in noch tieferen Schlaf als gewöhnlich versetzt hatte und er also indirekt schuld war an dem, was passiert war.

Ich öffnete den Kühlschrank und wollte meine Nerven mit einem Glas kalter Milch beruhigen, aber da zeigte sich, dass es in der Hütte keinen einzigen Tropfen Milch gab. Es gab Kaffeesahne und rohen Schinken und französischen Weichkäse und all das, aber keine Milch, keinen Mysingur, diesen karamelligen Streichkäse, keine Marmelade; nichts von all dem, was Kinder mögen. Und in diesem Moment begriff ich, sagte ich zu Svanhvít. Es hatte offensichtlich keiner an ein Kind gedacht, das ja bekanntlich empfindlichere und sensiblere Geschmacksknospen hat als wir, und wie alle wissen, sind Kinder große Milchschlürfer. Das Ehepaar war so geübt in der Rolle des Gastgebers, dass es unwahrscheinlich erschien, dass sie solche Selbstverständlichkeiten vergessen hatten. Deshalb lag nichts näher, als dass sie gewusst hatten, dass man das Mädchen am nächsten Morgen tot auffinden würde, und so ist es offensichtlich gewesen. Einer der beiden hat sich am Morgen zu ihr hineingeschlichen und sie mit einem Kissen oder sonst etwas erstickt. Davon bin ich überzeugt, und zwar nicht nur wegen der Sache mit dem Essen, sondern auch aufgrund ihres Verhaltens. Warum zum Beispiel hat er die Kleine denn in die Decke eingewickelt und ist mit ihr schnell verschwunden, obwohl er wusste, dass das Leben schon lange aus ihr entwichen war? Er behauptete natürlich, um Elsa den Anblick der blauen Lippen zu ersparen und die Vorstellung, wie es passiert ist. Um die Mutter vor weiteren seelischen Schäden zu bewahren, sagte er. Aber hätte er nicht Elsa mit seiner Frau auf eine Spazierfahrt schicken (sie hätte ohne nachzudenken gehorcht) und dann die Polizei und einen Krankenwagen rufen können? Warum zum Beispiel durfte niemand sehen, in welcher Position das Mädchen lag, als man es fand?

Svanhvít glaubte mir nicht. Das war daran zu erkennen, wie sie sich hütete, mich nicht anzuzweifeln, und wie sie versuchte, ihre Stimme zu dämpfen, um sich nicht zu verraten. Da flammte unerwartet ein fast körperliches Verlangen in mir auf, sie möge vergessen, dass ich Patient war, und meinen Worten ehrliche Aufmerksamkeit schenken. Mir glauben, dass ich diese Leute durchschaut hatte und sie ihres Obere-Mittelschicht-Halbglanzes berauben und so die Welt zu einem besseren Ort machen könnte.

Die erste Sitzung war zu Ende, und ich verabschiedete mich mit einem Händeschütteln und bedankte mich. Eine Woche später trafen wir uns wieder, und ich hatte in meinem Kopf all das zusammengetragen, was meiner Meinung nach die Schuld des Ehepaares offenlegen würde, und als ich das zweite Mal zu ihr in das grüne, geräumige Dachzimmer kam, fühlte ich mich fast wie ein Anwalt aus einer amerikanischen Fernsehserie.

Warum das Ganze, wo ich doch all die Monate geschwiegen hatte? Vielleicht, weil ich mir ehrliche Sorge um den seelischen Zustand meiner Freundin Elsa machte und deswegen nichts aufwühlen und auch nicht dazu beitragen wollte, dass sie als Zeugin aufgerufen würde. Vielleicht hatte ich selbst Zeit gebraucht, um die Ereignisse zu verdauen, denn manchmal braucht das Unbewusste einen Augenblick, um Bruchstücke zusammenzusetzen und ein verständliches Ganzes zu bilden.

Vielleicht sagst du mir erst mal, wie es dir geht, sagte sie, und ich antwortete, dass der Schwindel mittlerweile verschwunden und der Appetit auf dem Weg der Besserung sei. Danach wandte ich mich wieder dem zu, was mir wirklich am Herzen lag.

Erstens, sagte ich, weiß ich, dass sie eine riesige Organsammlung besitzen. Ich weiß das, weil ich es gesehen habe. Bevor die Geschichte im Sommerhaus passierte, waren Elsa und ich schon einmal zu ihnen nach Hause eingeladen worden, und wie es meine Angewohnheit ist, wenn ich in ein fremdes Haus komme, war ich umhergestreift und hatte mich umgesehen. Die Hausherrin entdeckte mich, als ich auf halbem Weg nach unten in den Keller war, und ihre Stimme zitterte vor Beherrschung, als sie mich bat, doch um Himmels willen nach oben in die Küche zu kommen, dort unten sei es doch so staubig und kalt. Aber es war zu spät. Ich hatte einen Blick auf die Einmachgläser erhascht.

Gewiss war der Keller kühl, aber nicht wie eine feuchte Abstellkammer, sondern eher wie ein großer Kühlraum im Supermarkt, in den man hineingehen konnte. Es war eine berechnete Kälte, und kein einziges Staubkorn war zu sehen. Und ich glaube, dass ich nicht übertreibe, wenn ich behaupte, dass sich in den Gläsern auf den Regalen an allen Wänden entlang viele hundert Organe befanden. Manche genau erkennbar, andere entstellt und wunderlich. Vor allem an einer Wand, wo um jedes einzelne Glas herum mehr Platz war, als wollte man ihnen besondere Ehre erweisen.

Nun war es so, dass die Kleine einen seltenen Herzfehler hatte. Zwischen beiden Kammern, dort, wo normalerweise eine dicke Wand sein müsste, war ein riesiges Loch, und das wusste das Ehepaar genauso gut wie alle anderen, denn die arme Elsa redete ständig darüber, weil es eines der wenigen komplizierten Dinge war, die ihr jemand erklärt hatte.

Später erinnerte ich mich an zwei Gespräche dort im Sommerhaus, die nach zwei Runden stark alkoholischem Kaffee so halb aus dem Ruder liefen. In Verbindung mit einem Gemälde, das dort bei ihnen über dem Sofa hing, hatte ich das Wort »Künstler« fallen lassen, und es war, als ob ich eine Giftschlange aus der Tasche gezogen und sie auf den Tisch geworfen hätte. Der Mann regte sich mehr auf, als es das Thema hergab, und geiferte darüber, dass Künstler in der Gesellschaft hochgelobt würden und wie arrogant es von denjenigen wäre, die Bilder malen oder Bücher schreiben, so zu tun, als hätten sie irgendein Alleinrecht, sich als Künstler zu titulieren. Ein Künstler sei in Wirklichkeit nichts anderes als jemand, der seinen Beruf kunstfertig und mit schöpferischer Absicht ausübte. Ein guter Banker könne sich wirklich auch Künstler nennen. Auch Ärzte (und selbst er, obwohl er nichts anderes als ein Pathologe war und die Leichen, egal wie sorgfältig er in ihnen herumwühle, gleich tot seien) müssten stets ihre schöpferischen Fähigkeiten schärfen.

So machte er endlos weiter, bis seine Frau erschöpft war von ihren stereotypen Bemühungen, die Atmosphäre zu verbessern, und ich ihm nicht nur zugestimmt hatte, sondern auch das Gespräch geschickt auf weniger brisante Themen wie den Feminismus gelenkt hatte, indem ich ihn darauf hinwies, dass er von Künstlern und Bankern nur im Maskulin sprach, als ob alle Frauen hinter dem Herd abgestellt wären.

Selbstverständlich betrachtete er seine Organsammlung als Kunstwerk, und nach all dem wäre es eine Untertreibung zu sagen, dass ihm die Kunst wichtig war. Vielleicht wichtiger als ein Menschenleben? Wichtiger als das Leben eines kleinen Mädchens mit Herzfehler, bei dem ohnehin ungewiss war, ob es ein langes Leben haben würde?

Zweitens glaube ich, dass Gott hinter Unfällen und Krankheiten steht und dass er unsere Seelen auf den Tod vorbereitet, man spricht dann von »Todgeweihten«. Die Bosheit dagegen halte ich für vom Menschen geschaffen und aus unserem freien Willen entstanden. Verbrechen entsprechen nicht der Harmonie und sind deshalb nicht vorhersehbar.

Die Kleine war auf keinen Fall dem Tode geweiht. Ich weiß, wie Todesahnung aussieht.

Vor zehn Jahren war ich nämlich als Au-pair in Wien, einer der ersten Jungs, die in dieses große Abenteuer aufbrachen, und sollte auf zwei Jungs aufpassen. Als ich sie schon sechs Monate unter meiner Aufsicht hatte, lief der Jüngere vor ein Auto. Ich hatte ihn fest an der Hand gehalten, so wie immer, aber weil ich zu frieren begonnen hatte, wollte ich mir die Jacke zuknöpfen und ließ kurz los. Aber genau da sah er irgendetwas im Rinnstein, das seine Aufmerksamkeit weckte, lief auf die Straße und bückte sich gerade danach, als das Auto kam.

Die Wochen zuvor war er äußerst sonderbar und weinerlich gewesen und stellte immer metaphysische Fragen über den Tod und den Himmel und all dies, und sein Bruder brachte ihm deutlich mehr Verständnis als sonst entgegen. Sein Vater hatte sich vier Tage freigenommen, um mit ihm seine Großmutter in Deutschland zu besuchen, und ich erinnere mich, wie sehr ich mich jeden Abend bemühte, dass er immer mit Gott und den Menschen versöhnt einschlief. Eigentlich war sein Leben in diesen letzten Wochen ein einziges Abschiednehmen.

Nichts von all dem war bei der Kleinen zu spüren. Ihr Tod war genauso wenig ein Unfall, wie mein Hintern ein Unfall ist, sagte ich zu Svanhvít und hoffte, dass sie nicht zu empfindlich war, eine klitzekleine Portion grober Wortwahl zu ertragen.

Drittens war es das Begräbnis der Kleinen. Die Arztgattin aus dem Sommerhaus war nicht nur Arztgattin; sie war auch Leichenbestatterin – habe ich das schon gesagt? Sie kümmerte sich natürlich um das Begräbnis und bemühte sich über alle Maßen. Ich habe noch nie ein solches Prinzessinnenbegräbnis erlebt. Die Einsargung fand unmittelbar davor statt, und ich ging wie alle anderen Anwesenden zum Sarg, um die Verstorbene auf die Stirn zu küssen. Ich fuhr mit dem Finger in den Halsausschnitt des Kleidchens, um ihr die Brust zu streicheln, und da spürte ich eine frische Naht an einer ungewöhnlichen Stelle. Viel zu weit oben, anders als bei gewöhnlichen Bestattungsvorbereitungen, wenn ich das anbringen darf, nach dem zu urteilen, was ich über solche Dinge gelesen und gehört habe.

Ich glaube nicht, dass die Frau, die Leichenbestatterin, zu einem Mord fähig ist. Aber ich glaube, dass sie ihren Mann und seine krankhafte Neigung deckt. Es gibt Ehefrauen, die lieber bei jeder Art von Verbrechen auf direkte oder indirekte Weise mitwirken, als Gefahr zu laufen, die Hälfte ihrer selbst ins Gefängnis oder in die Arme anderer Menschen zu verlieren. Du müsstest von solchen Ehen gelesen haben, sagte ich und musste mich auf der Liege winden, um Svanhvít anzuschauen, wie sie hinter mir im rosaroten Schaukelstuhl saß.

Die Sitzung war zu Ende. Ich band mir die Schuhe zu, und als ich aufblickte und ihr Pokerface sah, nahm das Vorhaben in meinem Kopf langsam Gestalt an, obwohl es dort noch eine ganze Woche gedeihen musste, bevor es vollständig ausgereift war. Du glaubst mir nicht, sagte ich.

Ändert es irgendetwas, wenn ich dir glaube?, fragte sie.

Natürlich ändert das etwas, sagte ich, und in der nächsten Woche überraschte ich sie fünf Minuten vor Sitzungsbeginn damit, dass ich ihr, bevor sie etwas sagen konnte, verkündete, ich wolle ihr geistige Gewalt zufügen.

Sie zeigte wie gewöhnlich keine Reaktion. Sie war professionell, das muss man ihr lassen.

Ich hatte überhaupt kein schlechtes Gewissen bei dem, was ich vorhatte. Ich war keiner dieser typischen Schurken, die sowohl in der Literatur wie auch im Leben herumwuseln, die mit Absicht Böses verursachen. Nein, ich war angetrieben von Verzweiflung und Beharrlichkeit. Wie zum Beispiel Carmen. Sie war keine böse Frau, sie versuchte nur zu leben, und sie war konsequent. Eigentlich schritt ich als neuer Archetypus zu

Werke. Ich war der *homme fatal*, gerade dabei, eine unbekannte Frau ins Dunkle zu führen und sie zu nötigen, all ihre Regeln zu durchbrechen.

Es hat mich eine Weile gekostet, um herauszufinden – wozu sind Bekannte da, wenn nicht dazu, um auf irgendeine Art die große Lücke zu schließen, die die Unwissenheit eines Menschen ist? –, dass Svanhvít vor ein paar Jahren von einem Patienten des Angriffs beschuldigt worden war und eine Zeit lang nicht arbeitete, bis ein anderer Psychiater feststellte, dass der Patient mit den Fantasien in seinem Kopf nicht zurechtkam.

Es war die groteskeste Sache, der alle tatenlos zusahen, obwohl sie wussten, dass es so kommen würde, wie wenn es sich um einen weiblichen Patienten und einen männlichen Arzt handelte. (Das bestätigt keineswegs unsere Vorstellungen, aber wir wissen zum Beispiel alle, dass Frauen auch Männer schlagen, oftmals lebensbedrohlich, mit Bratpfannen oder einfach mit dem, was gerade zur Hand ist.)

Ihre Unschuld wurde, wie gesagt, mehrfach bewiesen, aber ich wusste, dass es ihr nicht angenehm wäre, wieder so ein Theater mitzumachen. Wieder! Alle wissen, was für eine Wirkung es hat, wenn Schuld aus mehr als einer Richtung auf einen Menschen geschoben wird. Meistens ist es möglich, einmal damit zurechtzukommen, aber beim zweiten Mal ist es nicht mehr so einfach.

Ich sagte ihr, dass ich wem auch immer glaubhaft machen könnte, dass sie mir gegenüber aufdringlich gewesen wäre, aber so weit müsste es erst gar nicht kommen. Ich verlangte nichts anderes, als dass sie mir einen klitzekleinen Dienst erwies, der keineswegs unangenehm für sie wäre. Ich wollte nur, dass sie mit eigenen Augen sähe, was für Leute es waren, die sie auf indirekte Weise in Schutz nahm, indem sie nicht zur Kenntnis nahm, was ich sagte, und es stattdessen als symbolischen Ausdruck Seelenlebens deutete.

Ich hatte unser Kommen bei dem Ehepaar angemeldet und unzweifelhaft zu verstehen gegeben, dass Svanhvít meine Freundin wäre, denn ich weiß, dass Leute wie sie es selbstverständlich finden, dass junge Männer mit ihren neuen Freundinnen in der Stadt die Runde machten und sie allen Freunden und Bekannten vorstellten.

Ich war mir sicher, dass sie sich auf irgendeine Art verraten würden, wenn es mir gelänge, Svanhvít mitzubringen.

Es gab offensichtlich keine Möglichkeit für Svanhvít, sich aus der Sache herauszuwinden, aber trotzdem war ich beinahe gerührt, als sie mir ihr frostiges Einverständnis gab – mit der Bedingung, dass ich sie vor eins wieder zur Praxis zurückbrachte.

Die Hausherrin war offensichtlich alleine zu Hause, was mir nicht passte, weil sie uninteressanter und besonnener war als ihr Ehemann. Und sie hatte keine Probleme damit, uns mit einem Lächeln zu empfangen und uns, als ob nichts wäre, Brot mit Käse und Marmelade und französischen Schokoladenkuchen anzubieten.

Sie gratulierte uns zu unserem Glück, aber Svanhvít wich sorgfältig aus und war wirklich gut darin, belanglos zu plaudern, indem sie das Gespräch mit fester Hand auf Kochrezepte und die Feiertage lenkte, und ich gab fast alle Hoffnung auf, bis die Frau mit größter Selbstverständlichkeit von ihren erwachsenen Söhnen zu erzählen begann, die so geübt darin seien, sich den Finger in den Hals zu stecken und den Mageninhalt ins Klo zu entleeren, um an Weihnachten noch mehr von ihrem Rentierbraten essen zu können.

Svanhvít war sicherlich schockiert, auch wenn ihr nichts anzusehen war.

Ich beugte mich über den Tisch, um mir noch eine Scheibe Käse abzuschneiden, und nutzte die Gelegenheit, um ihr direkt in die Augen zu sehen.

Nehmt euch ruhig noch mehr Käse, sagte die Dame des Hauses, und fragte mich dann, wie dieser französische Käse noch mal hieß, den ich ihnen ins Sommerhaus mitgebracht hatte.

Ich schaute kurz zu Svanhvít, aber sie war gerade damit beschäftigt, in ihrer Handtasche zu wühlen.

Port Salut, murmelte ich und stand auf. Es war zehn vor eins, und mir war wichtig, mein Versprechen zu halten. Man verkündet Leuten nicht, dass man ihnen Zwang antun wolle, und bricht dann dazu auch noch das eigene Versprechen.

Svanhvít fragte, wo das Klo sei, und zeigte damit ein erstes Anzeichen für ihre schwachen Nerven – irgendwo habe ich gelesen, dass Frauen immer dann pinkeln müssen, wenn sie sich gestresst fühlen. Dann steigerte sie das Ganze noch, indem sie die falsche Tür öffnete, obwohl sie eine ausgesprochen gute Wegbeschreibung bekommen hatte. Sie öffnete die Tür, die in den Keller führte, und starrte eine ganze Weile in die Dunkelheit hinunter, bevor sie die Tür wieder schloss und die Hausherrin anstarrte, die sich nichts anmerken ließ.

Hatte sie etwas gesehen?, fragte ich mich, aber ich fuhr sie, ohne ein Wort zu sagen, in die Praxis zurück.

Sie sagte auch nichts. War vermutlich einfach sprachlos und wütend darüber, dass sich ein Patient erlaubt hatte, auf diese Art die Macht zu übernehmen, ohne sich im Geringsten dafür zu schämen.

Tschüss, meine Liebe, sagte ich und lachte, als sie versuchte, würdevoll aus dem Auto zu steigen, denn sie hatte es so eilig, dass alle Würde meilenweit weg war.

Auf dem ganzen Heimweg gluckste das Lachen in mir, und mir ging erst am Abend, als ich im Bett lag, auf, dass sie mir wahrscheinlich etwas vorgespielt hatte. Sie hatte vermutlich zwei und zwei zusammengezählt und fünf herausbekommen, das heißt, sie war zu der Ansicht gelangt, dass ich ein herzloser Mörder war.

Ich stöhnte bei der Erinnerung daran, was die Frau über den Käse gesagt hatte. Svanhvít musste jetzt die Sache so sehen, dass ich zu erwähnen vergessen hatte, dass ich derjenige war, der für den Sommerhausaufenthalt eingekauft hatte, und dass deshalb mein Gewissen auf jeden Fall tintenschwarz sein musste.

Und dann war da noch das mit der Kellertür. Svanhvít hat sie geöffnet und hinuntergeschaut und, ja, wahrscheinlich nichts als Dunkelheit gesehen. Aber danach hatte sie der Frau direkt ins Gesicht und in ihre Gedanken geschaut, geübt darin, die Mimik und Gestik zu lesen, keine Bestürzung wahrgenommen oder überhaupt etwas anderes als diese normale Hausfrauenmilde.

Entschlossen, der Sache auf den Grund zu gehen, zog ich mich an. Ich würde sie im Telefonbuch nachschlagen und zu ihr nach Hause fahren, selbst wenn sie am Ende der Welt wohnte, und ihr alles erklären, obwohl es schwierig war, denn ich verstand es selbst kaum.

Ich war mir sicher, dass es die richtige Entscheidung war. Vielleicht konnte sie mir helfen, mir zu erklären, was über mich gekommen war. Ich hatte darauf vertraut, viele Gründe zu nennen, die eigentlich gar keine Gründe waren. Zum Beispiel wollte ich mit meinem Wissen über Todesahnung zeigen, dass der Tod des kleinen Jungen in Wien unumgänglich gewesen war. Es war nicht wegen meiner Unachtsamkeit passiert und nicht einmal mit Absicht, denn er musste sterben, als er zu sterben hatte, und kein Wort mehr davon. Vielleicht war ich von dieser Schlaflosigkeit so müde geworden, die sich Nacht für Nacht wiederholte, all die Jahre lang, wie ich dort lag und mich wegen der schrecklichen Überlegung hin- und herwälzte, dass, wenn man mit dieser endlosen Anschuldigung leben musste, es fast besser wäre, das Verbrechen wirklich begangen zu haben. Hinzu kommt noch, dass ich mich seit Langem in den Gedanken eingefunden hatte, dass dieses Ehepaar, das ich so verachtete, das Herz des Mädchens haben wollte, und es war fast so, als ob ich ihnen zuvorkommen wollte. Am Ende glaubte ich selbst, dass der Mann sie erstickt hatte, um sein Bedürfnis zu befriedigen. Und es war eine Wohltat, für eine kurze Weile daran zu glauben und ihn in Gedanken anzuschuldigen und mit ihm schreckliche Dinge anzustellen, um das kleine, unschuldige Mädchen zu rächen.

Aber nichts von all dem kam dem wirklichen Grund nahe. Die Wahrheit war, dass ich nicht bei mir selbst war, als es geschah. Elsa schlief wie ein Stein, schnarchte höflich wie der Cockerspaniel, den ich einmal hatte, und das arme Mädchen wehrte sich eigentlich ganz und gar nicht, jedenfalls nicht in meiner Erinnerung.

All das würde ich Svanhvít erklären, und ich nährte in mir die tröstende Hoffnung, dass sie mir Verständnis entgegenbringen würde.

Sie wohnte im Erdgeschoss in einem Block in Álfheimar, und es war einfach, am Balkon hochzuklettern und das Glas in der Balkontür mit einem Stück Pflasterstein einzuschlagen. Mir fiel nicht ein, an der Tür zu klingeln, ich wusste, dass sie mir nicht öffnen würde.

Sie war wach und schrie, bevor ich überhaupt hineingekommen war. Zog sich in die Küche zurück, und es kam mir fast so vor, als sei sie nicht sie selbst, sondern ihre Schwester oder irgendjemand in dieser Richtung, denn sie war nicht annähernd so förmlich gekleidet wie jene Svanhvít, die ich in der Praxis kennengelernt hatte. Eigentlich war sie wie ein Mädchen, das gerade Springseil gesprungen ist, und ich packte sie am Hals, um sie zum Schweigen zu bringen, während ich auf sie einredete, aber es war nicht möglich, mit ihr zu reden, denn sie hatte die Kontrolle über sich verloren und begann in die Luft zu greifen und in die Schublade, und ich werde niemals ihr Gesicht vergessen, als ihr einfiel, dass die großen Messer nicht dort in der Schublade lagen, sondern in irgendeinem Obere-Mittelschicht-Messerblock aus hellem Holz steckten, der außerhalb ihrer Reichweite war.

Meine Finger bohrten sich in ihren Hals und die Herdschalter stachen ihr in den Hintern und es kam mir wie in Zeitlupe vor, als ihre Hand sich um den Stiel einer großen, alten, gusseisernen Pfanne schloss, die sie mir dann auf den Kopf hieb, was mir damit das Ohr zerquetschte und den Schädel und den Kiefer brach.

Ich fände es interessant zu wissen, ob sie so einen

Treffer auch hinbekommen hätte, wenn ihre Adern nicht so sehr mit Adrenalin gefüllt gewesen wären.

Jetzt sitze ich in Gewahrsam wegen Einbruchs und Körperverletzung, und Gott weiß, ob es ihnen gelingen wird zu beweisen, dass ich noch mehr angestellt haben soll. Sie ziehen wahrscheinlich die Fäden aus Svanhvít, wie sie gewöhnlich die Fäden aus uns anderen zieht. Es wird spannend sein zu erfahren, wie sie es schaffen will, sich aus dem Besuch bei dem Ehepaar herauszuwinden. Nicht glauben, dass ich sie in Schwierigkeiten bringen will. Ich will die ganze Wahrheit über unsere Beziehung sagen, und dann weiß ich, dass sie durchkommen wird. Kein Thema, sie steht mit beiden Füßen auf der Erde, und es tut mir leid, dass ich sie da hineingezogen habe und es beinahe damit geendet hätte, dass ich den Lebensatem aus ihr rausgequetscht hätte.

Was mich betrifft, kann ich nicht sagen, dass ich unzufrieden bin. Nicht jetzt, zumindest. Ich habe genug zu lesen, und ich bin mir sicher, dass Elsa bald kommt, um mich zu besuchen, und vielleicht auch Sólmundur.

Übersetzt von Rebekka Naab

Þórunn Erlu Valdimarsdóttir

Der Geheimdienst der Raben

Zwei Raben sitzen auf Óðinns Schultern und sagen ihm alles ins Ohr, was sie sehen und hören. Sie heißen Huginn und Muninn. Bei Tagesanbruch entsendet er sie, um über die ganze Welt zu fliegen, und zur Frühstückszeit kehren sie zurück. Von ihnen erfährt er viele Neuigkeiten. Darum nennt man ihn den Rabengott …

Dort steht eine prächtige Halle an der Quelle unter der Esche. Aus ihr kommen drei Mädchen, die Urður, Verðandi und Skuld heißen. Diese Mädchen entscheiden über die Lebenszeit der Menschen. Wir nennen sie Nornen. Es gibt mehrere, die zu jedem Kind kommen, das geboren wird, um seine Lebensdauer zu bestimmen …

Und es wird gesagt, dass die Nornen, welche beim Urdbrunnen wohnen, jeden Tag Wasser aus dem Brunnen nehmen und den Schlamm, der um ihn herumliegt, und es über die Esche gießen, damit die Zweige weder hart werden noch verfaulen …

Aus der Edda des Snorri Sturluson

Vor drei Jahren brannten sich mir zwei Raben auf der weichen Festplatte in meinem Kopf ein. Meine Mama wollte, dass ich meinen Bruder nach der Schule nach Hause begleite. An diesem Tag passierte mir etwas Dummes bei der Haustür: Als ich sie öffnen wollte, hatte ich den Schlüssel nicht in der Tasche. Ich trug nicht dieselbe Jacke wie sonst und hatte ihn deshalb nicht dabei. Ich kam auf die Idee, Nonni oben durch das Fenster hineinzulassen, wenn es offen wäre. Es wäre kein Problem, auf das untere Dach zu kommen. Wir stiegen zusammen auf die Regentonne, und von dort aus hob ich Nonni aufs Dach und kletterte hinterher, aber das Fenster war fest verriegelt. Ich versuchte die Angeln mit einem Stift zu lösen, schaffte es aber nicht.

Wir konnten nichts anderes tun, als uns zu setzen und Mama anzurufen. Sie versprach uns, so schnell wie möglich zu kommen, also blieben wir einfach sitzen. Ich hatte noch einen Rest meines Mittagessens übrig: ein ursprünglich warmes, aber mittlerweile kalt gewordenes Sandwich mit Schinken, Käse und Ananas, das Mama früher immer so zubereitete. Wir nahmen abwechselnd einen Bissen davon, bis Nonni Schluckauf bekam. Wir lachten beide, und irgendwie war alles gar nicht so schlimm. Eigentlich war es auch ganz angenehm, die Welt einmal anders zu sehen, so wie die Vögel, von oben. Die Dämmerung legte sich über uns wie eine große, schwarze Mütze, ruhig und behutsam. Aber plötzlich drang ein abscheuliches Krächzen direkt in unser Gekicher und die gute Laune hinein. Es war so nahe, dass einem das Blut in den Adern gefror. Ich wagte mich an die Dachkante vor und sah unten im Hof zwei Raben über einem Festmahl sitzen.

»Nicht hinschauen! Zum Teufel auch, sie fressen etwas! Sie fressen eine Katze!«, schrie ich Nonni zu, und die Raben erschraken so sehr, dass sie aufflogen. Wenig später setzten sie sich aber wieder. Mein Gott, was machten die da?

»Schau nicht hin!«, sagte ich, als ich Nonni an meiner Seite fand. Das alles war schon zu hässlich für mich, wie grauenhaft war es dann erst für den kleinen Kerl?, dachte ich. Aber Nonni kam so nahe, wie er konnte, aufgeregt und erfreut, eine Horrorszene zu sehen zu bekommen. Wir sahen die Raben deutlich mit ihren scharfen Schnäbeln an der Katze picken, so hektisch, dass auch einige Haarfetzen mitkamen. Das Blut sah man zum Glück nicht spritzen – dann wurde es dunkel.

»Welche Katze ist das?«, fragte mein Bruder. »Sie ist viel größer als Skotta.« Ich strengte meine Augen in der Dunkelheit an, um zu versuchen zu sehen, welche Katze es war. Es schien mir der alte Brandur von nebenan zu sein. Plötzlich wurde ich gewaltig wütend, als ob eine Löwin in mir erwacht wäre, und ich sprang vom Dach hinunter auf die Tonne wie ein Comic-Superheld, griff nach der alten Schaufel beim Haus und warf den Raben alle Schimpfwörter an den Kopf, an die ich mich erinnern konnte zu: »Fuck! Ihr Ekel! Weg, elender Abschaum!« Ich vergaß völlig, mich zu fürchten.

Ich verscheuchte die üblen Vögel und kniete mich an der Seite des armen Kätzchens hin. Ich berührte eine Pfote, und sie war kalt, als ob sie leicht gefroren wäre. Ich sagte meinem Bruder, dass die Katze eine Leiche geworden war, bevor sie begonnen hatte, eine Mahlzeit zu werden. Langsam gewöhnten sich unsere Augen an die Dunkelheit unten im Hof. Die Raben hatten an der Stelle begonnen, wo es glitzerte, auf Pracht fixiert, wie Glam-Rocker. Die Augen waren verschwunden, da waren nur noch dunkle Löcher. Raben haben einen speziellen Schnabel, mit dem sie Augen aushacken können, und sie sind darum schnell darin. Sie waren ziemlich weit gekommen damit, aus dem Inneren von Herrn Brandur zu essen, der schönsten Katze in ganz Vesturbær. Der Bauch war offen, einige Innereien quollen heraus. Lange Därme. Igitt!

Da hörten wir ein Krächzen und sahen sie über uns sitzen, diese Typen, leicht irritiert, pechschwarz und schrecklich. Grausam und gleichgültig, als ob sie von einer ganz selbstverständlichen Mahlzeit fortgejagt worden wären. Sie saßen mit zerzausten Köpfen und blutigen Schnäbeln auf der weißen Spielburg im Garten des Hauses nebenan. Das Ganze war nicht nur ein wenig unheimlich. Hungrige Rabenaugen bohrten sich von hinten in meinen Kopf.

Wir saßen still da, obwohl die Kälte beißend geworden war. Nonni sagte, dass auch Raben essen müssten. »Man müsste ihnen halt die Reste geben, die niemand will«, sagte ich und dachte, dass ich schon genau wie Opa klang. Wir konnten nicht ins Haus, um eine Plastiktüte zu holen, und von Mama war noch nichts zu sehen. Dann ging im mittleren Stock des Hauses, wo Brandur gewohnt hatte, ein Licht an. Ich fand es grausam, Nonni zu schicken, um es der Frau zu sagen, aber es gab keine andere Möglichkeit. Ich saß still da, ein grobes Wesen mit einer Schaufel.

Er wurde im Hinterhof begraben. Mama rief uns durch das offene Küchenfenster. Wir sahen der Frau zu, wie sie halb weinend eine Tíu-Ellefu-Plastiktüte hielt, während ihr Mann ein Loch in die gefrorene Erde grub. Es klang wie das Kratzen von Nägeln auf einer Wandtafel. Die letzte Stunde der Katze hatte geschlagen, und die Würmer bekamen den Rest.

Ihr versteht also sicher, dass ich seitdem Raben ekelhaft finde. Ich bekam jedes Mal einen Stich, wenn ich ein Krächzen hörte und die Raben auf dem Dach des Landakotsspitals vor sich hin krächzten, um nach den sterbenden Leuten zu schnüffeln. Der Rabe war voll und ganz ins Zentrum meiner Aufmerksamkeit getreten – meine Ohren mühten sich ab wie die einer ängstlichen Fledermaus, wenn ich einen hörte. Um meine Furcht zu mildern, begann ich alles über Raben zu lesen, das mir in die Finger kam. Ich hoffte, dass ich aufhören würde, ein Goldregenpfeiferküken und ein wütender, mit einer Schaufel bewaffneter Menschenaffe gleichzeitig zu sein, und zu »dem intelligenten Menschen« würde, in der femininen Einzahl der neunten Klasse. Mama sagt immer, dass diejenigen, die keinen Schrecken ertragen, sich abhärten müssen. Ich bestellte mir eine Kassette und ein Buch über Raben im Netz, bei amazon.co.uk.

Es ist möglich, zahme Raben Wörter aus der menschlichen Sprache zu lehren, und Menschen können Rabenwörter lernen. Raben sagen das Wetter voraus, vor allem aber den Tod, da sie eine infrarote Farbe in kranken Tieren sehen können, bevor sie sterben. Aus diesem Grund saßen sie in früheren Zeiten auf den Kirchen und starrten auf die Leute, die dem Tod geweiht waren. Sie sehnten sich nach Fleisch. Sie sehen in Tieren wie uns eine Farbnuance, die wir selbst nicht sehen können. Sie sehen die seltsame Farbe, die hervorkommt, wenn wir auf dem Weg sind, im Unheil zu landen. Dann kommen sie zu uns, um uns zu umarmen, weil sie die Farbe des Leids in uns sehen, die uns früher oder später zu Kadavern macht. Wenn wir von der Farbe der Gesundheit glänzen, dann fliegen sie über uns hinweg und haben kein Interesse daran, sich ein solches Exemplar eines aufrechten Säugetiers in Kleidern genauer zu betrachten. Deshalb wird im Volksglauben gesagt, dass es Glück bringt, wenn ein Rabe vor einem davonfliegt.

Raben wurden in längst vergangenen Zeiten neben Habichten und Falken zur Jagd benutzt. Im Mittelalter fehlte es den Raben an nichts. Sie tauchten sofort auf, wenn Soldaten in die Schlacht zogen, und folgten ihnen, weil sie wussten, dass es Aussicht auf gutes Menschenfleisch gab. Damals war es nämlich Brauch, das gegnerische Heer für die Hunde und Raben auf der Erde liegen zu lassen – der Kampf endete als Festmahl für sie.

Ich besaß das Buch *Götter und Helden der Wikinger*, ohne es jemals gelesen zu haben. Aber nachdem die Raben Brandur gefressen hatten, bekam ich plötzlich das Bedürfnis danach. Ich erfuhr, dass der Rabe das Symbol des Hauptgottes Óðinn war. Ich hatte immer mehr das Gefühl, vom Zufall auserwählt worden zu sein. Wie viele Mädchen sehen schon Raben eine Katze fressen? Nur dass es im Heidentum natürlich keinen Zufall gibt, die ganze Zukunft wird von Schicksalsnornen gesponnen, die sich treffen, wenn wir geboren werden, um über unsere Zukunft zu entscheiden. Der Rabengott Óðinn hat die Eigenschaft der Raben, über die Kriegsgefallenen zu herrschen, und er ist weise wie ein Rabe – der intelligenteste aller Vögel. Ihm fehlt ein

Auge, wie den Opfern von Raben, jedoch ohne das Zutun der Tiere. Er hat sein Auge nämlich verkauft, um aus dem Weisheitsbrunnen trinken zu dürfen, und ist dadurch so weise geworden, dass er nun die Sprache der Raben verstehen kann. Die Raben auf den Schultern von Óðinn heißen Huginn und Muninn. Wenn sie um die Welt fliegen, um nach Neuigkeiten Ausschau zu halten, fliegt Óðinn in seiner Vogelhaut mit. Alles, was die Raben sehen, müssen sie ihm berichten. Sie fliegen täglich über die ganze Welt und krähen ihm alles ins Ohr, was sie sehen oder hören. Er versteht die Rabensprache vollständig! Er ist wie sie.

Nach meiner langen Beschäftigung mit den Raben habe ich gelernt, ihr Todesorakel zu deuten, aber ich glaube nicht, dass die Wahrsagerei vollkommen ernst zu nehmen ist. Ich wusste es nicht besser, als dass die Wissenschaft alle Dummheiten aus der Welt vertrieben hat. Das, was im Sommer passierte, war nur ein totaler Anachronismus, als ob es vor vielen Generationen geschehen wäre, zu einer Zeit, als die Raben uns noch täglich so tief überflogen, dass das Haar der drei Nornen bei der Wurzel des Lebensbaums Yggdrasill aufflatterte …

Mama und ihre Freundinnen waren vollkommen verrückt, weil der Sommer bald vorbei sein würde und sie noch ins Sommerhaus östlich des Berges wollten. Es gab nur arbeitende Frauen in dieser Clique – alles Künstlerinnen. Nach vielen Seufzern wegen der Schönheit der Wolken, der Lava und Berge auf dem Weg kommen wir endlich den Berg herunter und sehen die Westmännerinseln und das Südland, das sich vor uns ausstreckt, und fahren in Richtung des Hofes mit der kleinen alten Kirche. Das Gepäck, das Essen und die Getränke werden hineingetragen, und Mama setzt sich wie ein Roboter sofort aufs Bett und lädt unsere Handys auf. Dann prosten sie sich zu und rauchen draußen auf der Veranda. Sie sind so fröhlich, dass man nicht anders kann, als sie auszulachen. Sie lächeln zurück und glauben, dass ich mit ihnen lache.

Das Wetter ist so gut, dass wir alle nur leicht bekleidet sind. Nur Geschenke in den Taschen und die Schlüssel in den Hosen. Wir gehen auf dem Weg nach Hause zu einem Freund der Frauen über den Hof, um ihm für das Sommerhaus zu danken. Der Dank ist überschwänglich – ausgedrückt mittels einer großen Whiskyflasche. Magnús ist kein Bauer, in ihren Augen eher ein Möchtegern-Bauer, neu zugezogen aus 101 Reykjavík, wo auch Mamas Freundinnen wohnen.

Nonni und ich ziehen nach. Abgeschnitten von unserem üblichen Zuhause, aber überhaupt nicht schlecht gelaunt. Das Wetter ist strahlend, genauso wie die ansteckende Euphorie der Frauen. Hier gibt es immerhin Pferde, und alles ist saftig grün. Die Luft ist so klar, dass man eine Spinne auf dem Berg sehen könnte. Hässliche zusammenhängende Hundewolken schweben über den Berg. Wir spazieren über den Hügel, der mit Strandkamillen geschmückt ist, die auch Baldursbrauen genannt werden. Dieser Name hat mich immer wieder beeindruckt. Jetzt ist Baldursbrauenzeit, Löwenzahnzeit und Butterblumenzeit sind schon lange vorbei. Die Löwenzahnzeit ist so ziemlich der Höhepunkt für Mama, Eva und Ragnhildur. Die unschuldig wirkende Kirche kommt näher, bereit, Schabernack mit uns zu treiben.

Ein Hund nähert sich wedelnd, aber mit einem

dunklen Ausdruck in seinem Gesicht, weshalb ich vorsichtig bin. Er ist gekrümmt, weswegen ich mich hinknie, um unterwürfig zu wirken. Er ist brav. Brav, obwohl ich das Gefühl habe, dass etwas nicht in Ordnung ist. Er legt sich auf den Rücken, die Beine nach oben. Er gibt auf, und ich tue es auch. Es scheint, als würde er mit seinen Augen lachen. Er sieht, dass ich okay bin.

Nachdem ich den so erbärmlichen Hund gesehen habe, überrascht es mich nicht, keine Freude bei der Frau zu sehen. Sie scheint stinkig zu sein, dass diese drei Hühner mit einem Whisky zu ihrem Mann kommen. Sie haben kein Interesse an ihr, sie lassen sich einfach überaus fröhlich in der Küche hinplumpsen, zu Bacchus in den Wald gekommen, wie Opa sagen würde. Die Frau ist auf dem Weg unter den Gefrierpunkt. Die drei finden Magnús toll, sie machen sich zurecht, präsentieren ihre Brüste. Irgendetwas hat dieser Kerl, so sehe ich das auf jeden Fall. Nicht nur eine Ausstrahlung von Ruhm und Selbstsicherheit, sondern etwas, das gut ist, wenn man ihm nahe ist.

Er quatscht und ist fröhlich. Sie saufen weiter Whisky, nur die Ehefrau trinkt mit zusammengepressten Lippen in der Ecke Kaffee. Er sagt, er hätte am Morgen drei Hennen bekommen. Ragnhildur, eine von Mamas Freundinnen, ist schon so angesäuselt, dass sie vorschlägt: »Du solltest sie nach uns benennen: Þóra, Eva und Ragnhildur!«

Sie lacht mit glänzenden Augen, wiegt sich hin und her und hebt das Glas. Magnús schaut zu seiner Frau und sagt: »Neiiiin.«

Ich verschlucke mich an meiner Limonade, als ich sie steif aufstehen sehe. Mama sieht, wie ich auch, dass die Frau nicht für die nächsten zehn Jahre Hennen im Haus haben will, die nach Stadttussen benannt sind, die kommen, um ihren Mann abzufüllen und wie Gänse die Beine zu spreizen …

Mama versucht die Situation zu retten: »Nenn sie doch Urður, Verðandi und Skuld!«

Sie schaut zu mir und bekommt ein Grinsen zurück. Magnús fährt sich mit dem Handrücken über den Mund, überlegt, schaut einmal tief ins Glas, und ich höre seine Meinung, als er sagt: »Urður, Verðandi und Skurn!«

Er ist also voll und ganz in Ordnung. Sie lachen gewaltig, fast mit Spucke, aber die Frau geht raus und knallt die Tür laut hinter sich zu. Das erschreckt mich. Ich bin rabenverrückt genug, um einen kalten Wind um das Haus und in meine Richtung ziehen zu spüren. Die Nornen haben sich getroffen.

Nachdem sie ihrer Meinung nach gut angetrunken sind, will er uns aus eigenem Antrieb die Kirche zeigen, und ich und Nonni folgen ihnen. Wir gehen direkt über die buschbewachsene Heide, sodass der Hund außer Atem gerät, der offensichtlich alt ist, aber uns trotzdem begleitet. Er hat eine halbe Glatze und struppiges Fell, er keucht, folgt uns aber trotzdem, rabenschwarz im Sonnenschein, während die Kirche langsam näher kommt. Meine Nackenhaare stellen sich auf, als ich höre, was ich nicht hätte hören sollen: ein Krächzen, furchtbar nahe. Ein Rabe flattert direkt über uns hinweg, sodass ich die Federn zählen kann. Er schaut in Richtung der Kirche, fliegt um den kleinen Turm und setzt sich auf das Kreuz. Sitzt ganz still, seine tiefen Augen auf uns gerichtet. Ich habe das Gefühl, er schaut durch mich hindurch, auf den Hund, auf Magnús. Oder schaut er auf Mama und Eva? Er betrachtet uns alle. Ich weiß, dass er die Farbe in uns liest, und weil er uns auf dem Weg zur Kirche mit einem solchen Interesse anschaut, ist dem Buch zufolge einer von uns dem Tode geweiht. Es ist, als ob er die werdende Leiche sähe, die werdende Schale. Es ist, als ob Magnús gehört hätte, was ich denke.

Er sagt: »Jemand hier ist dem Tode geweiht!«, und macht noch mit tiefer Stimme: »Ha-ha-ha-ha!«

Um den Friedhof herum gibt es keine Mauern, nur einen steilen Abhang mit einem Bogen darüber und einem Kreuz darauf. Nur einen Abhang und keine Mauern. Alles offen. Wir hören das Pferd schnauben, bevor es um die Ecke der Kirche kommt, gebogen und den Kopf mit jedem Schritt hin- und herschaukelnd. Es ist … ja: Es ist schwarz. Drei schwarze Tiere – das ist ja dreifaches Unheil! Hilfe! Ich versuche meine Gedanken zu verscheuchen, indem ich Nonni piekse. Das Ganze sieht langsam wie ein irreales Spiel aus.

Wir gehen in die Kirche hinein, und Magnús zieht mit großer Kraft hinter uns an der Tür. Es sieht aus, als ob sie zu groß und zu schwer wäre, aber er ist stark und clever, zieht sie mit einem dumpfen Geräusch in den Rahmen. Sie gehen weiter in die Kirche hinein, und ich sehe meinen Bruder neben mir an dem altertümlichen Schlüssel fingern. Die Erwachsenen benehmen sich unkirchlich, sie lachen und kreischen. Es wird viel geschrien und gekichert, gesoffen und ununterbrochen geflirtet. Es fehlt nur noch, dass sie zu tanzen anfangen. Aber ihr Schwanken und ihre Posen sind schon anmutig genug. Mein Bruder und ich sitzen auf einer Bank, jeder auf seiner Seite des Ganges, und wir schauen einander an. Wir müssen nichts sagen, denken dasselbe: Mann, sind die doof! Schließlich geht Magnús zur Tür, um sie für die Überfrauen Urður, Verðandi und Skurn zu öffnen, aber sie geht nicht auf. Er ist groß und schlägt gegen die Tür, rüttelt am Schlüssel, flucht, brummt: »Das verstehe ich nicht!«, und Mama sagt etwas wie »Gott, ist die verklemmt!« auf Dänisch. Plötzlich werden sie todernst, wir sind in einer Kirche eingeschlossen, und es ist nicht möglich, die Fenster zu öffnen. Hier schlafen? Niemand hat das Handy dabei. Das Gefühl, eingeschlossen zu sein, kriecht die Wand hinauf, wie wachsendes Moos im Zeitraffer. Und dann werden sie so ernst, dass es so aussieht, als ob sie kapieren würden, dass sie die Tür vielleicht deshalb nicht öffnen können, weil sie in einem heiligen Haus etwas Verkehrtes gemacht haben. Sie gehen zum Altar, bekreuzigen sich und denken: »Du mächtige, ewige … erhabene Macht. Hierher darf man nicht kommen und sich wie ein Idiot benehmen … verzeih uns!«

Sie haben sich wirklich verändert, reagieren whiskyverstärkt, sind ängstlicher als wir.

In diesem plötzlichen Moment der Andacht verschwindet der Teufel in ihnen. Magnús' Gesicht ist wie das eines Pfarrers, und sie sehen aus wie Frauen in einem Kirchenchor. Er blickt mit seinen neuen Küsteraugen zu uns, bekreuzigt sich in Richtung des Altarbilds, auf dem Jesus in den Wolken vor einem schwarzen Hintergrund zu sehen ist, und geht andächtig durch die Kirche. Steht still, bevor er den Schlüssel dreht, diesmal ruhig, greift nach der Tür und … sie öffnet sich. Gott sei Dank! Große Erleichterung und viele Seufzer. Uff! Gut! Frische Luft und Tageslicht! Mama, die immer versucht, meine Sprache zu verbessern, sagt, nachdem wir uns verabschiedet haben und schnell in Richtung Wohnung gehen: »Das war total creepy.« Aber es ist noch nicht vorbei …

Am nächsten Tag auf dem Heimweg im Auto sind Mama und ihre Freundinnen verkatert, Glückshormone werden nicht mehr ausgeschüttet, der Whisky hat das Lager in der Hypophyse aufgebraucht. Musik würde wohl helfen, aber es kommen nur Nachrufe, und der Rabe schreit in mir, und ich denke: Jemand ist gestorben. Dann murmelt die dunkle Stimme, dass der Bauer, bei dem Mama auf dem Land war, gestern in seinem Heim gestorben ist. Ich merke, wie sich alle im Auto versteifen, außer meinem kleinen Bruder, der mit Dummheit gesegnet ist.

Wie konnte der Rabe sehen, dass jemand, den Mama kannte, sterben würde? War das schon lange sicher, oder existieren Zeit und Distanz nicht? Die Nornen, lang und dünn mit vogelartigen Köpfen, flimmerten auf dem Bildschirm vor meiner Brust.

Mama ist so höflich, am Abend bei Magnús anzurufen, um sich für alles zu bedanken. Er erzählt ihr, dass der Hund gestorben ist. Er hat einen Hirnschlag gehabt. Ich bin ganz und gar glücklich, als ich das höre, denn jetzt kann ich wieder an die Wissenschaft glauben. Der Rabe auf der Kirche hatte einfach die infrarote Farbe im kranken Hund gesehen. Das Pferd war nur ein Zufall. Es reagierte wohl sensibel auf einen seltsamen Geruch in der Luft, oder es wollte vom saftigen Gras auf dem Weg fressen. Alles ist natürlich, wissenschaftlich. Keine Zauberei, außer in der Fantasie. Ich bin wieder nur das, was am raschesten aus Papa herausgeschwommen ist – keine Nornen über dem neugeborenen Ich, die mein Leben vorbestimmten.

Wegen einer idiotischen Stimmung gehe ich hinaus, um mit Nonni Fahrrad zu fahren, weil wir, nachdem wir so viel Zeit mit so ernsten Frauen in einem Auto verbracht haben, etwas niedergeschlagen sind. Es ist auch nicht nur wegen des Alkohols, sondern auch, weil Gott sie in der Kirche eingeschlossen hatte, nachdem der Rabe das Todesurteil, das auch eingetroffen war, verkündet hatte. Sie sind eigentlich sogar noch ein bisschen ernster.

Wir fahren ein Stück den Strand entlang. Ich fahre viel zu schnell, es ist feucht, und Nonni ist faul und das Radeln nicht gewohnt. Er will aber trotzdem so schnell fahren wie ich und fährt schneller, als er sprechen kann. Es gibt Unebenheiten im Asphalt nach der Flut, die durchgegangen war. Sein Rad wird von hinten angehoben, und er fällt direkt auf den Kopf und bleibt totenstill liegen. Ich sehe ihn nicht fallen, höre es nicht, so schnell fahre ich. Aber nach einer kurzen Zeit schaue ich zurück. Ich fahre zurück, um ihn zu suchen, und sehe ihn endlich, grabesruhig wie eine Leiche, und werde wahnsinnig vor Furcht. Ich knie mich neben ihn, umarme ihn und hebe ihn auf, halte ihn in den Armen. Er bewegt sich nicht und gibt keinen Mucks von sich, ist ohnmächtig geworden. Aber er ist nicht tot, ich merke, dass er lebt, er atmet. Plötzlich erinnere ich mich daran, dass man Leute mit Kopfverletzungen nicht bewegen darf, und versuche laut weinend, ihn vorsichtig hinzulegen. Ich rufe bei Mama über das Handy nach Hilfe, und nach einer ganzen Ewigkeit kommt der Krankenwagen. Ich denke nur: »Mein Gott. Zwei sind gestorben, ist er jetzt der Dritte?«

Auf dem Weg ins Krankenhaus kommt er zu sich. Er weiß für einige Stunden nicht, wer er ist. Sie behalten ihn einige Tage zur Beobachtung dort.

Die drei schwarzen Tiere bei der Kirche haben das Todesorakel des Raben verdreifacht – doch das Merkwürdigste kam danach. Evas Mama ist auch gestorben. Sie war also die Dritte. Sie hatte eine Hirnblutung in der Woche danach. Es war ein Glück, sagte Mama, dass sie alleine gewohnt hatte, sodass niemand sie fand, bevor sie ganz gestorben war. Niemand wünscht sich, wie ein Gemüse mit Windeln im Bett zu liegen.

In unserer kleinen Familie ist alles wieder in Ordnung. Ich habe keine schlechten Gedanken mehr über das Leben. Ich weiß nun, dass es tiefgründig, herausragend, seltsam und voll von Hässlichem ist, aber auch von Gutem.

Alles, was lebt, wird gegessen oder verbrannt. Ich wurde gezwungen, das zu verstehen, und seitdem finde ich das Leben in mir und wie alles auf dem Planeten zusammenhängt wichtig. Der Schnabel eines Raben ist dazu gemacht, mir die Augen auszuhacken. Meine Hand ist dazu gemacht, Früchte bei Bónus zu pflücken. In mir drinnen gibt es ein wahnsinnig kompliziertes Programm, welches das Leben am Laufen hält und meine kleine Welt beschützt.

Trotzdem ist es in Ordnung, Angst zu haben – es ist ein natürliches Gefühl, als ob man ausflippt, weil ein

Junge so süß ist oder ein Kind so schön. Ich versuche, nur so ängstlich zu sein, wie ich muss. Das heißt, dass ich die Angst eher bei einem Löwen einschalte, als wenn ich weiß, dass die Nornen dabei sind, mich in mein Netz einzuspinnen. Niemand entkommt ihr. Es ist trotzdem möglich, vor Freude und Schönheit wahnsinnig zu werden.

Übersetzt von Jonas Keller

Sigurbjörg Þrastardóttir

Ulk

Eine junge Frau liegt schnurgerade und bleich auf einer harten Bank, die Hände an den Seiten, die Augen geschlossen. Zu ihren Füßen steht ein Mann, er betrachtet sie wie bekümmert, wie enttäuscht. Dann wendet er sich von ihr ab, stützt sich am Rand auf, nachdenklich. Sie schreckt jäh auf. Er fährt zusammen.

F: Hast du gemerkt, dass ich geatmet habe? Uff, ist das schwierig. Jesus!

Sie entspannt sich.

F: Was machen wir jetzt?

M: Weiß nicht.

F: Muss ich weiter so daliegen?

M: Ja, du kannst es versuchen.

F: Atmen?

M: Völlig egal.

F: Sind wir in Edinburgh?

M: Was?

F: Wo sind wir?

M: Ich weiß nicht, einfach … hier.

F: Stirb!

M: Was?

F: Stirb!

Stille

F: Muss jetzt nicht irgendwelche nette Musik kommen, Múm oder so?

M: Die Mumintrolle?

F: Ja, oder die.

M: War das tolle Musik?

F: Ich erinnere mich nicht.

M: Du erinnerst dich nicht, trotzdem sagst du … lieg still!

F: Ich liege still.

M: Nein, so. Ja, so. Erhaben. Das geht so, äh, als ob du der Heilige Geist wärst.

F: Geht's dir nicht gut?

M: Doch, oder Dornröschen.

F: Sie schläft nur.

M: Dann der Heilige Geist.

F: Willst du mich küssen?

M: Nein, dazu ist jetzt keine Zeit.

F: Nein, auf den Mund meine ich. Ist es vielleicht schlecht, wenn ich so daliege?

M: Ganz still, still!

Er ruft den Arzt.

M: Was meinst du?

A: Tja, Tropokollagen und Keratin, ganz zweifellos.

M: Terylen?

A: Ja, an Hemd und Kissenbezug, dann ist es ziemlich schlüssig.

M: Was schlüssig?

A: Dass sie tot ist.

F: Nein, nein, nein!

M: Psst!

F: Nein, ich ertrage Terylen nicht, ich bekomme davon ein schreckliches Jucken, einen juckenden Schrecken! Ich kann nicht!

M: Und die Atmung, Liebling, du hast so lange geübt.

A: Wie lang ist die Szene?

F: Küss mich!

A: Was?

F: Nein, nicht du!

M: Darf sie nicht aufstehen?

A: Nein.

M: Wieso nicht?

A: Na ja, dann fallen die Augenlider ab.

Der Arzt niest.

F: Er meint die Augenbrauen.

M: Sind die Requisit?

A: Ja. Und sie, ist sie echt?

F: Wer? Ich?

M: Ja, echtes Plastik.

A: Was?

M: Nein, ich meine Polyester.

F: Hör auf damit! Küss mich!

M: Höchst entflammbar.

A: Ich verstehe. Also. Und das Plastilin, auch echt?

M: Ja.

Der Arzt geht.

F: Und was nun?

M: Wir beginnen einfach.

F: Darf ich atmen?

M: Ja, aber man darf es nicht sehen.

F: Ich weiß. Und er, der Arzt?

M: Was ist mit ihm?

F: Hat er Asthma?

M: Ja.

F: So. Und du?

M: Was ich?

F: Musst du da am Bankrand stehen?

M: Ja.

F: Und dann ist es, als ob ich plötzlich von den Toten auferstehe.

M: Ja. Aber uns fehlt trotzdem eine Geschichte vorher. Wir können nicht bei der Auferstehung beginnen.

F: Doch, das ist so dramatisch.

M: Nein, die Leute könnten glauben, dass du nur schläfst.

F: Ja. Sollen wir direkt auf Lucy anspielen?

M: Lucy, Lucifer also?

F: Lucy in Transsylvanien. Mit einer Bissspur am Hals.

M: Weiß nicht. Es ist nicht sicher, dass alle sie kennen.

F: Nicht weniger als den Heiligen Geist.

M: Nein. Aber was für eine Bissspur?

F: Versuch es.

Er beugt sich über sie, beißt sie in den Hals.

M: Wer biss Lucy?

F: Dracula.

M: Wer narkotisierte Dornröschen?

F: Der Heilige Geist.

M: Wem entsprang der Heilige Geist?

F: Dem Alkoholiker. Er brannte Schnaps.

Sie küssen sich. Sie berührt den Biss am Hals.

M: Still.

Sie richtet sich halbwegs auf, küsst ihn weiter, zieht ihn hinunter auf die Bank, er liegt flach.

F: Ganz still!

Sie kommt geschickt auf die Füße.

F: Uns fehlt eine Engelsschar. Und ein Wolkenbruch in der Kulisse.

M: Aber jetzt hat alles eine völlig andere Bedeutung bekommen.

F: Und?

M: Nein, also ich …

F: Okay. Grabesstille.

Sie ruft den Arzt.

F: Was meinst du?

A: Sehr schlecht.

F: Kann man etwas tun?

A: Nein.

F: Ihn mit dem Kissen ersticken?

A: Dadurch wird's nicht besser.

F: Verbrennen?

A: Vielleicht.

F: Wohin müsste die Asche wehen?

A: Weiß nicht.

F: So? Bist du nicht Stylist?

A: Nein, ich bin Arzt.

F: Sicher!

A: Wahrlich, wahrlich. Du hast zum Beispiel eine Kartoffelnase.

F: Ist das ein Problem?

A: Nein.

F: Gut.

Sie legt sich zum Mann.

F: Und so?

M: Nein, so könnte niemand reagieren.

F: Doch, der Arzt.

M: Er ist krank. Es ist nicht überzeugend, wenn ein

Mann mit Asthma weint. Es könnte das Asthma sein.

A: Wie lang ist die Szene?

M: Sie ist auf gutem Weg, fertig zu sein.

F: Fertig? Aber wir haben noch nicht entschieden …

M: Doch … nein, ich meine, es ist noch genug übrig.

F: Wer spielt Dracula?

M: Röschen.

F: Und die heilige Visage, ist die echt?

M: Echtes Terylen.

F: Röschens Dornen?

M: Aus heiligen Scherben. Von der Flasche mit dem Geist.

F: Und der Geist?

M: Kollagen und Keratin. Wie dein Kissenbezug. Auf jeden Fall weiß. Die Leute wollen Tote sehen. Du musst ganz still liegen, während ich …

F: Küss mich.

M: Nein, du musst aufhören zu atmen. Dann werde ich dich küssen.

F: Mund zu Mund.

M: Was?

F: Um mich wiederzubeleben.

M: Vielleicht.

F: Das ist schön. Also, Szene. Wie findet er …

Der Mann erstickt die Frau mit dem Kissen. Zögert. Dann küsst er sie. Der Arzt schnüffelt.

M: Nasonex, ganz zweifellos.

A: Blutkonserven?

M: Drei.

A: Danke. Direkt aus der Halsschlagader?

M: Ja.

L: Danke. Wie lang ist die Szene?
M: Drei Meter.
A: Gut gewählt. Ich warte draußen.
Der Arzt geht.

Die Frau liegt still. Der Mann wartet, schüttelt sie. Er geht hin und her. Schaut sie besorgt an, kummervoll, wund. Ganz unmöglich. Er wendet sich ab, lehnt sich an die Bank. Schwere Tränen. Warten. Schnurgerade. Sie –

Übersetzt von Maja Egli

Sindri Freysson

E-Mail

Lieber E.,

Albérès war beinahe glücklich, als er an jenem schönen Maimorgen erwachte. Das strahlende Wetter barg das Beste in sich, was in Frankreich zu dieser Jahreszeit zu finden war. Beinahe glücklich – so glücklich jedenfalls, wie es ein Literaturkritiker (ein für sein Unglück berüchtigter Berufsstand) überhaupt sein konnte. Nur eines störte seine Ruhe: Als er auf das grünspanbesetzte Dach auf der anderen Straßenseite schaute, fiel sein Blick auf eine magere Krähe, die dort pechschwarz und düster vor sich hin döste. Albérès war abergläubisch. Er blickte schnell weg. Er war fest entschlossen, sich von diesem verflixten Vogel nicht den vielversprechenden Tag verderben zu lassen.

Ich sollte mich von solchen Altweibergeschichten nicht beeindrucken lassen, dachte er für sich. Dann seufzte er. Sein Leben drehte sich um Geschichten.

Albérès war sich seines wachsenden Bauchansatzes und seiner ergrauten Schamhaare nur allzu bewusst, doch sein körperlicher Verfall, so ärgerlich er war, schien ihm unbedeutend im Vergleich zu den Werken des Geistes, die ihm die letzten zwanzig Jahre ein Auskommen verschafft hatten. Auch diese waren natürlich nicht alle gerade bemerkenswert; er hatte zum Beispiel Anfang der Woche eine zornige Rezension geschrieben, eine Kritik über das Buch eines jungen Autors mit läppischem Spitzbart und stechendem Blick. Er hatte einen »freundlichen Verriss« daraus gemacht.

Der »freundliche Verriss« war eine Technik, die darin bestand, in eine vernichtende Buchbesprechung da und dort einige Worte des Lobes einfließen zu lassen. Die Ablehnung wirkte dadurch weniger plump, und es kam nicht der Verdacht auf, dass der Rezensent Ressentiments hegen könne. Indessen konnte niemand daran zweifeln, dass er das Buch des spitzbärtigen Autors abscheulich fand. Seiner Meinung nach war es ein schwer verständliches und wirres Gebräu, paranoid und voller lächerlicher Andeutungen. Doch er musste auch Bücher dieses Schlags lesen und beurteilen: Der Weg zum gelobten Land war von einer Vielzahl schmutziger Pfähle gesäumt. Darum war er zutiefst froh darüber, dass er sich an diesem prächtigen Tag etwas ausruhen und von dem gelobten Land träumen konnte; das gönnte er sich oft in der Wärme des Morgenlichtes, ehe der Ernst des Lebens begann. Das gelobte Land war eine Anstellung bei einer anderen, größeren Zeitung, bei der die Löhne höher waren und einem dementsprechend mehr Aufmerksamkeit zufiel, genauer gesagt bei *Le Monde*. Seltsam, dachte er für sich. Mein gelobtes Land ist Die Welt! Die Welt! Man kommt sich ja wie ein Außerirdischer vor! Er lächelte über den eigenen Scherz.

Er strich Marmelade aufs Brot, holte die Morgenzeitungen und schlug eine davon auf. Der gleiche behäbige Alltagstrott wie immer, bis er auf die sarkastische

Kurznachricht auf Seite drei stieß. Da sperrte er vor Schreck die Augen weit auf. Das gelobte Land rückte in die Ferne und wurde zu einer unförmigen Masse im Dunst. Ihm wurde übel. Er blickte hinaus und sah den Vogel auf dem Dach nicht mehr, nur noch die Fernsehantennen, die sich zu lauter riesigen E's verwoben.

Schauen wir uns etwas genauer an, weshalb diesem vorzüglichen Mann an einem Frühlingstag vor mehr als vierzig Jahren das Marmeladenbrot im Halse stecken blieb:

Er, will sagen: der französische Literaturkritiker René-Marill Albérès, rezensierte im Mai 1969 in der angesehenen Literaturzeitschrift *Les Nouvelles littéraires* ein Buch seines Landsmannes Georges Perec, *La Disparition*. Er nannte das Buch roh, brutal und oberflächlich und war ganz allgemein wenig begeistert. Aus der Besprechung ging klar hervor, dass dem guten Kritiker nicht im Geringsten aufgefallen war, dass das Verschwinden, auf das der Buchtitel hinweist, in Wirklichkeit nicht auf die Menschen anspielt, die im Roman verschwinden, sondern darauf, dass in ihm der sonst allgegenwärtige Buchstabe E nicht vorkommt. Dieser Vokal ist in den knapp einhunderttausend Wörtern zwischen den Deckeln dieses Buchs nicht zu finden.

Dieser Fehler spiegelt nicht nur die Kurzsichtigkeit des Literaturkritikers wider, mit der er sich selbst zum Gespött der französischen Literaturwelt machte, sondern auch, wie mühelos sich das Buch ohne diesen Buchstaben liest. Der Fehler illustriert darum sowohl die erschreckende Leseunkundigkeit derer, die eigentlich des Lesens mächtig sein sollten, als auch die große

Stilsicherheit des Verfassers. Und als ich es mir genauer überlegte, kam ich zu dem Schluss, dass darin eine bestimmte Botschaft Gestalt annahm, der man sich nicht verschließen durfte.

Wenn das genannte Buch, *La Disparition*, als eine Art Symbol für die ganze Welt steht und Albérès die Menschheit repräsentiert, wird deutlich, dass die Welt gut ohne den Buchstaben E auskommt – und die Menschen das E kaum lange vermissen würden. Man denke in diesem Zusammenhang an die Berichte von einer primitiven Gesellschaft von Inselbewohnern im Stillen Ozean, die einen äußerst dürftigen Wortschatz besitzen. Und dieser Wortschatz nimmt ständig ab, denn jedes Mal, wenn jemand aus der Familie stirbt, werden als Zeichen für die Trauer der Hinterbliebenen einige Wörter ausgelöscht. Der Tod und die Sprache sind untrennbar miteinander verbunden.

Stellt man sich vor, die Buchstaben des Alphabets, die sich bekanntlich je nach Land und Sprache in Anzahl und Form unterscheiden, stünden für die Menschen, so wird die Überlegung noch interessanter. Mit anderen Worten: Wenn man in einem dreihundertseitigen Buch ohne einen der in den meisten Sprachen allerhäufigsten Buchstaben vorzüglich auskommt, könnte da die ausgetrampelte Welt nicht leicht auf einen Großteil ihrer Bewohner verzichten? Ich bejahte diese Frage nach kurzem Nachdenken.

Sobald ich dieses ethische Hindernis aus dem Weg geräumt hatte, erwachten in mir neue, nicht minder spannende Fragen. Diese Fragen, daran besteht kein Zweifel, entsprangen der Erkenntnis, dass die Gäste im Hotel Erde aus ihrer Unterkunft schon lange ein unwohnliches Loch gemacht haben. Vor lauter Menschen gibt es kein Durchkommen mehr: Sie sind überall! Nicht nur die Zimmer sind zum Bersten gefüllt; die Korridore, die Abstellkammern und die Lobby wimmeln von Menschen. Man öffnet die Wasserhähne, und statt Wasser strömt lebendiges Fleisch heraus. Das Dach ist dicht mit Menschen besetzt, sie hängen an den Wänden, tummeln sich auf den Balkonen, erfüllen die Luft. Der Speisesaal wurde schon lange zu Flüchtlingsbaracken umgebaut. Bald kann das Hotel, können seine Wände und Böden nicht mehr anders, als die Menschenmasse herauszulassen und zusammenzustürzen. Überall sind Menschen, wie ein Knäuel Maden. Sie breiten sich um uns herum aus und machen keine Anstalten, wieder zu verschwinden, sondern vermehren sich und fressen sich mit furchterregender Geschwindigkeit durch die Erde … Mir brummt der Kopf, wenn ich an das Menschengewimmel denke, das als Erbe aus dem Paradies hervorgegangen ist.

Ich würde gerne auf die interessante Tatsache hinweisen, dass in den Namen von einhundertelf der einhundertsechsundachtzig Länder der Welt kein E vorkommt – und dennoch geht es den E-losen Ländern wunderbar. Auf der Erde leben gut sechs Milliarden Menschen, schon steuern wir auf sieben Milliarden zu, und bald werden es acht sein … In Europa wohnen über siebenhundert Millionen Menschen, in Island etwa zweihundertneunzigtausend, in der Gegend um Reykjavík um die einhundertfünfundsiebzigtausend. Im Breiðholtviertel gibt es zweiundzwanzigtausend Menschen. In meinem Block wohnen siebenhundert Menschen. In meinem Treppenhaus wohnen sechzig Menschen. Ich dagegen wohne allein. In einer Wohnung im obersten Stockwerk. Genauer gesagt, in der Wohnung E-6.

Jetzt habe ich doch angefangen, von mir selbst zu sprechen. Ich versuche das zu vermeiden, soweit es möglich ist. Mir geht es gut hinter dem Vorhang. Ich will nur hervorheben, dass in meinem Namen kein E vorkommt.

Doch gewiss bin ich Einsam, mit großem E. Keine Frau. Keine Kinder. Keine Katze. Nur Einer, ich. Und natürlich meine weltlichen Güter, doch sie sind zu gering und unbedeutend, um hier aufgezählt zu werden. Es kostet mich drei Minuten, ein Glas, einen Teller, ein Messer und eine Gabel abzuwaschen. So seltsam es scheinen mag, zeigt sich die Einsamkeit des Menschen zuallererst in den Dingen.

Ich esse allein, und das verdrießt mich nicht. Hingegen überkommt mich eine unerträgliche Wehmut, wenn ich den kleinen Einpersonentisch anschaue, an dem ich abends sitze, den Teller, das Glas, das Besteck. Und diese Empfindung verstärkt sich noch, wenn ich das aufgewärmte Fertiggericht betrachte, das mit mathematischer Präzision für eine Einzelperson berechnet ist, im vorliegenden Falle für mich. Ein Mensch isst unglaublich wenig. Die Kassiererinnen im Laden blicken mich misstrauisch an, wenn ich den Einkaufskorb auf das Fließband stelle und aus ihm den Kleinkram hervornehme, den ich brauche. Als glaubten sie, was auf dem Band fehle, hätte ich schon in mich hineingestopft. Ich mache ihnen keinen Vorwurf. Alle anderen Kunden im Supermarkt stoßen einen vollen Einkaufswagen vor sich her und ächzen unter der Last der Einkaufstaschen. Ich errege Verdacht, weil ich so unscheinbar bin.

Doch ich fühle mich nicht vereinsamt, obschon ich allein bin. Ich beneide die Großfamilien nicht, die sich frühmorgens im Korridor auf den Füßen herumstehen. Sie sind unausgeschlafen, übermüdet, und ihnen fehlt auf drastische Weise jener Freiraum, den alle Menschen brauchen, um Frieden zu finden. In Großfamilien gibt es keinen Schlaffrieden: Kinder halten ihre Eltern wach mit Weinen, Computerspielen, mit ihren Ansprüchen und ihrem Lärm. Eltern halten ihre Kinder wach mit Trinken, Fernsehglotzen, Liebesleben, WC-Gängen und Streit. Ich höre es von allen Seiten, außer von oben – dort ist nur das kalte Wellblech des schwarzen Dachs. Überall sind Menschen dabei, Menschen zu ärgern. Unablässig.

Jeden Morgen fahre ich zu schnell zur Arbeit, in der Hoffnung, dort anzukommen, bevor die Menschenmenge in den Autos alle Straßen verstopft. Ich fahre zu schnell, als dass ich mich auf die Schönheit Reykjavíks konzentrieren könnte – denn man hat mir gesagt, bisweilen sei die Stadt auf ihre besondere Art schön, obwohl mir das noch nie aufgefallen ist. Ich bin auf einem Bauernhof unter drohenden Bergen aufgewachsen, in einem von Schnee erdrückten Tal, das in meiner Jugend auf dem besten Weg war, ein Niemandstal zu werden, und das nun ein Niemandstal geworden ist. Ich weiß auch nicht, was der Maßstab für die Schönheit einer Stadt sein soll. Es würde nichts ändern, wenn ich Reykjavík mit dem angeblich hässlichen Köln oder dem angeblich schönen Paris vergliche; in meinen Augen gehen alle charakteristischen Kennzeichen von Großstädten im Menschengewimmel unter. Die Volksmasse überschwemmt alles.

Bei dieser hohen Geschwindigkeit zerfließen die Rücklichter der Autos zu einer einzigen Linie, wie ein Blutstrahl in der Morgendämmerung. Die anderen fahren fast ausnahmslos ebenso schnell wie ich. Alle auf der Flucht weg vom Tatort des Verbrechens – wo immer er auch sei, vielleicht in unserm Innern. Vielleicht hat der Mann im grünen Kombi heute Nacht im Streit seine Alte vom Balkon geworfen? Hat der Mann im grauen Geländewagen seine Kinder verprügelt? Oder hat die Frau im roten Kleinwagen gestern Abend ihrem Kerl den Hals aufgeschlitzt? Mord hat so viele Gesichter. Und Mörder so viele Fahrzeuge.

Auf rasender Fahrt durch die Straßen erscheinen einem die Autos wie ein einziger Haufen, als ob die Geschwindigkeit alle diese Metallsplitter vereinte, die im Morgengrauen aus den Schlafquartieren abgeschossen wurden. Man blickt kurz von der Straße oder dem Hintern des vorderen Wagens weg, und schon warten nur noch die Intensivstation oder der Friedhof auf einen. Biegt einer vom Weg ab, ist ihm der Tod gewiss. Ja, genau das, worüber ich sprechen wollte: der Tod.

Die Gewissheit, dass wir sterben müssen, ist dem Wissen um die Entstehung des Lebens ein wenig voraus. Der Tod mit seinem düsteren und bedrückenden Wesen ist im Menschen stärker. Bei allen unseren Begegnungen schleppen wir am Tod. Er bedrückt uns beim Shopping, wenn wir Gäste haben, im engen Freundeskreis, in der Intimität zweier Menschen, wo das Leben entsteht – und natürlich im Straßenverkehr. Der Tod, der in die Menschen eingebaut ist, ist wie der Strichcode auf den Waren; ein Beleg im Computersystem, dass die Ware hergestellt worden und verkäuflich ist. Und es ist an der Zeit, dass wir dem Tod auf eine neue Weise ins Auge sehen. (Nebenbei möchte ich daran erinnern, dass im Wort Tod kein E vorkommt.)

Ich arbeite als Programmierer für eine mittelgroße Softwarefirma nicht weit vom alten Hafen; aus dem Fenster der Kantine kann man sehen, wie sich die Walfangboote am Kai aneinander schaben und der gelbe Leuchtturm fernen Schiffen zublinkt. Meine Arbeit besteht darin, Computer mit Zahlenreihen zu füttern, die andere zusammengestellt haben. Es kommt mir weder zu, diese Rechengrößen vollständig zu verstehen, noch zu wissen, welchem Zweck die Programme dienen, wenn alle Zahlen eingegeben sind; das ist nicht meine Aufgabe. Die Arbeit ist in vielerlei Hinsicht eintönig, doch der Lohn ist hervorragend. Auch die Arbeitszeit ist erträglich, und der Geist ist dabei nicht ausgelastet; Augen und Finger besorgen das meiste.

Meine Arbeit hat vieles mit der Arbeit in der Fischfabrik gemeinsam, bloß liegen statt Dorschköpfen Zahlen auf dem Fließband. Der einzige Unterschied ist vielleicht, dass es nichts ausmacht, wenn ein Dorsch verloren geht. Vergisst man hingegen eine Zahl im Programm oder bringt man etwas durcheinander, so können die Auswirkungen auf das Ergebnis fürchterlich sein. Es braucht wirklich nicht viel, und ein nützliches Programm verwandelt sich in ein verheerendes Virus. Eine Ziffer, einen Buchstaben …

Das ändert jedoch nichts am oben Gesagten; die Sorgfalt liegt eher in der Abstimmung von Auge und Hand als in großer Hirngymnastik. Ich habe also Spielraum für Tagträume – den ich selten auf diese Weise nutze, denn an Tagträumen liegt mir wenig – oder um mir über allerlei Dinge den Kopf zu zerbrechen, was ich mir zugegebenermaßen immer öfter zugestehe. Gewöhnlich lasse ich meinen Kopf jedoch einfach leer sein; er mag ruhen, bis ich mich am Feierabend ausstemple, ohne geistig ausgepresst zu sein. Daraus folgt, dass ich mir größtenteils in meiner Freizeit Gedanken mache, auf eigene Rechnung. Das hat den unbestreitbaren Vorteil, dass ich keine Gewissensbisse wegen der Dinge habe, über die ich nachdenke; ich bestehle dabei niemanden. Ich war zum Beispiel bei mir zu Hause, als ich begann, über das verschwundene E zu sinnieren und über den dumpfen Schreiberling, der sein Marmeladenbrot mampfte und dem Verschwinden eines prächtigen Buchstabens nicht die geringste Aufmerksamkeit schenkte. Ich dachte über das E nach, das spurlos verschwand, das keiner vermisste, und ich hatte eine Erleuchtung – wenn es gestattet ist, ein so bedeutungsschwangeres Wort für das zu benutzen, was mich plötzlich durchfuhr.

Ich halte es für notwendig, die Weltbevölkerung zu dezimieren, um den Frieden zu erreichen, von dem ich und andere träumen. Oder, mit anderen Worten: Menschen müssen getötet werden. Ich mag diesen Gedanken gar nicht, das will ich betonen. Ich bin nicht für Gewalt gemacht, ich bin der größte Schwächling, den es gibt; mein Strafregisterauszug ist weiß wie Schnee und ebenso mein Gewissen. Dennoch habe ich meinen Entschluss gefasst, nichts bringt mich mehr davon ab. Wir sind ZU viele. Telefonbücher von Namen. Berge von Buchstaben.

Um also meinen Beitrag dazu zu leisten, dass die Welt des Glücks teilhaftig wird, das ihr zusteht, muss ich einen Menschen ums Leben bringen. Ihn aus dem Weg räumen, ihm den Garaus machen, ihn töten, morden, schlachten ... Wenn man bedenkt, wie selten in Island ein Mensch umgebracht wird, ist die Sprache erschreckend reich an Wörtern, die diesen Vorgang bezeichnen. Vielleicht ist gerade dies die Erklärung für die geringe Mordfrequenz; die Menschen haben einander von Anfang an mit Worten getötet und das Blutbad den Isländersagas und den ausländischen Kinofilmen überlassen. Das ist ein weiterer Beleg für das vorhin Gesagte: Der Tod und die Sprache lassen sich nicht trennen.

Ich bin ausgesprochen froh, dass es sich so verhält. Mir liegt wenig daran, inmitten von Kanonendonner und Kugelhagel oder zwischen klirrenden Schwertern und schwirrenden Messern zu leben, denn, wie bereits gesagt, ich bin ein friedliebender, umgänglicher und gesetzestreuer Bürger. Ich habe noch nie jemandem etwas zuleide getan. Ich hege Abscheu gegen Zwang und Gewalt. Mich ekelt vor Blut. Einmal stieß ich auf einen armen Teufel, der in der Innenstadt verprügelt worden war, sein Gesicht war unkenntlich, eine rote Masse – Rührei mit Ketchup, dachte ich unwillkürlich –, und mir wurde derart übel, dass ich es nicht über mich brachte, ihm Hilfe zu leisten. Er schrie um Rettung, und ich schlich davon wie ein unseliges Gespenst.

Das sage ich, um zu erklären, nicht weniger mir selbst als dir, dass meine Entscheidung ihre Wurzeln nicht in meinem Blutdurst hat oder in der primitiven Lust, anderen Schaden zuzufügen. Ganz im Gegenteil, hinter meinen Plänen und Handlungen steckt eine kalte und wohlüberlegte Abwägung. Mir tut es wirklich sehr leid, dass ich töten muss, um mein Ziel zu erreichen; ich wünschte, ich hätte eine andere Wahl. Doch der Hintergrund meiner Tötungsabsicht ist folgender:

Ich bin der Ansicht, dass ich zu einer besseren Welt beitrage, wenn ich zufällig eine Person auswähle und sie um die Ecke bringe. Wie das?, willst du sicher wissen. Nun, die Antwort ist einfach. In Anbetracht der gegenwärtigen Überbevölkerung der Welt wird ungefähr zur Zeit meiner Pensionierung unser Dasein unerträglich. Zu der Zeit also, da ich und meine Generation endlich Gelegenheit erhalten sollten, das Leben zu genießen, können wir uns vor lauter Menschen kaum mehr bewegen. Sie stellen unverschämte Ansprüche an uns, sie stehen uns im Wege und beschränken und zerstören, was ein gemütlicher Lebensabend hätte werden sollen. Ein einzelner Mord ändert daran wenig, wirst du zweifellos einwenden, und das zu Recht. Ich weiß, dass ich, indem ich einen einzelnen Menschen aus der Welt schaffe, nur einen einzigen Tropfen aus dem Ozean entferne – und wer wäre schon so wirr im Kopf, dass er mit einer Pipette den Meeresspiegel absenken wollte?

Ich nicht.

Mir schwebt nämlich anderes und Größeres vor. Ich glaube nämlich, dass meine Idee, wenn sie fachmännisch ausgeführt und weit herum bekannt wird, der Anfang einer Volksbewegung werden kann. Das wäre sehr notwendig, vor allem in einigen übervölkerten Ländern. Meine Hoffnung geht dahin, dass dies ein beliebtes Spiel auf der ganzen Welt wird. Ein Spiel, das darin besteht, sich einen einzelnen Menschen aus diesem ganzen Gewimmel von aufdringlich schwafelnden Menschen auszuwählen und seinen irdischen Qualen ein Ende zu setzen. Ein so beliebtes Spiel sogar, dass Person A, welche Person B tötet oder vorhat zu töten, nicht weiß, ob ihr nicht Person C zuvorkommt. Und keiner von ihnen hat natürlich die geringste Ahnung, dass die Personen D, E oder F und so weiter sie ermorden wollen, sei es, bevor es ihnen gelingt, einen anderen zu Tode zu bringen, oder kurz danach. Der Tod bedroht einen zu jeder Zeit. Das Spiel, das ich manchmal *La Disparition*, manchmal *Minus E* nenne, könnte außerordentlich spannend und höchst vergnüglich werden, wenn ein Wettstreit zwischen den Teilnehmern entstünde, wer am meisten Menschen töten könnte. Ständig geschähe unerwartet etwas Neues, und die Opferzahl stiege unaufhörlich, bis man auf der Welt wieder leben könnte, ohne in Menschen zu ersticken. Der Mensch ist ohnehin nichts wert.

Stell dir das vor: ein Spiel und eine Erlösung des Landes zugleich. Die Arbeitslosigkeit würde ausgemerzt, die Überbevölkerung gehörte der Geschichte an, auch Hunger, Armut und so weiter. Und man darf nicht vergessen, dass Menschen, die in ständiger Angst um ihre Existenz leben, das Leben besser schätzen lernten. Wir würden es voll auskosten, in dieser schrecklichen Nähe zum Tod, dem Verschwinden des Lebens, unser Dasein zu fristen. Unser Hotel könnte seinen Gästen endlich wieder einen menschenwürdigen Aufenthalt anbieten. Das Hotel *Disparition*. Auch wenn sich das Spiel über alle Erdteile ausbreitet und die Leute massenhaft weniger werden, bin ich fest überzeugt, dass die Trauer durch die Vorteile des Spiels bei Weitem aufgewogen wird. Wir sollten Albérès nicht vergessen, den Mann, der nicht bemerkte, dass das E verschwunden war. Er vermisste es buchstäblich nicht einen Augenblick. Er brauchte kein E. Und wir sollten bedenken, dass ein »Buchstabenverschwinden« mehr ist als ein Gesellschaftsspiel; es bedeutet strikte Einschränkungen, die dem Autor und dem Text auferlegt werden – und natürlich dem Leser. Ich erinnere nochmals daran, dass in Perecs Buch fast einhunderttausend Wörter stehen, aber kein einziges E, und dennoch fließt es geschmeidig voran mit seinen Personen und Begebenheiten. Wieso sollte es sich in der Wirklichkeit nicht auch so verhalten? Ich verstehe auch, dass ich mich früher oder später selbst in Lebensgefahr begebe, wenn ich dieses Spiel in Gang setze. Das scheint mir jedoch ein geringes Opfer, gemessen an dem, was die Welt dabei gewinnen kann. Ich bin ja nur ein kleiner Buchstabe in einem endlos langen Alphabet, ein vergängliches E, auf das man gut verzichten kann.

Für dich kommt es vielleicht unerwartet, dass ich dir schreibe, um dir von meinen Plänen zu erzählen, wir kennen uns ja kaum. Doch die Erklärung dafür ist einfach: Du bist der Mensch, den zu töten ich mich entschlossen habe. Dir fällt die Ehre zu, als erster Teilnehmer an dem Spiel, das die Welt verbessert, ausgewählt zu werden. Du bist mein E.

Ich sollte eigentlich wissen, dass dies für dich keine besonders erfreuliche Neuigkeit ist und dass du vorhattest, auf andere Weise aus diesem Erdenleben zu scheiden. Falls es dich irgendwie tröstet, kann ich dir mitteilen, dass dich mein Computer zufällig aus dem Einwohnerregister ausgewählt hat. Es ist nicht persönlich gemeint. Es ist für mich sogar etwas unerwartet gekommen, dass der Computer gerade jemanden ausgelost hat, den ich kenne, doch wenn man sich die Sache genauer überlegt: Unsere Gesellschaft hat sich so entwickelt, dass kaum mit etwas anderem zu rechnen war. Ein Mensch kennt den anderen, ein Mörder kennt sein Opferlamm, A kennt E.

Es erscheint wie ein großer Zufall, dass dein Name gerade mit E beginnt, doch mit Computern lässt sich nicht spaßen, und da die Namen von fast achttausend isländischen Männern und die Namen von fast elftausend Frauen mit dem Buchstaben E anfangen, muss man sagen, dass deine Chancen schlecht standen. Vielleicht tröstet es dich ein wenig, wenn du an ein Leben nach dem Tode glaubst, was gewiss eine schöne Sache ist, obschon ich selbst es für unwahrscheinlich halte, dass es nach dem Schlusspunkt noch irgendwie weitergeht. Um dich zu trösten, kann ich dir jedoch sagen, dass der Verfasser des E-losen Buchs, Perec, später in seinem Leben eine kleine Geschichte schrieb, in der E der einzige Vokal war: Das gelobte Land für das E. Darum ist nichts ausgeschlossen.

Ich hielt es für unpassend, dich nicht im Voraus von meinen Absichten wissen zu lassen; es wäre die reinste Grobheit gewesen, das nicht zu tun. Und ich bin von Natur aus ein sehr höflicher Mann.

Ich hoffe, dass du diese E-Mail gelesen hast, bevor du heute Morgen in deinem Auto losgefahren bist, denn sonst hast du keine Ahnung, was mit dir geschieht, wenn du heute um 9.30 Uhr (oder morgen, oder nächste Woche oder nächsten Monat, falls etwa die Angst beim Lesen dieses Briefes deine heutigen Pläne umgekrempelt haben sollte) im Zentrum eines fürchterlichen Verkehrsunglücks an der Ecke – nein, ich will nicht zu viel verraten. Denk einfach daran, dass Ende mit E beginnt.

Etwas wird unverhofft geschehen. Du kannst dich immerhin damit vergnügen, Wahrscheinlichkeiten zu berechnen. Und um dir bei dieser letzten und schrecklichsten Rechnung deines Lebens etwas zu helfen, will ich darauf hinweisen, dass es in Reykjavík und Umgebung gut zweitausendfünfhundert Straßen gibt, eine ziemlich große Zahl, wenn man bedenkt, dass hier nur etwa hundertfünfundsiebzigtausend Menschen leben, oder durchschnittlich siebzig Einwohner pro Straße. Bücherregale voller Bücher, die voll überflüssiger Buchstaben sind, Buchstaben, die ausgemerzt werden müssen. Dazu gehörst du, kleines, todgeweihtes E.

Mit herzlichen Lesegrüßen,
In -wigkeit, dein zukünftiger Mörder

Übersetzt von Christian Hardmeier

Þórarinn Eldjárn

Skálda, die Dichterhündin

Meine Hündin hat angefangen zu dichten. Daran besteht kein Zweifel mehr.

Es ist schon eine ganze Weile her, dass ich zum ersten Mal dieses seltsame Verhalten bei ihr bemerkte. Eine Seltsamkeit, für die man nur schwer die richtigen Worte findet. Zuerst dachte ich, sie wäre läufig. Das passte jedoch zeitlich eigentlich gar nicht, und dieses Verhalten wirkte außerdem ganz anders. Es ist nicht einfach zu erklären, auf welche Weise es anders schien. Es war einfach etwas, das ich zu verstehen glaubte. Zuallererst erschien es in ihrem Blick. Ich erwischte das Tier dabei, wie es mich anstarrte. Meistens zu unpassender Zeit. Und irgendwie anders als zuvor. Elend. Meistens ganz und gar grundlos, wie ich fand. Ich meine, ohne auf einen Spaziergang oder Leckerbissen aus zu sein. Es kam mir ebenso in den Sinn, dass sie trächtig sein könnte, dass ein ungebetener Streuner sich an ihr vergriffen hätte. Das war jedoch nicht der Fall, wie ihr gleichbleibendes Gewicht bewies.

Ich widmete diesen Seltsamkeiten weiterhin meine Aufmerksamkeit, wunderte mich bisweilen über sie, konnte aber letztlich nur wenig tun. Und vielleicht war das ja nur leere Einbildung oder eine natürliche Entwicklung. Und so begab es sich eines Abends, dass ich in meinem Schlafzimmer am Bügelbrett stand und mich damit abmühte, ein weißes Hemd zu bügeln. Ich wusste um Skálda hinter mir, sie lag schlafend auf ihrem Teppich in der Ecke, in absoluter Entspannung, wie ich dachte. Dann bekam ich plötzlich dieses Gefühl, als ob mich jemand anstarrte, ein Schauer lief mir über den Rücken, ich war schon immer recht empfänglich für so etwas. Ich drehte mich blitzschnell um. Und ich hatte recht, die Hündin war schon aufgestanden und starrte mich auf die Art und Weise an, wie ich es zu beschreiben versucht habe. Und dann passierte es zum ersten Mal: Ohne dass ich Widerstand leisten konnte, drang dieser Vers von ihr zu mir:

Elend windet sich der Mann,
der Schmerz an allen Stellen nagt,
bügelt Wäsche dann und wann
des Dichters starre Hand verzagt.

Seitdem ist das so weitergegangen und hat sich noch verschlimmert. Die Hündin dichtet ständig. Ununterbrochen dringen Verse durch mich hindurch, über alles, was ihr gerade einfällt. Ich mache keine Witze. Das ist eine Tatsache, die Dichtungen kommen vom Tier. Ich bilde mir das nicht ein. Da ist nichts, was ich selbst dichte und ihr ins Maul lege. Schließlich gibt es genug Zeugen dafür, dass ich schon seit einigen Jahren nicht mehr habe dichten können und nichts mehr von mir erschienen ist.

*

Er hat es endlich kapiert. Dass es das ist, was ich will. Ich bin glücklich, dass es mir gelungen ist, zu ihm durchzudringen. Das muss der erste Schritt sein. Ich habe so lange mit ihm mitgelitten. Es ist trostlos, ein solches Unwohlsein mitzuverfolgen. Ich habe ihm helfen wollen, meinen Beitrag dazu leisten wollen, dass er wieder in die Gänge kommt, dieser Eigenbrötler. Schließlich sitzen wir alles in allem im selben Boot, und ich habe mehr als genug Zeit übrig. Ich finde, es ist meine Pflicht dem Hausherrn gegenüber. Aber es hat eine Zeit lang gedauert, zu ihm durchzudringen, ihn auf meine Wellenlänge zu bringen. Jaja, ich würde ihm das dennoch nicht vorwerfen. Das ist nichts Neues. Wir Hunde sind meistens außerordentlich empfänglich für das Wohl und die Sehnsüchte der Menschen, aber das beruht leider nicht auf Gegenseitigkeit. Die Menschen sind unglaublich unempfänglich für uns, und der Dichter ist keine Ausnahme, was das betrifft, dennoch gehört er zweifellos noch zu den Besseren. Es sind am ehesten kleine Menschenkinder, die diese Begabung in sich tragen, zumindest manche. Aber mit zunehmendem Alter verlieren sie diese Empfänglichkeit. Das nennt man »sich entwickeln«.

Natürlich hat der Dichter – nicht anders als andere Menschen – nicht die geringste Ahnung von meinem Dichterruhm unter den Hunden hier in der Stadt. Im Geirsnef habe ich meine Bühne. Meinen literarischen Platz, wenn man das so nennen will. Und dorthin komme ich natürlich nur auf Initiative des Hausherrn. Dort veröffentliche ich alle meine Gedichte zum ersten Mal und erhalte Reaktionen darauf von meinen Mitschnüfflern. Und die Gedichte sind in letzter Zeit gelinde gesagt gut aufgenommen worden, sowohl dort wie auch anderswo. Es ist eigentlich egal, wo ich hinkomme, überall stoße ich auf Meldungen, die etwas betreffen, was ich veröffentlicht habe. Sogar an den unwahrscheinlichsten Plätzen in der ganzen Stadt. Obendrein fand ich vor einigen Wochen einen Verweis auf mich in Hvammstangi. Ich genieße es zu sehen, wie viel Einfluss ich schon habe. Schlimm genug, dass der gute Kerl beginnt, zu faul zu werden, um mit mir spazieren zu gehen. Aber vielleicht rappelt er sich wieder auf, wenn ich ihn ganz allgemein etwas ankurble und sich seine Trübsal legt. Wie gesagt: Die Verbindung ist jetzt da, und das verheißt Gutes, obwohl er natürlich immer noch nicht besonders empfänglich für die Dichtersprache ist. Aber das wird sich hoffentlich noch bessern.

Der Augenblick, als ich zum ersten Mal zu ihm durchdrang, war wie ein Festtag. Er bügelte gerade sein Hemd. Ich habe bemerkt, dass er am ehesten unter solchen Umständen lockerer und aufnahmefähig wird. Ich versetzte mich also in ihn hinein und dichtete:

Obwohl des Eisens Sohle
glüht wie brennende Kohle,
glättet und schön faltet
Gewebe einst verunstaltet,
gelingt's mir nicht, mein Leben
geradeso zu ebnen.

Natürlich kam das alles mehr oder weniger durcheinander an. Er ist zu sehr gefangen in dieser unmöglichen Überberedtheit, die, wie ich denke, eigentlich ein größerer Teil seines Problems ist, als ihm zuzugeben lieb wäre. Aber mir ist es gelungen, den Weg zu bereiten und es darauf ankommen zu lassen.

*

Es ist wahrhaftig das Merkwürdigste, was ich seit einiger Zeit erlebt habe. Dass von ihr diese Strophen herüberströmen. Es spielt sich immer auf die gleiche Weise ab: Zu bestimmten Gelegenheiten setzt sie diese bestimmte Miene auf und starrt mich beharrlich an, während sich etwas in Gang setzt. Es ist, als ob von ihr irgendein Gefühl ausgeht, das, wie ich denke, eine Art Mischung von dem ist, was sie über mich denkt, und dem, was meine Worte wären.

Vorgestern Morgen wachte ich zum Beispiel davon auf, dass sie neben meinem Bett stand und mich so anschaute. Dann äußerte sie Folgendes:

> Entfliehe den Stürmen des Traums,
> der Dämmerung Schläfrigkeit.
> Empfange das Rauschen des Raums
> mit Freuden in Seligkeit.

Später am selben Tag klingelte das Telefon lange, ohne dass ich antwortete. Daraufhin stand die Hündin plötzlich auf, kam direkt auf mich zu, setzte diese Miene auf, und folgender Vers bewegte sich zwischen uns:

> Der Dichter wirkt nur fort, fort,
> wenn ihn im Schicksal schwindelt,
> gönnt darum ja kein Wort, Wort,
> dem Telefon, das klingelt.

Es gäbe noch viele solcher Beispiele. Zuerst habe ich mehr als nur ein bisschen gezweifelt und war sehr zurückhaltend mit den Dichtungen meiner Hündin, aber inzwischen habe ich begonnen, den Leuten von diesen Ereignissen zu erzählen, und habe einer ausgewählten Gruppe einige dieser Strophen gezeigt. Die Leute haben es gut aufgenommen, aber glauben natürlich, dass es eine Art Witz sei. Wahrscheinlich kein sehr guter. So ist es zwar nicht, aber ich muss den Menschen erlauben, das zu glauben. Andernfalls würden sie zweifellos denken, ich sei etwas seltsam geworden. Was ich nicht bin. Aber es ist schwierig, den Leuten zu erklären (und übrigens auch mir selbst), was das ist, das da vor sich geht. Aber etwas ist es, und die Ursprünge liegen eindeutig bei Skálda.

*

Er ist sehr gut in Schwung gekommen. Ich kann mich nicht beklagen. Und natürlich freut es mich vor allem, dass wir eine Verbindung aufgebaut haben. Ich finde, das ist für sich schon ein großer Sieg. Und ich bin nicht sicher, ob so etwas zuvor schon einmal gelungen ist. Ich habe zumindest nicht davon gehört. Ich freue mich auch darüber, dass es so aussieht, als ob sich damit die Schreibblockaden des Hausherrn gelöst haben, die ihn lange bedrückt haben. Und diese Zeit war weder besonders lustig noch einfach. Auch nicht für mich, das dürft ihr mir glauben. Und es gibt nun trotz allem etwas, das in unserer innersten Natur eingeschrieben ist: über das Wohl unseres Hausherren nachzudenken, mehr als über unser eigenes. Das, was mich andererseits etwas ärgert, ist, wie unerhört unempfänglich er weiterhin gegenüber dem ist, was ich ihm mitzuteilen versuche. Es ist eigentlich egal, welch tiefe Gedanken ich in meine Dichtungen lege. Es kommt einfach als etwas ganz anderes heraus. Manchmal scheint die ursprüngliche Version durchzuscheinen, oder zumindest kann ich sie sehen, auch wenn andere das nicht könnten. Aber manchmal ist es mir einfach unmöglich zu verstehen, weshalb ein bestimmtes Gedicht von mir als irgendein Vers eines Dichterlings bei ihm endet. Eine furchtbare Reimerei, die nicht das kleinste bisschen an meine Urfassung erinnert. Das mitanzusehen tut ein wenig weh. Aber ich mache trotzdem weiter. Es ist von zu großem Wert, um es einfach so aufzugeben. Darüber hinaus ist die Hoffnung natürlich immer die, dass es besser wird, dass er nach und nach empfänglicher wird. Dass es eine Frage des Kanals ist, der, einmal geöffnet, mit jedem Gebrauch und jeder Übung fügsamer wird. Dass er danach immer empfänglicher wird und am Ende geeignet ist, der Menschenwelt etwas zu übermitteln, das in Wirklichkeit ich selbst dichte. Es wird interessant sein zu sehen, wie sich das abspielt. Ich habe noch nie zuvor von einem solchen Ausbruch aus der Tierwelt in die Menschenwelt gehört. Andersherum ist es nur allzu gewöhnlich.

*

Sie gibt mir viel, diese neue und unerwartete Verbindung mit dem Tier. Mir ist zwar nicht ganz klar, wie es passiert, aber klar ist dennoch, dass sie es ist, die dichtet. Mir wird es bewusst, dass ich nicht selbst angefangen habe zu dichten. Ich bin eher wie ein Diener oder wie eine Straße. Aber es bereitet mir Freude an sich, an einem so besonderen Abenteuer teilzunehmen. Ich habe vor, nicht zu viele Erwartungen an mein eigenes Schaffen zu haben. Nicht im Augenblick. Trotzdem kann ich nicht leugnen, dass es mir vorkommt, als ob sich die Blockade damit löst. Obwohl ich nichts anderes als dieser Kanal bin. Es ist eine unglaubliche Veränderung, zu merken, wie der Text strömt. Aber natürlich hat es auch eine weitere Folge: Ich habe diese Sache weiterhin vor unterschiedlichen Leuten erwähnt. Sie nehmen es eigentlich gut auf, obwohl es deutlich ist, dass die meisten weiterhin glauben, es sei ein Scherz. Im Augenblick ist es vielleicht ganz in Ordnung, die Leute in diesem Glauben zu lassen. Der Berg an Gedichten wächst ständig. Am Ende werde ich mich entscheiden müssen, was ich mit dieser Gedichtansammlung anstelle. Vielleicht ist es gar nicht so dumm, ein Buch daraus zu machen. Aber von wem von uns beiden sollte es dann sein?

*

Es geht immer noch voran, an nichts mangelt es, aber, um ehrlich zu sein, es ist nicht besser geworden. Das ist ein bisschen ermüdend. Die Frage ist, wie lange ich noch damit weitermachen möchte. Es ist immer noch das Gleiche, egal, welche originellen und gewaltigen Dinge mir einfallen, es kommt alles bei ihm als ängstliche Plattitüde heraus, ganz eindeutig schlechte Verse, kilometerweit von dem entfernt, was ich eigentlich sagen will. Aber solange der Arme zufrieden ist, muss ich wahrscheinlich weitermachen. Ich werde ihn kaum von diesem dünnen Faden trennen. Dieser einzigen Verbindung, mit der er etwas hat, das mit Fug und Recht als Dichteraktivität bezeichnet werden darf.

*

Nun ist es an der Zeit, dass ich mit meinem Herausgeber über diese Gedichte spreche. Ich habe begonnen, mir ein außerordentlich originelles Buch auszumalen. Es könnte mein Comeback bedeuten, und ich könnte mein Profil verändern, indem ich an so einem postmodernen Spiel teilnehme: Wer ist der Autor?

*

Er hat irgendwann heute Morgen das Haus verlassen und mich allein zurückgelassen. Das verheißt nichts Gutes. Ich habe unlängst befürchtet, dass er mit dem Gedanken spielt, meine Gedichte zu veröffentlichen. Das wäre ein fürchterliches Ergebnis. Und jetzt ist alles damit vorbei, dass er zum Verleger gegangen ist. Dorthin kann ich nicht mit ihm gehen, bei der Katzenplage, die dort herrscht. Dort gibt es Katzen an jeder Ecke, und obendrein ist der Geschäftsführer des Unternehmens eine fette und hässliche Katze. Ich bin von diesem Ort lebenslänglich verbannt, weil ich immer die Beherrschung verliere, wenn ich dorthin komme, trotz guter Vorsätze. Ich würde mich sehr schämen, wenn alle glauben würden, die Dichtung käme von mir. Die Leute sollten bloß wissen, welche durchtriebenen und giftigen Verleumdungen dieses falsche und hinterlistige

Katzenpack einem zuflüstert, wenn man in vollkommener Ahnungslosigkeit daherkommt.

*

Mein Zustand scheint sich zu bessern. Heute Morgen bin ich zum Verleger gegangen und habe ihm die ganze Gedichtsammlung von Skálda gezeigt. Er schien von dem Konzept begeistert zu sein und denkt, dass das wirklich etwas werden könnte. Natürlich geht er davon aus, dass das alles eine Art Scherz ist, den ich erfunden habe. Ich habe nicht versucht, ihm diesen Sachverhalt näher zu erklären. Er ist ein Katzenmensch und überzeugt, Hunde seien dumm. Aber er ist gespannt darauf, dass etwas von mir kommt, ein Lebenszeichen, wie er es ausdrückt. Und ich könnte es wirklich gut gebrauchen, wenn ein bisschen was durch Vorauszahlungen zusammenkommt; diese Geldsorgen belasten mich immer wie ein Albtraum. Wenn dieses Projekt gut wird, könnte das zweierlei für mich bedeuten: Ich käme heraus aus den Schulden und hinein in eine Bombenstimmung, aus der heraus ich selbst etwas Intelligentes anfange. Das wäre, als ob man sich selbst auf einen neuen Nullpunkt zurückstellt, ein klarer Schnitt, ein Neubeginn.

*

Es kam so, wie ich es geahnt hatte: Die Veröffentlichung steht vor der Tür. Ich habe gehört, wie er diese Pläne am Telefon mit seinem Freund Sigurjón besprach. Jeder weitere Kontakt war per E-Mail, und dazu habe ich keinen Zugang. Beängstigend ist das sicherlich, aber an sich keine schlimme Neuigkeit für mich und natürlich auf eine gewisse Art und Weise das, was ich ansteuerte: mir eine neue Nische zu ergattern. In der Menschenwelt. Ich glaube, das ist vorher noch nie gelungen. Nun ist es wichtig, sich einen Ruck zu geben.

*

Donnerwetter! Es ist, als ob die Hündin komplett verstünde, was bevorsteht, und gespannt darauf ist. Mir kommt es so vor, als ob ihre Gedichtströme mit jedem Tag, der vergeht, stärker werden.

*

Nichts bessert sich. Seine Empfänglichkeit vermehrt sich kein bisschen, und ich kann nichts von meiner Dichtkunst übermitteln. Sie wird vollkommen umgebildet und ertrinkt in seinen Bearbeitungen. Und was noch schlimmer für mich ist: Ich kann selbst nicht mehr dichten. Ich merke deutlich, dass man in Geirsnef auf mich als gefallenen Stern herabblickt. Und das zu erscheinende Buch! Das Ergebnis wird mitleiderregend. Für mich gibt es keinen anderen Ausweg, ob in der Hundewelt oder der der Menschen. Eigentlich muss ich jetzt aufgeben.

*

Ich weiß nicht, ob es Einbildung ist, aber jetzt ist es, als ob ich keine weiteren Strömungen von Skálda wahrnehme. Oder war vielleicht alles zusammen von

Anfang an Einbildung gewesen? Oder bilde ich mir nur ein, dass es eine Einbildung gewesen ist? Wie auch immer es ist, es zeichnet trotz allem ein gewisses Bild vom Dichten im Allgemeinen. Es entsteht durch Einbildung. Und wie diese Einbildung entsteht, kann man sich nicht anders als durch mehr und noch mehr Einbildung verdeutlichen. Keine Einbildung ist allerdings, dass ein Buch entstanden ist. Jetzt fehlt nur noch ein letzter Kraftaufwand. Und ich habe selbst darin so eine gute Übung entwickelt, dass es mir leichtfällt, mit dem Rest fertig zu werden, obwohl die Verbindung mit Skálda unterbrochen zu sein scheint. Wenn es sie denn jemals gegeben hat. Ich bekomme auch gute Rückmeldungen aus dem Verlag. Andrés, mein Lektor, hat sofort einige Veränderungen vorgenommen, die der Verbesserung dienen. Bald ist alles fertig, und das Buch findet seinen direkten Weg in die Druckerei. Dann kommt es mit großem Bohei heraus. Wenn es gut läuft, komme ich wieder ins Gespräch und gleichzeitig raus aus den Schulden.

*

Es war eine entsetzliche Zeit für mich. Alles hatte sich in die denkbar schlechteste Richtung entwickelt. Als das Buch erschien, geschah eine Katastrophe nach der anderen. Ich wurde natürlich als Autorin fein herausgeputzt und musste zusammen mit dem Dichter in unzähligen Gesprächen und Veranstaltungen auftreten. Und das war auf mehrerlei Weise peinlich. Ich kann nichts von alledem ohne Schamesröte hören, ich werde dunkelrot vor Scham, aber zum Glück sieht man das nicht durchs Fell hindurch, und die Menschen bemerken den Geruch nicht. Das Einzige, auf das ich noch hoffe, ist, dass sich das Buch gut verkauft, Interesse weckt und diesem armen Dichter die Stütze wird, die er zum Leben braucht. Und das war natürlich eine meiner Hauptabsichten, von persönlichen Aufstiegsambitionen mal abgesehen, die mir aber eigentlich ziemlich egal sind. Ich habe genug, um zu verschwinden. Aber man konnte es wenigstens mal versuchen.

*

Jaja. Es wurde alles zu einem vollkommenen Fiasko. Niemand konnte die Geschichte ernst nehmen. Die Idee erscheint ihnen fad. Ich bin wahrscheinlich zu alt geworden. Wenn das einem jüngeren Mann eingefallen wäre, wäre es wahrscheinlich in die Kategorien ›wahrhaftig originell‹ und ›kühn‹ gefallen. Der Verleger rief mich also eines Tages zu sich und sagte, dass er sich eigentlich nicht mehr leisten könne, mich weiterhin unter seinen Fittichen zu behalten. Wenn ich einer Vertragsauflösung zustimmen würde, würde er die Verluste vergessen. Nachdem alles begonnen hatte, so gut auszusehen, ist das traurig. Aber irgendetwas ist auf dem Endspurt schiefgelaufen in der Verbindung zwischen Skálda und mir, ich weiß nur nicht was.

*

Es ist anscheinend alles schiefgelaufen. Kein Wunder, so schlecht, wie er meine Gedanken umsetzen konnte. Das ist ziemlich besorgniserregend, es ist eine Katastrophe, den Mann so zu sehen. Ich würde es als eine Depression der schlimmsten Sorte bezeichnen. Er sitzt meistens nur da, gafft in die Luft und ist nicht in der Lage, irgendetwas zu machen. Aber dann bemerkte ich, dass er begonnen hatte, mich auf eine ganz besondere Art anzuschauen, die mir vorher nicht bewusst geworden war. Plötzlich spürte ich so etwas wie einen Ruck, und es begann einiges von ihm überzufließen, das mir ohne weitere Umschweife zu einem Gedicht wurde. Ich habe wieder angefangen, draußen im Geirsnef zu veröffentlichen, und es scheint sich alles in eine wirklich gute Richtung zu entwickeln. Mein Dichterruhm ist größer als jemals zuvor, und meine Mitschnüffler ahnen nicht einmal, dass die Basis nicht von mir kommt. Sie sprechen von großartigen Innovationen, von einer unglaublichen Originalität und Tiefe. Könnte ich dem Dichter nur verständlich machen, was für ein großartiger Poet er in Wahrheit ist!

Übersetzt von Kathrin Henstra

Magnús Sigurðsson

Ausrangierte Bücher – eine Hommage

An einem kalten Wintertag in Reykjavík kaufte ich die ausgezeichnete Geschichtensammlung *Ljóðabréf* des Schriftstellers Hannes Pétursson, die 1973 vom Verlag Helgafell herausgegeben wurde. Ich hatte den Tag mit meiner spanischen Freundin in der Innenstadt verbracht, wobei die Winterkälte uns öfters in Cafés und Geschäfte des Zentrums getrieben hatte, wo wir uns aufwärmten. Anstatt meiner Freundin, als wir an der Vesturgata angekommen waren, in den Antiquitätenladen der Tante Fríða zu folgen, sagte ich, dass ich im ersten Stock der Stadtbibliothek auf sie warten wolle, und verschwand um die Ecke. Ich wusste, dass in der Kaffeeecke der Bibliothek Bücher zum Verkauf standen. Dort lagen die ausrangierten Werke der Bibliothekssammlung, jedes Exemplar zum Preis von hundert Kronen, und so grub ich Hannes' Briefgedichte, die *Ljóðabréf*, heraus, bevor ich den ganzen Stapel durchstöbert hatte.

Ich genoss es, die Augen über die Regale und Ständer in der Nische schweifen zu lassen, wo die Bücher, abgegriffen und viel gelesen, standen, während die heiße Luft des Ofens meine Hände und Füße wärmte. Ich hatte keine Eile, zumal ich sicher sein konnte, dass meine Freundin noch eine ganze Weile in der Vesturgata bei Tante Fríða inmitten all der Antiquitäten verweilen würde, auf die sie seit unserem Besuch im letzten Sommer so große Stücke hielt.

Obwohl es mir mehrere interessante Bücher angetan hatten, beschloss ich kurzerhand, mich nicht zu überladen und stattdessen nur eines auszusuchen, und hoffte insgeheim, dass meine Freundin bei ihrer Einkaufstour dasselbe tun würde. Wir haben nämlich beide eine Schwäche dafür, zahlreiche »unnütze« Dinge in unserer Kammer in Spanien anzuhäufen und den ohnehin schon engen Raum dadurch noch mehr zu begrenzen.

Zu guter Letzt, als ich gewissenhaft die Rücken aller ausrangierten Bücher durchgesehen hatte, musste ich mich zwischen zwei ähnlichen Exemplaren entscheiden: zwischen den bereits erwähnten *Ljóðabréf* von Hannes Pétursson und der Gedichtsammlung *Komið til meginlands frá nokkrum úteyjum* – »Von fernen Inseln zum Kontinent gekommen« – von Kristján Karlsson, dem sogenannten New-York-Schriftsteller. Am Ende lag Hannes in Führung, und ich bezahlte den verlangten Preis an der Bibliothekskasse; hundert Kronen für die ausrangierten *Ljóðabréf*, schönen Dank!

Kurz darauf sah ich, wie meine Freundin halsbrecherisch zwischen zwei heranbrausenden Autos über die Tryggvagata zu unserem Treffpunkt schoss und einen zitronengelben Plastikkorb über ihrem Kopf schwenkte. Etwas anderes hatte sie nicht gekauft, aber sie machte einen überglücklichen Eindruck mit ihrem Korb. Ich hielt nicht sehr viel davon, beschloss jedoch, keine Bemerkung fallenzulassen. Ich fragte, wie viel er gekostet habe – dreihundert isländische Kronen, und er sei außerordentlich geeignet für den Santa-Caterina-Markt, antwortete meine Freundin entzückt.

Ich verstaute Hannes und die restlichen Einkäufe des Tages im Korb und sah, dass die blassgelbe Farbe des Schutzumschlages mit der Farbe des grobmaschigen Plastikkorbes zusammenfiel, sodass kein Unterschied mehr zu erkennen war.

Da beschlossen wir einhellig, dass unsere Einkaufstour an diesem klirrend kalten Wintertag beendet sei, und schlugen den schnellsten Weg zu meinem Elternhaus im Westen der Stadt ein.

An jenem Abend tauchte ich in ein gutes, heißes Bad. Das Kälteschlottern durch das Herumstreifen in der Innenstadt saß mir noch tief in den Knochen, und so brannte ich darauf, mit der Lektüre der *Ljóðabréf* im heißen und beruhigenden Salzbad zu beginnen. Als ich gerade daran dachte, wie gewöhnlich die letzten Seiten des Buches durchzublättern, widerfuhr mir ein Missgeschick: Das Buch rutschte mir aus den Händen und platschte auf die Wasseroberfläche. Ich fischte es zwar schleunigst heraus, bevor es sich mit dem dampfenden Badewasser vollgesogen hatte, aber der Schaden war angerichtet.

Meine Mutter stand gerade am Waschbecken und entfernte die Farben des Tages aus ihrem Gesicht, als das Unglück geschah. Sie tat alles, um die Seiten des Buches für mich zu trocknen, aber das dicke Papier begann bereits, sich zu wellen.

»Das ist mir noch nie passiert«, sagte ich erstaunt. Denn obwohl ich der Badewannenlektüre bereits seit unzähligen Jahren frönte, so war mir doch noch nie das Missgeschick unterlaufen, dass mir mein Lesestoff auf diese Weise aus den Händen gerutscht wäre. Und dies, obwohl ich schon häufig dickere Bücher in den Händen gehalten hatte als dieses Geschichtenbüchlein von Hannes.

»Was das wohl zu bedeuten hat?«, fragte meine Mutter. Sie legte das Buch zum Trocknen auf den Ofen, und vor dem Hintergrund der blau gestrichenen Badezimmerwand sah es aus wie eine hellgelbe Zeltstadt unter blauem Himmel.

»Wenn ich das bloß wüsste«, antwortete ich. Ich war mir einfach nicht sicher.

Als die einzelnen Papierblätter getrocknet waren und Hannes gleichsam angeschwollen war, legte ich das Buch auf das Bügelbrett der Familie und begann, jede einzelne Seite zu glätten. Irgendetwas veranlasste meine Eltern, sich über das Gebaren ihres Sohnes mit dem Bügeleisen lustig zu machen, und sie meinten, es sei offensichtlich, dass dieses Haushaltsgerät in meinen Händen eigenartig aussehe. Und doch war ich ganz erfolgreich, die meisten Wellen aus dem Papier zu beseitigen, und scherte mich wenig darum, dass die *Ljóðabréf* sich gelb verfärbten, sobald ich das heiße Bügeleisen darübergleiten ließ, sodass es fast wie Pergament aussah.

Die Feuchtigkeit hatte diesem ausrangierten Exemplar derart übel mitgespielt, dass sogar der harte Umschlag in einem großen Bogen verformt war. Bevor ich zu Bett ging, schob ich deswegen das Buch unter die schwere Anrichte im Wohnzimmer und ließ es die ganze Nacht unter deren Gewicht liegen.

Die *Ljóðabréf* waren wieder wie neu, als ich sie am nächsten Morgen steif gepresst unter dem Eichenbüfett hervorzog. Und ich wäre erstaunt gewesen, wenn der Umfang des Büchleins von Hannes Pétursson nicht geschrumpft wäre, nachdem es gestern Abend ungefähr um das Dreifache angeschwollen war.

Meine Freundin und ich hatten während unseres Islandaufenthalts viel unternommen. Unter anderem machten wir bei schönstem klaren Winterwetter einen Ausflug nach Þingvellir, und auf dem Heimweg besuchten wir Gljúfrasteinn, das Zuhause von Halldór Laxness. An diesem Tag waren wir die einzigen Gäste des Museums und verbrachten viel Zeit damit, die Bücher und Kunstobjekte des Hauses zu betrachten. Auch den Kunstmuseen der Stadt statteten wir einen Besuch ab, zumal neulich die Eintrittspreise zu sämtlichen Sammlungen abgeschafft worden waren. Danach gingen wir zum ersten Mal in ein Sinfoniekonzert und amüsierten uns vorzüglich. Auf dem Programm stan den Klavierkonzerte von Sibelius und Prokofjew.

Später gingen wir ins Kulturhaus, das uns am meisten beeindruckte. Dort sahen wir uns die Ausstellung über das rühmliche Lebenswerk des Übersetzers Helgi Hálfdanarson im alten Lesesaal der ehemaligen Landesbibliothek sowie auch die Handschriftensammlung des Museums im ersten Stock an. Wir waren uns einig, dass es eine wertvolle und eindrückliche Erfahrung war, vor dem Codex Regius der Edda zu stehen und zu merken, dass die mittelalterlichen Pergamenthandschriften dieses Landes in der Tat die einzigen greifbaren Kulturgegenstände sind, die einem vor Augen geführt werden können.

Und wie ich so dastand und die zerknitterten und leicht gewellten Seiten dieser winzigen Handschrift betrachtete, dieser Abschrift der wertvollsten Kostbarkeiten Islands, da wurde mir plötzlich klar, was der Vorfall vor einigen Tagen – als mir Hannes' *Ljóðabréf* aus den Händen gerutscht und ins Badewasser gefallen waren – bedeutete.

»Die Blätter dieses Pergamenthaufens sollten auch gebügelt und durch eine schwere Last geglättet werden«, flüsterte ich meiner Freundin vergnügt ins Ohr. Die Dunkelheit des Raumes verschlang uns, doch aus den Vitrinen drangen Lichtstrahlen. Unsere Gesichter spiegelten sich in der Glasscheibe.

»Und so wurden wir voll und ganz zu Buchhaltern der Vergangenheit, schufen uns mithilfe der vielfältigen Buchstaben einen geistigen Zufluchtsort ...«, wie Hannes mit eigenen Worten über diese Handschriften und die Menschen, die die germanischen Erinnerungen hier im Nordlichtgürtel wieder hatten aufleben lassen, geschrieben hatte – siehe 11. Ljóðabréf, Seite 28.

Übersetzt von Ramón Gander

Gyrðir Elíasson

Der Bücherschrank

Er war ein alter Mann geworden, und das eine oder andere hatte ziemlich deutlich angekündigt, dass das Leben nicht unendlich sein würde. Eines Tages, als er zu Hause im Wohnzimmer auf dem Sofa lag und zu seinem vollen Bücherschrank hinüberschaute, kam er auf eine Idee.

Langsam und schwerfällig richtete er sich auf, ging zum Bücherschrank und fing an, die Bücher herauszunehmen. Es war ein sehr tiefer Schrank, kunstvoll aus Eichenholz geschreinert. Er legte die Bücher auf Stühle und aufs Sofa, nahm hin und wieder ein Buch, das ihm besonders lieb war, blätterte darin herum und räumte dann weiter die Regale aus. Zum Schluss war der Schrank ganz leer. Die Regalbretter waren nicht befestigt, er nahm sie heraus und lehnte sie an die Wand. Dann schob er den Bücherschrank langsam von der Wand weg. Der Schrank war schwer, obwohl nun keine Bücher mehr darin waren, und der alte Mann kam beim Schieben ziemlich außer Atem. Er rackerte sich eine ganze Weile damit ab, doch schließlich gelang es ihm, den Schrank in die Mitte des Wohnzimmers zu schieben. Dort war genug Platz, um ihn flach auf den Boden zu legen, und so griff er an die obere Kante und ließ ihn langsam und sorgfältig auf den Boden herunter. Er empfand ein Schwindelgefühl, während er auf den Schrank schaute, wie er da auf dem Boden lag und nun nicht mehr wie ein Bücherschrank, sondern wie etwas ganz anderes aussah.

Der alte Mann ging zu seinem kleinen Lagerraum, der in diesem Block ganz am Ende des Korridors lag, und holte dort einen Hammer und Nägel. In dem feuchten Raum waren die Nägel rostig geworden, ebenso der Hammer. Er ging zurück in die Wohnung, nahm die Regalbretter, die aufrecht an der Wand standen, und legte sie flach auf die Schrankkanten. Er reihte sie so aneinander, dass sie bis zur Mitte reichten. Allmählich begann das Ganze Gestalt anzunehmen. Er nagelte die Bretter, so wie sie lagen, fest an den Schrank, mit jeweils zwei Nägeln auf jeder Brettseite.

Der Klang der Hammerschläge hallte durch die kleine Wohnung.

Einen Augenblick lang sah er aus dem Fenster. Die Bäume draußen waren merkwürdig grau und farblos, obwohl sie noch voll belaubt waren, und über ihnen sah man einen Streifen des mit schweren Wolken verhangenen Himmels. Ein kleines Kind spielte gerade mit einem roten Ball auf dem Spielplatz beim Hauseingang.

Er nahm das bestickte rote Kissen, das seine Frau genäht hatte, und legte es in das offene Ende des Schranks. Die Bretter im Schrankrücken waren der Länge nach angebracht. Er ließ sich langsam und mit großer Mühe auf die Bretter niedergleiten, ließ den ergrauten Kopf auf das Kissen sinken und starrte dann nach oben zur gelb gestrichenen Zimmerdecke. Der Kronleuchter, den seine Frau vor langer Zeit gekauft hatte, war fast genau über ihm. Das Glas darin war matt, weil es draußen noch hell war und er die Glühbirnen nicht eingeschaltet hatte.

»Das ist ja wunderbar«, dachte er. Der Schrank war gerade lang genug, und auch die Breite war angenehm. Mit Hilfe des obersten Tablars, das er ganz vorn an den Schrank genagelt hatte, richtete er sich auf. Er ging erneut zum Lagerraum, legte dort den Hammer auf einer kaputten Waschmaschine ab und nahm drei leere Pappkartons mit in die Wohnung. Er fing an, die Bücher in die Kartons zu packen. Als er merkte, wie feucht die Wellpappe war, verzog er das Gesicht, nahm die Bücher, die er schon verstaut hatte, wieder heraus, suchte ein paar Zeitungen auf der Ablage und legte sie unten in die Schachteln. Dann machte er sich erneut daran, die Bücher hineinzulegen. Er verzichtete nun darauf, in sie hineinzuschauen, reihte sie nur sorgfältig und liebevoll aneinander. Als er alle Schachteln gefüllt hatte, waren noch ein paar Bücher übrig, die er auf die Fensterbank legte.

Die Kartons waren schwer, er versuchte daher gar nicht erst, sie hochzuheben. Er schob sie auf dem Boden in eine Ecke des Wohnzimmers, wo das Klavier gestanden hatte. Er besaß kein Klavier mehr, er hatte ja auch gar nie darauf gespielt, sondern sie. Sie hatte am liebsten kurze Stücke von Charles Valentin Alkan gespielt, von dem es hieß, er sei beim Versuch, eine Erbauungsschrift im obersten Regal zu erreichen, von seinem Bücherschrank erschlagen worden.

Anschließend ging er in die Küche, stellte den Wasserkocher an und öffnete eine kleine Büchse mit Nescafé. Er wartete, bis das Wasser kochte, leerte es in eine Tasse und gab zwei Teelöffel Kaffeepulver und Zucker hinein. Er war ziemlich zittrig, und die Tasse klapperte auf ihrem Unterteller, als er ins Wohnzimmer ging. Er setzte sich aufs Sofa, schlürfte seinen Kaffee und sah dabei aus dem Fenster. Die Blätter an den Bäumen hatten denselben grauen Farbton wie zuvor. Und doch war der August gerade erst zur Hälfte verstrichen.

»Sie müssten eigentlich noch ganz grün sein«, dachte er.

Das Kind, das mit dem roten Ball gespielt hatte, war verschwunden. Zwei Drosseln hüpften auf dem Rasen umher, auch das Gras hatte nun diese graue Farbe angenommen.

Auf einmal klingelte das Telefon. Er nahm den Hörer ab. Es war seine Tochter.

»Wie geht's, Papa?«

»Einigermaßen.«

»Soll ich zu dir kommen?«

»Morgen vielleicht«, sagte er.

Er legte auf und trank den letzten Schluck Kaffee. Dann griff er nach einem der Bücher, die auf dem Fensterbrett lagen. Es waren die *Briefe aus meiner Mühle* von Alphonse Daudet. Er schaltete das Licht an, obwohl es auch so noch hell genug zum Lesen war, setzte die Brille auf, die auf dem Wohnzimmertisch lag, und glitt mit seinem Buch in den Bücherschrank. Dort machte er es sich bequem, rückte den Kopf auf dem Kissen zurecht und war endlich mit seiner Position zufrieden. Er öffnete das Buch und begann zu lesen. Um die kleinen Buchstaben entziffern zu können, musste er es ein wenig von sich weg halten. Er fing mit der Geschichte von der Ziege an. Das war seine Lieblingsgeschichte in diesem Buch gewesen, in dem er seit Jahrzehnten nicht mehr gelesen hatte. Jetzt kam es ihm vor, als ob er es zum ersten Mal lese, als ob die Worte neu niedergeschrieben worden wären.

»Nun fehlen nur noch einzelne Bretter, um alles zu beschließen«, dachte er, als er eine Seite umblätterte.

Übersetzt von Michael Kühn

Sigurlín Bjarney Gísladóttir

Der Riss

Überwältigt von seiner eigenen Kraft brüllt der Wind ums Haus, ohne mit den Wolken einig zu werden. Sie schwingen sich in den Himmel wie die Legionen eines Alleinherrschers, die soeben die Welt besiegt haben. Eine Möwe schwebt über dem Quai, und die Dunkelheit ist dick, vermischt mit schwarzem Tod. Der Ruf der Möwe geht im Schneesturm unter, und der heulende Wind übertönt alles. Still türmen sich die Wolken weiter auf und füllen den Himmel aus, setzen den Zeigefinger an die Lippen und grinsen einander an. Dieser Anblick lässt den Wind aufbrausen und aus voller Kraft Mahnworte über schlafende Ohren hinweg schreien.

Das Dorf am Berg, weit hinten im Fjord, ist voller Häuser, die voller Leute sind, die den Kopf voller Träume haben. Es ist warm unter der Decke, das Kissen ist weich, nichts stört die Ruhe im tiefen Schlaf. Zuhinterst in der Straße ringt ein hellhaariger Junge mit seiner Luftmatratze und versucht auf ihr zu spielen wie auf irgendeinem Instrument. Eine grauhaarige Frau im Block strickt Pullover mit Flügeln, der Mann neben ihr kauft Kleider im Ausverkauf, und eine dunkelhaarige Frau im nächsten Laden gehorcht den Aphorismen ihrer verstorbenen Mutter. Im nächsten Zimmer ist ein pickliger Jüngling, der das Mädchen im gelben

Haus küsst, dem es jede Nacht von fliegenden Fischen träumt. Der zurückhaltende Lehrer – er ist nicht von hier – liegt unter der weichen Decke im unbemalten Haus und träumt weißen Vogeldreck über sich, in sich hinein und auf sich herunter.

Am Berg ist ein Kar, am Kar ein Graben und dort eine Mulde, in der sich der Schnee sammelt. Im Schutze der Nacht, in der Schwärze des Getoses. Der Schneesturm versammelt sich auf glatt vereistem Schnee, verdichtet die Menge und knüpft Verbindungen. Verdickt und verfestigt sie auf der steilen Oberfläche. Der Anriss ist kurz davor aufzubrechen, die Masse darunter bereit loszurasen.

Am Rande des Dorfes ruhen Ellbogen auf dem kalten Sims, der Mann starrt aus dem Fenster und glaubt, der Berg sei ein Vogel. Er sieht seine eigenen Hände nicht vor den Augen und kann nicht verstehen, was ihn zum Fenster zieht. Gerade noch macht er das Möwengekrächze im Wind aus, den Berg inmitten des Schneesturms und wie der Schnee an den Bergwurzeln, Hängen, Nischen und Gräben hochkriecht. Er verspürt einen Schmerz im Ellbogen und denkt – und denkt, wie viel er doch nicht versteht und nie wissen kann. Er zieht in Gedanken eine Linie, die sein Leben ist, und verändert sie in viele durchbrochene Kreise. Sehnt sich danach, zu sehen, wie der Berg zum Fluge anhebt, fortfliegt und nichts zurücklässt außer der Aussicht.

Er richtet sich auf, massiert die kalten Ellbogen und sieht, zwischen den Schneeböen, wie der Berg kackt. Er sieht die Masse den Berg hinunterfließen, schneller und schneller und schneller, die Druckwelle fegt härter und härter der Wolke aus Schnee voraus, löscht die Träume aus, zerdrückt die Hoffnungen und zerstampft die Atemzüge. Da erkennt er mit einem Male, dass Berge niemals fliegen, sondern nur starr in ihrer Widerspenstigkeit dasitzen und dabei noch weißen Vogeldreck über die Menschen kacken. Dann kommt er wieder zu Bewusstsein und greift nach dem Telefonhörer.

Keiner wacht wieder auf, und der Berg steht an seinem Platz, mit einem Anriss in der Mulde und gefalteten Flügeln unter den Steinen.

Übersetzt von Florence Croizier

Anhang

Nachwort

Dass Natur in der Geschichte der isländischen Literatur eine feste Bezugsgröße ist und – damit direkt zusammenhängend – Landschaft eines der literarischen Hauptthemen Islands darstellt, ja während langer Zeit ein Pfeiler der kulturellen Selbstvergewisserung war, erstaunt nicht: Zu unmittelbar sind die Isländer seit je der Natur ihres Landes ausgesetzt, zu groß und weitreichend ist hier durch die Jahrhunderte hindurch der Einfluss der Umwelt auf ihre Lebensweise und Kultur gewesen. Es ist also durchaus angebracht, dass die vorliegende Anthologie mit isländischer Gegenwartsprosa von zwei Texten umrahmt wird, die sich aus einer dezidiert zeitgenössischen Sicht mit Natur befassen. Die beiden Erzählungen vermögen zugleich deutlich zu machen, in welcher Weise sich Wahrnehmungen und Repräsentationen von Natur und Landschaft in der isländischen Literatur gewandelt haben.

Schon die ersten historischen Erwähnungen des Landes in der mittelalterlichen isländischen Literatur, das *Isländerbuch* (*Íslendingabók*, um 1122–33) von Ari Þorgilsson (1067/68–1148) und das *Besiedlungsbuch* (*Landnámabók*, 13. Jahrhundert), verweisen auf die dort herrschenden außerordentlichen jahreszeitlichen Verhältnisse – die Polarnacht, den nordischen Sommer –, und diese dienen gerade dazu, das Land zu identifizieren. Eine der wichtigsten Gattungen der isländischen Mittelalterliteratur, die Isländersaga, sieht es als eines ihrer Hauptanliegen, Landschaft literarisch verfügbar zu machen. Immer wieder wird in diesen Prosaerzählungen aus dem 13. und 14. Jahrhundert beschrieben, wie das Land von den aus Norwegen eingewanderten Siedlern entdeckt, in Besitz genommen und wie in diesem unbekannten Land eine neue Gesellschaft aufgebaut wird. Eine ganz wesentliche Tätigkeit der Landnahmeleute besteht, so der Ausweis der Sagas, darin, die Umgebung zu erkunden und zu benennen. Noch keineswegs Landschaftsschilderung im modernen Sinn, kam den Naturbeschreibungen in den Sagas ähnlich wie neuzeitlichen Volkssagen die Aufgabe zu, den anfänglich menschen- und damit bedeutungsleeren Raum mit Geschichten zu füllen und so die natürliche Umgebung als Teil des kulturellen Gedächtnisses verständlich zu machen. Die mittelalterliche Sagaliteratur hat durch die zahlreichen Anekdoten, die das Entstehen konkreter und heute noch üblicher Ortsnamen erklären, ein dichtes Netz von Erinnerungsorten über das ganze Land gelegt, und die unberührte Natur der Landnahmezeit zu einem semiotisierten Raum, der sich lesen lässt, zu einem Zeichenträger gemacht.

Auch in nachmittelalterlichen Zeiten spielt die Auseinandersetzung mit der Natur eine zentrale Rolle in der Geschichte der Literatur Islands. So gibt der wohl wichtigste Text der isländischen Aufklärung, Eggert Ólafssons (1726–68) und Bjarni Pálssons (1719–79) *Reise durch Island* (dänisches Original 1772, deutsche Übersetzung 1775), eine erste systematische Beschreibung des Landes, die in einer überhöhten Schilderung der Erstbesteigung des Vulkans Hekla gipfelt. Sie weist bereits voraus auf die romantische Naturlyrik, wie sie dann die isländischen Dichter des frühen 19. Jahrhunderts formulieren werden. Und es ist natürlich kein Zufall, dass diese deutsch-dänisch inspirierte Naturdichtung gerade in Island auf fruchtbaren Boden fällt und zur wichtigsten Gattung im 19. und frühen 20. Jahrhundert wird. Bjarni Thorarensen (1786–1841), Jónas Hallgrímsson (1807–45), Kristján Jónsson (1842–69) und viele andere Romantiker versehen sie in wunderbaren Gedichten von großer sprachlicher Kraft mit einem nationalromantischen Impetus: Sie erweitern die romantische Lyrik um die Komponenten Geschichte und Nation. Das führt dazu, dass die Naturlyrik zu einer Art poetisierter Historiografie wird, die die Bestrebungen nach nationaler Unabhängigkeit von Dänemark im ausgehenden 19. und frühen 20. Jahrhundert nachhaltig unterstützt. In diesen Texten arbeiten die Dichter mit einer Vorstellung von Ursprünglichkeit und Reinheit, die sie in gleicher Weise auf die isländische Natur wie auf die isländische Sprache anwenden. Um die Jahrhundertwende 1900 schwärmt dann ein vitalistischer Dichter wie Einar Benediktsson (1864–1940) von der Kraft der Natur des Landes und besingt in überbordenden Versen die technischen Entwicklungsmöglichkeiten, die in den mächtigen und noch ungenutzten Wasserfällen liegen.

Bis weit ins 20. Jahrhundert hinein gibt es nur wenige Autoren, die sich der Verlockung einer Auseinandersetzung mit der isländischen Natur und Landschaft entziehen. Einer, der dies am radikalsten unternimmt und die isländische Natur immer wieder ironisch entmythologisiert, ist der bedeutende avantgardistische Prosaautor Þórbergur Þórðarson (1888–1974). Im Gegensatz dazu findet sich bei dem anderen großen Romancier der Zeit, Halldór Laxness (1902–98), ein weites Spektrum von Naturbeschreibungen, vom ersten veröffentlichten Buch mit dem Titel *Kind der Natur* (*Barn náttúrunnar*, 1919) über sozialkritische Landschaftsschilderungen in *Sein eigener Herr* (*Sjálfstætt fólk*, 1932–34) bis zum Entwurf einer imaginären Gegenwelt in einem isländischen Vogelfelsen in *Seelsorge am Gletscher* (*Kristnihald undir jökli*, 1968) und recht traditionellen Naturwahrnehmungen in den späten Erinnerungsbüchern. Vielleicht erklingt in diesen Texten die Stimme der Natur zum letzten Mal rein und kräftig. Denn der Einzug der Moderne in die isländische Literatur in den 1960er Jahren führt auch zu einer Abkehr von der Naturobsession und Landschaftsfixierung, und spätestens mit den Durchbruchsbüchern von Autoren wie Pétur Gunnarsson (Jg. 1947), Einar Már Guðmundsson (Jg. 1954) und Einar Kárason (Jg. 1955) in den 1970er und 80er Jahren, die ihre Kindheit und Jugend in Reykjavík in sozialhistorischen Romanserien beschreiben, wird die Natur von der Stadt als wichtigstem literarischen Handlungsraum abgelöst.

Beispiele von aufbauenden, sinnbegründenden und gedächtniskonstruierenden Naturschilderungen weist die heutige isländische Gegenwartsliteratur nicht mehr auf. Zwar gibt es, wie dies einige der hier vorgelegten Erzählungen zeigen, in Island weiterhin junge Autorinnen und Autoren, etwa Sigurlín Bjarney Gísladóttir (Jg. 1974) oder Guðmundur Óskarsson (Jg. 1978), die sich in die Tradition der Naturdichtung einschreiben. Doch bei ihnen ist die Natur nicht mehr der unproblematische Raum der früheren Dichtung. Und so ist es durchaus folgerichtig, dass eines der am meisten beachteten isländischen Bücher der letzten Jahre, *Traumland* (*Draumaland*, 2006, deutsche Übersetzung 2011) von Andri Snær Magnason (Jg. 1973), zum Genre der ökologischen Literatur gehört, welche die moderne Naturzerstörung zum Thema macht. Das einst von Elfen bevölkerte und von Geschichten erfüllte »Niemandstal« ist in Island längst mit asphaltierten Straßen und einem dichten Netz von Tankstellen überzogen, wenn es nicht bereits in einem zur Gewinnung billiger Energie für die ausländische Industrie angelegten Stausee untergegangen ist. Inzwischen sind, das zeigt die Auswahl des vorliegenden Bandes, die meisten Geschichten Islands, in und außerhalb der Literatur, in »Downtown Reykjavík« angesiedelt.

Bekanntlich folgt auf jeden Karneval die Fastenzeit. Die jüngste Entwicklung Islands bietet dafür ein besonders anschauliches Beispiel. Wie kein anderes Land in Europa wurde die Insel im Nordatlantik im Herbst 2008 vom Crash der Banken getroffen. Die exaltierte ökonomische Party, an der sich die sogenannten Finanz-Wikinger und mit ihnen fast das ganze Land in den vorausgehenden zehn bis fünfzehn Jahren beteiligt hatten, wurde schlagartig von einer Wirtschaft, Politik und Kultur gleichermaßen umfassenden Katerstimmung abgelöst. Aus ihr arbeitet sich das Land nur langsam heraus. Schriftsteller und Kritiker sind bei der Bearbeitung des Traumas von der ersten Stunde an dabei gewesen, haben die Geschehnisse beschrieben, und in den letzten Jahren hat sich in der isländischen Literatur ein eigentliches neues Genre der »Konkursliteratur« (»hrunbókmenntir«) herausgebildet. So bezeichnete, um nur einige wenige Beispiele anzuführen, der isländische Philosoph Stefán Snævarr in einem Beitrag von 2009 die Ideologie des wirtschaftspolitischen Neoliberalismus, die für den Zusammenbruch des Finanzwesens verantwortlich gemacht wird, in biblischer Terminologie als »siebte Plage Islands«. Der Literaturwissenschaftler Guðni Elísson sprach vom Kollaps mit Anspielung auf das Musical und den Film *Oh! What a Lovely War* als einem wunderbaren Ruin (»indælt hrun«). Einer der führenden isländischen Autoren, Einar Már Guðmundsson, legte 2009 mit *Hvítabókin* (deutsch: *Wie man ein Land in den Abgrund führt*, 2010) eine zeitnahe Dokumentation der Ereignisse vor. Der Verleger Halldór Guðmundsson (Jg. 1956) gab im selben Jahr eine auf Deutsch verfasste Betrachtung unter dem Titel *Wir sind alle Isländer* heraus. Und ebenfalls 2009 erschien von Guðmundur Óskarsson, der die Bankenwelt aus eigener Erfahrung kennt, der Roman *Bankster*, eine Abrechnung eines Insiders, die prompt 2010 den höchsten isländischen Literaturpreis erhielt. Daneben hat sich vor allem die isländische Kriminalliteratur umgehend des Themas Krise angenommen, und Mordfälle haben seit 2008 meist einen, wenn auch häufig oberflächlichen, Bezug zur Krise.

Vielleicht noch aufschlussreicher ist ein Blick auf die Literatur der Jahre, die dem Kollaps direkt vorausgingen. Damals entstand eine ganze Reihe von höchst interessanten Werken, die ähnlich wie Seismografen die kommenden Erschütterungen andeuteten. So hat etwa Pétur Gunnarsson 1997 den kurzen Roman *Heimkehr (Heimkoma)* vorgelegt, der – ähnlich wie Steinunn Sigurðardóttirs (Jg. 1950) *Der gute Liebhaber* (*Góði elskhuginn*, 2009) oder Bergsveinn Birgissons (Jg. 1971) *Handbuch über das Gemüt der Kühe* (*Handbók um hugarfar kúa*, 2009) – von einem Isländer erzählt, der nach langen Jahren im Ausland nach Hause zurückkommt und eine entfesselte, nicht mehr wiederzuerkennende Gesellschaft vorfindet. Den beklemmendsten Text dieser Jahre, *Frauen* (*Konur*, 2008), hat Steinar Bragi (Jg. 1975) geschrieben; dieser Roman spielt das ganze Paradigma von Gender, Sexismus, Kunst, Architektur, Medien, Macht am Beispiel einer jungen Frau in einem Glaspalast im Reykjavík der Boom-Jahre durch. In Abwandlung des Titels eines bekannten Romans des Dänen Knud Sønderby mit dem Titel *Mitten in einer Jazz-Zeit* (*Midt i en Jazztid*, 1931) ließen sich diese Boom-Jahre in der isländischen Geschichte als »Mitten in einer Disco-Zeit« bezeichnen. Wenn es ein Buch gibt, das das Gefühl jener Jahre auf den Punkt bringt, dann ist es Hallgrímur Helgasons (Jg. 1959) *101 Reykjavík* von 1996 (deutsch 2002). Dieser im Jahr 2000 verfilmte Partyroman wurde zur eigentlichen Chiffre für eine globalisierte, von der MTV-Ästhetik inspirierte, urbane Literatur des jungen Island und ist auch im Rückblick ein aussagekräftiger Generationenroman, der in seiner karnevalesken Ausgelassenheit die Vorzeichen des Kollapses in sich trägt.

Obwohl die Ereignisse von 2008 und 2009, als die isländische Regierung gestürzt wurde, in den meisten Erzählungen dieser Sammlung nicht unmittelbar, sondern allenfalls am Rand thematisiert werden, lassen sich einzelne Texte durchaus als »Krisenliteratur« bezeichnen: Sie reagieren auf die Umwälzungen, die sich schon vor dem eigentlichen Kollaps des Finanzsystems abzeichneten, und versuchen, diese Verunsicherungen mit den Mitteln zu beschreiben, die die Literatur zur Verfügung stellt. Dabei greifen die hier vertretenen Autorinnen und Autoren auch in ihren anderen Werken immer wieder auf die literarische Tradition zurück, so beispielsweise Gerður Kristný (Jg. 1970) in einer straff komponierten Lyriksammlung von 2010 mit dem Titel *Bluthuf (Blóðhófnir)*, in der sie eine mittelalterliche Thematik aus den Eddaliedern mit einer modernistischen Linie der isländischen Frauenliteratur zu einer eindringlichen Schilderung des Schicksals einer heimatlosen Frau verbindet. In Gerður Kristnýs Erzählungen in diesem Band, aber auch etwa den Romanen von Guðrún Eva Mínervudóttir (Jg. 1976) sind Adaptionen der von der Erzählerin Svava Jakobsdóttir (1930–2004) geprägten fantastisch-realistischen weiblichen Körperliteratur unübersehbar. Auch in Texten wie jenen von Magnús Sigurðsson oder Þórunn Erlu Valdimarsdóttir wird die nach wie vor ungebrochene Bedeutung der mittelalterlichen Tradition für die aktuelle isländische Literatur ersichtlich.

Es wird interessant sein zu beobachten, ob und wie diese Besinnung auf literarische Traditionen zukünftig auch zu einer erneuten, neu gewendeten Beschäftigung mit dem großen Thema Natur führen wird.

*

Auswahl und Übersetzung

Es liegt in der Natur der Sache, dass eine in ihrem Umfang beschränkte Anthologie wie die vorliegende nur einen ersten Eindruck von der gesamten Literatur eines Landes vermitteln kann und dass eine solche Auswahl bis zu einem gewissen Grad immer etwas Willkürliches hat. Die hier aufgenommenen Texte dürfen aber dennoch als repräsentativ für einen Großteil der derzeit in Island geschriebenen Kurzprosa gelten. So haben die Herausgeber darauf geachtet, möglichst unterschiedliche Strömungen, Themen und formale und stilistische Vorgehensweisen aus der isländischen Gegenwartsliteratur zu dokumentieren, und auch die bewusste Mischung von Texten älterer, bereits seit Längerem etablierter und jüngerer, noch am Anfang ihrer Laufbahn stehender Schriftsteller, und Schriftstellerinnen bietet Gewähr dafür, dass sich mit dieser Sammlung ein Überblick über die bemerkenswerte Vielfalt der isländischen Literatur des 21. Jahrhunderts gewinnen lässt. In ihrer Gesamtheit bilden die hier vorgestellten Erzählungen die faszinierende Dynamik und das außerordentliche Spektrum der isländischen Gegenwartsliteratur zuverlässig und präzis ab und ermöglichen einen guten Einstieg in die junge Literatur aus Island.

Die Erzählungen wurde in enger Absprache mit den Autorinnen und Autoren ausgewählt. Sie sind aktuell und werden hier zum ersten Mal in deutscher Übersetzung präsentiert; in einigen Fällen sind die isländischen Fassungen noch nicht publiziert worden. Die Übertragungen wurden von Studierenden des Fachs Skandinavistik der Universitäten Basel, Freiburg im Breisgau und Zürich angefertigt und von den beiden Herausgebern anhand der isländischen Originaltexte überarbeitet.

Zur Aussprache

Die isländische Schreibweise der Namen wurde in den Übersetzungen beibehalten. Die Buchstaben Þ und þ werden im Isländischen als stimmlose dentale Reibelaute, das heißt als *th* wie in Englisch *think*, die Buchstaben Ð und ð als stimmhafte dentale Reibelaute, das heißt als *th* wie in Englisch *the* ausgesprochen. Die Vokale und Diphthonge werden in der Regel ungefähr wie folgt ausgesprochen: á als *au* wie in Deutsch *auch*; æ als *ei* wie in Deutsch *Ei*; au als *oi* wie in Deutsch *euch*; é als *je* wie in Deutsch *jeder*; ei als *e-i* wie in Englisch *may*; ó als *ou* wie in Englisch *so*; u etwa zwischen *ü* wie in Deutsch *hüpfen* und *ö* wie in Deutsch *Öl*; ú als *u* wie in Deutsch *Ufer*; i und y als offenes *i* wie in Deutsch *bitte*; í und ý als geschlossenes *i* wie in Deutsch *hier*. Isländische Wörter werden immer auf der ersten Silbe betont; die Akzente haben keinen Einfluss auf die Betonung der Silben.

Literaturhinweise

Informationen über die isländische Literatur geben die im Folgenden genannten Werke. Die maßgebliche Darstellung der isländischen Literatur von den Anfängen bis heute ist die von Vésteinn Ólason u.a. herausgegebene, auf Isländisch verfasste Literaturgeschichte *Íslensk bókmenntasaga*, I–V, 1992–2006. Einen englischsprachigen Überblick über die isländische Literaturgeschichte vermittelt Daisy Neijman (Hg.), *A History of Icelandic Literature*, 2006, welche teilweise auf der großen isländischen Literaturgeschichte basiert. Kürzere Kapitel zur Geschichte der isländischen Literatur finden sich in Jürg Glauser (Hg.), *Skandinavische Literaturgeschichte*, 2006.

Über das aktuelle literarische Geschehen in Island informiert die von der Stadtbibliothek Reykjavík – Borgarbókasafn Reykjavíkur – betreute Literatur-Website *Bókmenntavefur Borgarbókasafns* (www.bókmenntir.is) mit Rezensionen neu erschienener Bücher; sie hat unter www.literature.is eine englische Teilversion. Im Zusammenhang mit dem Auftritt Islands als Ehrengast der Frankfurter Buchmesse 2011 wird unter www.sagenhaftes-island.is die sehr informative Plattform »Sagenhaftes Island« betrieben. Informationen (häufig auch auf Englisch) zu Neuerscheinungen und Autoren geben zudem die Homepages der wichtigsten belletristischen Verlage des Landes wie Forlagið (www.forlagid.is), Bjartur (www.bjartur.is), Nýhil Höfundaforlag (http://nihil.org).

Jürg Glauser

Glossar

17. Juni
isländischer Nationalfeiertag

Anredeformen und Namen
Im heutigen Isländischen sprechen sich alle, auch Unbekannte, mit »du« und dem Vornamen an. Die Höflichkeitsform »Sie« wird nicht mehr verwendet.

Autoren
Bei Einar Kárason (Jg. 1955), Halldór Laxness (1902–98), Hannes Pétursson (Jg. 1931), Jón Trausti (1873–1918), Kristján Karlsson (Jg. 1922), Ólafur Jóhann Ólafsson (Jg. 1962) und Vigdís Grímsdóttir (Jg. 1953) handelt es sich um bekannte, viel gelesene isländische Autoren.

Bónus, Hagkaup
isländische Billig-Supermarktketten

Codex Regius der Edda
Haupthandschrift der sog. Lieder-Edda, entstanden um 1275; enthält Götter- und Heldenlieder aus dem skandinavischen Mittelalter. Es handelt sich bei dieser Handschrift, die im 17. Jahrhundert nach Dänemark gebracht wurde und seit 1971 wieder in Island aufbewahrt wird, um eines der wichtigsten Manuskripte aus dem isländischen Mittelalter überhaupt; es stellt deshalb einen wichtigen kulturellen Schatz dar.

Geirsnef
Parkanlage in Reykjavík, in der die Hunde frei herumlaufen dürfen

Hotel Erde
ist der Titel eines Gedichts von Tómas Guðmundsson (1901–83), das 1933 in der Sammlung *Faga veröld* (»Schöne Welt«) erschien und als vertontes Lied äußerst beliebt wurde.

Keflavík-Märsche, Amiheer
Von 1951 bis 2006 befand sich in Keflavík im Südwesten Islands ein Stützpunkt der Amerikaner, gegen deren Präsenz linksgerichtete Gruppierungen von 1960 bis 1991 in Märschen jeweils im Juni demonstrierten.

Falkenorden
Isländischer Orden, der seit 1921 verliehen wird. Es handelt sich um den einzigen offiziellen Orden Islands, der in verschiedenen Klassen verliehen wird. Er entspricht in seiner Bedeutung etwa dem Bundesverdienstkreuz.

Fernsehfreie Donnerstage
Das isländische Fernsehen nahm 1966 seinen Betrieb auf. Vor allem aus Kostengründen strahlte es bis 1987 jeweils donnerstags kein Programm aus. Deshalb verlegten die Isländer viele Freizeitaktivitäten auf die Donnerstagabende, eine Gewohnheit, die sich bis heute gehalten hat. Anfänglich war jeweils auch der ganze Juli »fernsehfrei«.

Hallgríms-Kirche
größte, das Stadtbild von Reykjavík bestimmende Kirche, 1945–86 erbaut; nach dem isländischen Barockdichter Hallgrímur Pétursson benannt

Hvalfjörður-Tunnel
einziger längerer Straßentunnel Islands nordwestlich von Reykjavík, der unter dem Hvalfjörður (»Walfjord«, tiefster Fjord in Island) hindurchführt

Markierung am Ohr
traditionelle, von Hof zu Hof verschiedene Markierung, die heute noch, zusätzlich zur international vorgeschriebenen Markierung

mit einem nummerierten Plastikschild, durch Einschnitte in die Ohren der Schafe vorgenommen wird

Morgunblaðið

Das 1913 gegründete Morgunblaðið (»Morgenzeitung«) ist heute das bei Weitem auflagenstärkste isländische Printmedium. Es war lange eine Art Parteizeitung der konservativen Unabhängigkeitspartei.

Nationalstraße eins

ist die alternative Bezeichnung für den sogenannten Hringvegur, die »Ringstraße«, Islands 1339 Kilometer langen Hauptverkehrsweg, der um die ganze Insel herum führt.

Nornen

Die Namen der drei Nornen aus der altnordischen Mythologie bedeuten vermutlich »Schicksal« *(Urður)*, »Werdend« *(Verðandi)* und »Schuld« oder »Zukunft« (Skuld). Im Wortspiel bedeutet *Skurn* »(Ei-/Nuss-)Schale«.

Skálda

Der Name der Hündin ist vom isländischen Wort für »Dichter«, *skáld*, abgeleitet und bedeutet etwa »Dichterin«.

Studentenmütze

In Island erhalten die Abiturienten für die Abschlussfeier eine weiße Mütze mit schwarzem Rand und Schild. Sie wurde früher von den Studenten als Alltagskopfbedeckung getragen.

Tíminn

isländische Zeitung, 1917–96

Tíu-Ellefu

Die *Tíu-Ellefu*-Läden sind die isländische Entsprechung zu den *Seven-Eleven*-Supermärkten. Es handelt sich um eine Kette von kleinen Supermärkten, die ein großes Angebot und lange Öffnungszeiten haben.

Unabhängigkeitspartei
isländische Partei, konservativ-liberal, gegründet 1929, 1944–2009 stärkste politische Kraft

Vogur
Entzugsklinik für Alkohol- und Drogenkranke in Reykjavík

Þingvellir
Der Ort des alten Parlaments in der Nähe von Reykjavík ist heute ein Nationalpark und ein beliebtes Ausflugsziel.

Autoren- und Quellenverzeichnis

Entsprechend den Gepflogenheiten im Isländischen, in dem Nachnamen nicht üblich sind, werden die Autorinnen und Autoren in alphabetischer Reihenfolge nach ihrem Vornamen eingeordnet.

Auður Jónsdóttir (Jg. 1973) ist Schriftstellerin und Journalistin. Sie ist mit bisher drei Kinderbüchern – davon eines über ihren Großvater, den Literatur-Nobelpreisträger Halldór Laxness (*Skrýtnastur er maður sjálfur*, 2002, »Am seltsamsten ist man selber«) –, mit Kurzgeschichten und seit ihrem Romandebüt 1998 (*Stjórnlaus lukka*, »Hemmungsloses Glück«) mit inzwischen fünf Romanen hervorgetreten. Der 2004 erschienene Roman *Fólkið í kjallaranum* (»Die Leute im Souterrain«) wurde mit dem Isländischen Literaturpreis ausgezeichnet. Ihr jüngster Roman *Vetrarsól* (2008) ist 2011 in deutscher Übersetzung unter dem Titel *Jenseits des Meeres liegt die ganze Welt* erschienen.
»Die dicke Mutter« (Originaltitel: »Feita mamman«)
© Auður Jónsdóttir 2001.

Ágúst Borgþór Sverrisson (Jg. 1962) hat Deutsch, Literaturwissenschaft und Philosophie studiert. Er arbeitet als Texter in einer Werbefirma und als Korrektor und hat sich auf literarischem Gebiet bislang vor allem als Verfasser von Kurzgeschichten einen Namen gemacht. Seit 1988 veröffentlichte er fünf Novellensammlungen, in denen immer wieder der Alltag in der modernen Welt zum Thema wird. Außerdem hat er 1987 eine Gedichtsammlung und 2007 einen Roman publiziert.
»Erster Tag der vierten Woche« (Originaltitel: »Fyrsti dagur fjórðu viku«)
In: Ágúst Borgþór Sverrisson, *Tvisvar á ævinni* (»Zweimal im Leben«). Reykjavík, © Skrudda 2004.

Gerður Kristný (Jg. 1970) hat Französisch und Literaturwissenschaft studiert und war von 1998 bis 2004 als Journalistin tätig. Sie zählt heute zu den bekanntesten isländischen Lyrikerinnen, hat jedoch auch Kurzerzählungen, Romane sowie Texte für Kinder geschrieben. 2010 wurde ihr Gedichtzyklus *Blóðhófnir* (»Bluthuf«), der auf dem altisländischen Gedicht *Skírnismál* aus der Edda basiert, mit dem Isländischen Literaturpreis ausgezeichnet. In diesem stark von Körperlichkeit und Gewalt geprägten Text wie auch in vielen ihrer Kurzerzählungen, die häufig von Frauen in der heutigen isländischen Gesellschaft handeln, knüpft sie an die Tradition des fantastischen Realismus an, wie ihn die Modernistin Svava Jakobsdóttir (1930–2004) entwickelt hat.
»Nähschwestern« (Originaltitel: »Saumasystur«) und »Wolfsgeschichte« (Originaltitel: »Úlfasaga«)
In: Gerður Kristný, *Eitruð epli* (»Vergiftete Äpfel«). Reykjavík, © Mál og menning 1998.

Guðmundur Óskarsson (Jg. 1978) arbeitet nach verschiedenen Tätigkeiten seit 2004 in einer Bank. Er debütierte 2007 mit einer Sammlung von Kurz- und Kürzestgeschichten *Vaxandi nánd – orðhviður* (»Zunehmende Nähe – Wortböen«), wobei der Untertitel auf die Augenblickhaftigkeit und Flüchtigkeit dieser Miniprosa verweist. In den beiden folgenden Jahren veröffentlichte er die Romane *Hola í líf fyrrverandi golfara* (»Loch im Leben eines Ex-Golfers«) und *Bankster*, einen 2009 mit dem Isländischen Literaturpreis ausgezeichneten Text über die psychologischen Auswirkungen des Kollapses der isländischen Banken. Beide Romane schildern Zusammenbrüche männlicher Protagonisten.
»Bald ein Niemandstal« (Originaltitel: »Bráðum eyðidalur«) und »Ungewohnt« (Originaltitel: »Óvenja«)
In: Guðmundur Óskarsson, *Vaxandi nánd. Orðhviður*. Reykjavík, Nykur 2007. © Guðmundur Óskarsson 2007.

Guðrún Eva Mínervudóttir (Jg. 1976) hat Philosophie studiert und neben vielem anderen als Journalistin gearbeitet. Sie debütierte 1998 mit zwei Büchern und hat bisher fünf Romane, eine Gedichtsammlung und zwei Übersetzungen publiziert. Ihre Schreibform

ist häufig einer experimentellen, fantastischen Poetik verpflichtet, sehr ausgeprägt etwa im Roman *Yosoy. Af líkamslistum og hugarvíli í hryllingsleikhúsinu við Álafoss*, 2005 (»Yosoy. Von Body-Art und Verzweiflung im Horrortheater bei Álafoss«; italienische Übersetzung *Il circo dell'arte e del dolore*, 2007). Der Roman *Skaparinn* von 2008 über einen Hersteller von aufblasbaren weiblichen Plastikpuppen ist 2011 auf Deutsch unter dem Titel *Der Schöpfer* erschienen.
»Die Füße der Frau im Buchladen« (Originaltitel: »Fætur konunnar í bókabúðinni«)
Geschrieben für die isländische Radiostation Rás 1. © Guðrún Eva Mínervudóttir 2001.
»Port Salut« (Originaltitel: »Port Salut«)
In: *Tímarit Máls og menningar* 65, 2004. © Guðrún Eva Mínervudóttir 2004.

Gyrðir Elíasson (Jg. 1961) ist einer der prominentesten Autoren der Gegenwart in Island. Er gilt als wichtiger Erneuerer der isländischen Lyrik, deren Entwicklung er in den 1980er und 1990er Jahren mit mehreren Gedichtbänden maßgeblich beeinflusste. Doch auch Romane wie *Gangandi íkorni*, 1987 (deutsche Übersetzung *Ein Eichhörnchen auf Wanderschaft*, 2011), oder *Svefnhjólið*, 1990 (deutsche Übersetzung *Das Schlafrad*, 1996), und nicht zuletzt zahlreiche Kurzgeschichten, in denen seine knappe, fantastisch-realistische Erzählweise hervorragend zum Ausdruck kommt, üben eine nachhaltige Wirkung auf die aktuelle isländische Prosa aus. So ist beispielsweise ein junger Autor wie Guðmundur Óskarsson wesentlich von Gyrðir Elíasson geprägt. Auf Deutsch liegen die Kurzgeschichtensammlungen *Bréfbátarigningin*, 1988 (*Papierbooteregen*, 1996), *Tregahornið*, 1993 (*Das Blueshorn*, 2000), und die Gedichtsammlung *Nokkur almenn orð um kulnun sólar*, 2009 (*Einige allgemeine Worte über die Erkaltung der Sonne*, 2011), vor. Daneben ist Gyrðir Elíasson als Übersetzer, hauptsächlich von moderner amerikanischer Literatur, und als Kritiker tätig. Für die Sammlung *Milli trjánna*, 2009 (»Zwischen den Bäumen«), erhielt er 2011 den Literaturpreis des Nordischen Rats, die renommierteste Auszeichnung für skandinavische Literatur
»Der Bücherschrank« (Originaltitel: »Bókaskápurinn«)
In: Gyrðir Elíasson, *Milli trjánna*, Akranes, © Uppheimar 2009.

Hermann Stefánsson (Jg. 1968) hat Isländisch und Literaturwissenschaft studiert. Er arbeitet als Literatur- und Kulturwissenschaftler, Kulturjournalist, Redakteur, Kritiker, Übersetzer (vor allem aus dem Spanischen). Sein 2003 erschienenes Buch *Sjónhverfingar* (»Sinnestäuschungen«) stellt einen von zeitgenössischer internationaler Theorie geprägten Beitrag zur isländischen Kulturanalyse dar. Hermann Stefánsson hat den Kurzprosaband *Níu þjófalyklar*, 2004 (»Neun Dietriche«), und die Romane *Stefnuljós*, 2005 (»Blinklicht«), und *Algleymi*, 2008 (»Vergessen«), publiziert, humoristische und avancierte Texte, in denen die Grenzen zwischen Belletristik und Theorie aufgelöst sind. 2011 erscheint mit *Guðjón Ólafssons Zeitreise als Laborratte (Algleymi)* erstmals ein Buch von Hermann Stefánsson auf Deutsch.
»Am Vegamótastígur« (Originaltitel: »Vegamót«)
In: Hermann Stefánsson, *Níu þjófalyklar*, Reykjavík, © Bjartur 2004.

Kristín Eiríksdóttir (Jg. 1981) gehört zur Gruppe der jüngeren isländischen Autorinnen, die in den letzten Jahren mit neuen Themen und Ausdrucksformen das Interesse der Literaturkritik auf sich gezogen haben. Sie veröffentlichte bisher *Kjötbærinn*, 2004 (»Die Fleischstadt«), und *Húðlit auðnin*, 2005 (»Hautfarbene Wüste«), zwei Bücher, die in einer für diese Autorin spezifischen Weise Lyrik und Prosa mischen, sowie die Gedichtsammlung *Annarskonar sæla*, 2008 (»Eine andere Art Glück«), und den Erzählband *Doris deyr*, 2010 (»Doris stirbt«).
»Löcher in Menschen« (Originaltitel: »Holur í menn«)
In: Kristín Eiríksdóttir, *Doris deyr*, Reykjavík, © JPV útgáfa 2010.

Magnús Sigurðsson (Jg. 1984) studiert Isländische Literatur. Er hat in den letzten Jahren einen Band von Kurzgeschichten, *Hálmstráin*, 2008 (»Strohhalme«), eine Gedichtsammlung, *Fiðrildi, mynta og spörfuglar Lesbíu*, 2008 (»Schmetterlinge, Minze und die Sperlinge von Lesbos«), und einen Band mit Essays über Literatur, *Gleymskunnar bók*, 2009 (»Buch des Vergessens«), vorgelegt. Für den Gedichtband, dessen Titel auf Ezra Pound anspielt, wurde er 2008 mit dem »Tómas Guðmundsson Literaturpreis« ausgezeichnet; hier kombiniert er auf innovative Weise eigene Gedichte mit fremden Texten, teils

fremdsprachig, teils in eigener Übersetzung. Er hat Werke von Ezra Pound ins Isländische übertragen.
»Ausrangierte Bücher – eine Hommage« (Originaltitel: »Afskriftir [homage]«)
In: Magnús Sigurðsson, *Hálmstráin*, Akranes, © Uppheimar 2008.

Oddný Eir Ævarsdóttir (Jg. 1972) hat ein Philosophiestudium in Island und Paris absolviert, was sich immer wieder in ihren stark philosophisch geprägten Texten niederschlägt. Ähnlich wie Hermann Stefánsson betätigt sie sich im Schnittfeld von akademischer Wissenschaft, Kunstkritik und Literatur. So ist sie in der Kunst- und Filmszene und in der Verlagswelt aktiv, engagiert sich daneben auch in der isländischen Umweltbewegung. Ihre beiden bisher veröffentlichten Romane *Opnun kryppunnar: Brúðuleikhús*, 2004 (»Öffnung des Höckers: Puppentheater«), und *Heim til míns hjarta. Ilmskýrsla um árstíð á hæli*, 2009 (»Heim zu meinem Herzen. Duftbericht über eine Saison in der Anstalt«), bewegen sich gattungsmäßig auf der Grenze zwischen Fiktion, Autobiografie, Essay und Kulturgeschichte; sie wurden von der Kritik als interessante Form- und Stilexperimente gelobt.
»Mein Marionettenspieler« (Originaltitel: »Brúðuleikhúsmaðurinn minn«)
Erstveröffentlichung in: Oddný Eir Ævarsdóttir, *Opnun kryppunnar*, Reykjavík, Bjartur 2004. Hier nach einer leicht überarbeiteten Fassung übersetzt. © Oddný Eir Ævarsdóttir 2004.

Sigurbjörg Þrastardóttir (Jg. 1973) hat Literaturwissenschaft und Publizistik studiert und arbeitet als Journalistin. Sie ist vor allem als Lyrikerin bekannt geworden. Seit ihrem Debüt mit dem Band *Blálogaland*, 1999 (»Land der blauen Flammen«), hat sie fünf Gedichtsammlungen veröffentlicht, als letzte *Brúður*, 2010 (»Bräute«), über verschiedene Formen des Heiratens. Der mit dem »Tómas Guðmundsson Literaturpreis« ausgezeichnete Roman *Sólar saga*, 2002 (»Geschichte der Sól«), handelt von einer jungen Frau, die eine physische Aggression erleidet und dieses Trauma verarbeiten muss. 2008 wurde unter dem Titel *To Bleed Straight* eine Auswahl von Sigurbjörg Þrastardóttirs Gedichten mit isländischem Text und engli-

scher Übersetzung herausgegeben. Die Gedichtsammlung *Blysfarir*, 2007, ist 2011 auf Deutsch unter dem Titel *Fackelzüge* erschienen. Daneben hat sie eine Reihe von Schauspielen verfasst. Auch der hier veröffentlichte Text »Ulk« ist eine Art Kurzdrama.
»Ulk« (Originaltitel: »Hrekkur«)
Erstveröffentlichung 2007 in der Literaturzeitschrift *Stína*. © Sigurbjörg Þrastardóttir 2007.

Sigurlín Bjarney Gísladóttir (Jg. 1975) hat Theologie, Philosophie und Isländisch studiert. Es liegen von ihr verschiedene Gedichte und Kurzgeschichten vor. 2007 erschien eine Sammlung von Prosagedichten, *Fjallvegir í Reykjavík* (»Bergstraßen in Reykjavík«), die die Automobilkultur der Stadt mit der umliegenden Natur konfrontiert. Bei den Texten der zweiten bisher veröffentlichten Sammlung, *Svuntustrengur*, 2009 (»Schürzenstrang«), handelt es sich um Kurz- und Kürzestgeschichten.
»Der Riss« (Originaltitel: »Brotstál í hvilft«) und »Nationalstraße eins« (Originaltitel: »Þjóðvegur eitt«)
In: Sigurlín Bjarney Gísladóttir, *Svuntustrengur*. Reykjavík, Nykur 2009. © Sigurlín Bjarney Gísladóttir 2009.

Sindri Freysson (Jg. 1970) studierte Philosophie und Literaturwissenschaft und arbeitete als Journalist. Er hat sich bisher vor allem als Lyriker und Romanautor einen Namen gemacht. 1992 debütierte er mit der Gedichtsammlung *Fljótið sofandi konur* (»Treibt, schlafende Frauen«), die sich in gewisser Weise in die Tradition von Gyrðir Elíasson einschreibt. Mit *Ljóðveldið Ísland* (»Die Poetokratie Island«) legte er 2009 einen Zyklus politischer Gedichte über Islands Geschichte von der Unabhängigkeit bis zur Krise 2008 vor. Auch in den Romanen *Flóttinn*, 2004 (»Die Flucht«), und *Dóttir mæðra minna*, 2009 (»Die Tochter meiner Mütter«), greift er historische Themen auf, hier aus dem Zweiten Weltkrieg.
»E-Mail« (Originaltitel: »E-Mail«)
© Sindri Freysson 2009.

Steinar Bragi (Jg. 1975) hat Literaturwissenschaft und Philosophie studiert. Er wird bereits zu den führenden Autoren Islands

gezählt. Die erste seiner bislang fünf Gedichtsammlungen, *Svarthol* (»Schwarzloch«), veröffentlichte er 1998. Inzwischen liegen auch sechs Romane von ihm vor, darunter das herausragende Buch *Konur*, 2008 (in deutscher Übersetzung *Frauen*, 2011), das im Reykjavík der Boomjahre vor dem Kollaps 2008 spielt und mit brutaler gesellschafts- und kulturkritischer Präzision die Ausbeutung des weiblichen Körpers durch Kunst und Medien zeigt.
»Die Geschichte vom Dienstag« (Originaltitel: »Sagan af þriðjudegi«)
© Steinar Bragi 2009.

Þórarinn Eldjárn (Jg. 1949) ist nach Studien in Literaturwissenschaft und Philosophie in Island und Schweden seit 1975 als Schriftsteller und Übersetzer tätig. Mit einer Vielzahl von Werken in sämtlichen Gattungen gehört er heute zu den bekanntesten und meistgelesenen Autoren des Landes. So ist er mit verschiedenen Arten von Dramen, mit zahllosen Kinder- und Jugendbüchern, einige darunter von seiner Schwester Sigrún Eldjárn illustriert, mit Lyrik, Romanen und immer wieder mit Kurzgeschichten an die Öffentlichkeit getreten. In den letzten beiden Genres findet sein ironischer, oft intertextueller Stil besonders spielerisch-witzige Ausdrucksformen. In der frühen Gedichtsammlung *Disneyrímur*, 1978 (»Rímur über Walt Disney«), greift er in origineller Weise die traditionelle isländische Form der Rímur, einer speziellen Erzählballade, auf und wendet sie auf einen Gegenstand der modernen Massenkultur an. Trotz seiner großen Popularität in Island sind bisher noch nicht sehr viele Texte von Þórarinn Eldjárn auf Deutsch greifbar. 2011 ist von ihm unter dem Titel *Die glücklichste Nation unter der Sonne. Geschichte aus Island* eine Auswahl an Erzählungen erschienen.
»Skálda, die Dichterhündin« (Originaltitel: »Skálda«)
In: Þórarinn Eldjárn, *Alltaf sama sagan* (»Immer die gleiche Geschichte«), Reykjavík, © Vaka-Helgafell 2009.

Þórunn Erlu Valdimarsdóttir (Jg. 1954) hat Kunst, Englisch und Geschichte studiert. Seit 1984 widmet sie sich dem Schreiben, wobei anfänglich die Arbeit als Historikerin im Vordergrund stand.

In dieser Zeit verfasste sie neben zahlreichen wissenschaftlichen Fachaufsätzen zur Sozialgeschichte Islands auch Biografien über historische Personen aus der isländischen Geschichte. In den letzten Jahren hat sie sich vermehrt der Belletristik zugewendet. Þórunn Erlu Valdimarsdóttirs umfangreiche literarische Produktion umfasst Romane, Kinder- und Jugendliteratur, Schauspiele und Gedichte.

»Der Geheimdienst der Raben« (Originaltitel: »Leyniþjónusta hrafnanna og hænurnar þrjár«)

In: Sólveig Ebba Ólafsdóttir, Áslaug Jónsdóttir, Sigþrúður Gunnarsdóttir (Hg.), *Heil brú. Sögur úr norrænni goðafræði* (»Eine ganze Brücke. Geschichten aus der nordischen Mythologie«), Reykjavík,

Antje Rávic Strubel im dtv

»Betont karg ist Antje Rávic Strubels Sprache, aber manchmal beginnt sie zu leuchten; und dann fliegt sie über Landschaften, innere wie äußere, wie wir sie noch nie gesehen haben.«
Christoph Bartmann in der ›Süddeutschen Zeitung‹

Offene Blende
Roman
ISBN 978-3-423-**13139**-1

New York, zwei Frauen, kein Mann. – Ein literarisches Debüt von ungewöhnlicher Intensität. »Seit Uwe Johnson hat kein deutscher Autor den Rhythmus und die Geheimnisse von New York so überzeugend auf Papier gebannt wie die junge Potsdamerin.« (Focus)

Fremd Gehen
Ein Nachtstück
ISBN 978-3-423-**13272**-5

Der Berliner Student Daniel Stillmann beobachtet eines Nachts vom Fenster seiner Wohnung aus das merkwürdige Verhalten eines alten Mannes an einem Kanal. Er ist zutiefst beunruhigt, als er später von angespülten Leichenteilen erfährt. War er Zeuge eines Mordes?

Tupolew 134
Roman
ISBN 978-3-423-**13499**-6

»Ein Flugzeug wird nach West-Berlin entführt, von einem jungen Paar aus der DDR, das noch an den Sinn im Leben glaubt: Eine deutsche Geschichte über Flucht, Liebe und Verrat, berührend, aufrüttelnd und poetisch.« (Denis Scheck)

Unter Schnee
Roman · dtv premium
ISBN 978-3-423-**24277**-6

Zwei Frauen stoßen auf der Piste zusammen, und eine verrückte Liebe beginnt. Wie lange kann so etwas halten? »Eine Sprache wie fein gemeißelt, knappe Dialoge, kräftige Bilder, eine Atmosphäre, die man beinahe riechen kann. So muss Literatur sein.« (Claudia Müritz in der ›Sächsischen Zeitung‹)

Vom Dorf
Abenteuergeschichten zum Fest
dtv premium
ISBN 978-3-423-**24622**-4

Antje Rávic Strubel erzählt Weihnachtsgeschichten fern von Lichterglanz und Stille-Nacht-Seligkeit. »Hinter allen postmodernen Spiegeln darf man bei Rávic Strubel auch mal gerührt aufschluchzen. Aber nur kurz!« (Pascal Fischer im ›Saarländischen Rundfunk‹)